Beck'sche Musterverträge, Band 47

v. Holt/Koch: Stiftungssatzung

Stiftungssatzung

von

Thomas von Holt

Rechtsanwalt und Steuerberater
in Bonn

und

Christian Koch

Diplom-Kaufmann,
Unternehmensberater in Bonn

2., völlig überarbeitete und ergänzte Auflage

Verlag C. H. Beck München 2011

Verlag C. H. Beck im Internet:
beck.de

ISBN 978 3 406 60561 1

© 2011 Verlag C. H. Beck oHG
Wilhelmstraße 9, 80801 München
Druck und Bindung: Nomos Verlagsgesellschaft
In den Lissen 12, 76547 Sinzheim

Satz: jürgen ullrich typosatz, 86720 Nördlingen

Gedruckt auf säurefreiem, alterungsbeständigem Papier
(hergestellt aus chlorfrei gebleichtem Zellstoff)

Vorwort

Stiftungen als eine der ältesten Formen bürgerschaftlichen Handelns haben in den letzten Jahrzehnten eine dynamische Entwicklung erfahren. Seit Anfang der neunziger Jahre wurde fast Jahr für Jahr eine wachsende Zahl von Stiftungen gegründet. Auch während der Finanzmarktkrise blieb dieser Trend ungebrochen. Es ist zu erwarten, dass der Gründungsboom weiter anhalten wird. Denn eine wachsende Zahl von Menschen hat das Interesse und das Kapital, sich in Form einer – in den meisten Fällen gemeinnützigen – Stiftung nachhaltig bürgerschaftlich zu engagieren. Zudem ist die Stiftung durch die öffentliche Diskussion, durch die Etablierung neuer Stiftungsformen wie Bürgerstiftung und Gemeinschaftsstiftung und durch die politische Förderung der Stiftungsgründung u. a. über steuerliche Erleichterungen für Stifter in der Mitte der Gesellschaft angekommen.

Damit einhergehend wird die gesellschaftliche Bedeutung der Stiftung weiter zunehmen. Denn mit dem Umbau der sozialen Sicherungssysteme werden Formen privaten bürgerschaftlichen Engagements eine wichtigere Rolle einnehmen als bisher. Die Stiftung wird sich als ein Ausdruck der Eigenverantwortung der Bürger etablieren – auch wenn es nicht Aufgabe der privaten Stifter sein kann, öffentliche Pflichtaufgaben zu übernehmen. Auf dieser Ebene allerdings werden gemeinnützige Organisationen die Stiftung stärker als bisher als langfristiges Finanzierungsinstrument nutzen und im Rahmen ihres Fundraisings versuchen, (Zu)stifter und Großspender zu gewinnen.

Das große Interesse an einer Stiftungsgründung hat einen erheblichen Orientierungsbedarf zur Folge. Unter anderem werfen die Auswahl eines langfristig tragfähigen Stiftungszwecks und der sinnvollsten Rechtsform der Stiftung, die Entscheidung über eine operative oder fördernde Tätigkeit, vor allem aber die Formulierung der Stiftungssatzung zahlreiche Fragen auf. Thomas von Holt und Christian Koch zeigen in diesem Band der Reihe Beck´sche Musterverträge nicht nur die Alternativen für die Gestaltung einer Stiftungssatzung auf. Durch ihre umfassenden Kommentierungen werden insbesondere die Konsequenzen deutlich, die in jeder einzelnen Formulierung der Satzung liegen. Im Vordergrund stehen dabei der Aspekt der langfristigen Gültigkeit der Satzung und zugleich die Anforderung, dass der Bestand der Stiftung dauerhaft nur gesichert werden kann, wenn sie ausreichend flexibel an die sich ändernden wirtschaftlichen Rahmenbedingungen angepasst werden kann. Ebenso ist zu berücksichtigen, dass die Satzung die Diskussionsgrundlage für Aufsichtsbehörden und Finanzverwaltung darstellt.

Unter dem Gesichtspunkt der Dauerhaftigkeit betrachten die Autoren auch die Gestaltung der Stiftungsführung. Da die Benennung der Stiftungsorgane und ihre Aufgaben und Befugnisse weitgehend in der Satzung festgelegt werden, haben die Stifter die Chance, bereits bei der Stiftungsgründung zukunftsorientierte Führungsstrukturen anzulegen. Die Erfahrungen aus der Praxis zeigen, dass für die langfristige wirtschaftliche Überlebensfähigkeit einer Stiftung ein professionelles Management eine zentrale Bedeutung hat. Dieses sollte vor allem eine sachgerechte Unternehmenssteuerung und -kontrolle beinhalten, die die ideellen und materiellen Zielsetzungen von Stiftungen gleichermaßen berücksichtigt. Wie dafür rechtzeitig die Grundlagen gelegt werden können, verdeutlichen Thomas von Holt und Christian Koch in ihren Ausführungen zum Thema „Corporate Governance".

Die Stiftung wird in ihrem Handlungsspielraum inhaltlich durch ihren Stiftungszweck und in der praktischen Wirksamkeit durch ihre Vermögensausstattung geprägt. Da das Grundstockvermögen grundsätzlich substantiell in seinem Wert zu erhalten ist, müssen die Vermögenswerte, die der Stiftung zugeführt werden, so bemessen sein, dass aus ihren Erträgen der Stiftungszweck nachhaltig und sicher erfüllt werden kann. Welche Möglichkeiten dem Stifter hier zur Verfügung stehen, ist ebenfalls Gegenstand des Buches. Zwar sind weder die Mindestkapitalausstattung für eine Stiftungsgründung noch die im Rahmen der Vermögensverwaltung einzusetzenden Instrumente im BGB oder in den Landesstiftungsgesetzen festgelegt – aber eine Stiftung muss sicherstellen, dass die Erträge ausreichen. Dabei verpflichtet der Grundsatz der Kapitalerhaltung zu einer ausreichend risikoarmen Vermögensanlage, die sich meist in einer relativ konservativen Anlagepolitik widerspiegelt. Für den überwiegenden Teil der Stiftungen gelten zudem die Rahmenbedingungen des Gemeinnützigkeitsrechts, die z. B. die Möglichkeit der Rücklagenbildung einschränken.

Die Stiftungsbehörden gehen im Allgemeinen davon aus, dass für eine selbständige Stiftung ein Grundstockvermögen von mindestens € 50.000 vorhanden sein sollte. Mit Blick darauf, dass das Gesamtvermögen der Deutschen derzeit auf etwa zehn Billionen Euro geschätzt wird, darf man auf die weitere Entwicklung des Stiftungswesens gespannt sein. Das vorliegende Buch jedenfalls erleichtert die Klärung zahlreicher Fragen bei der Stiftungsgründung.

Köln, im Oktober 2010
Prof. Dr. Dr. Rudolf Hammerschmidt
Bank für Sozialwirtschaft AG
Vorsitzender des Vorstandes

Inhaltsverzeichnis

Vorwort	V
A. Einführung	1
I. Die Renaissance der Stiftung	1
II. Motive der Stiftungsgründung	4
1. Persönliche Geltung	4
2. Philanthropie	5
3. Nachlassregelung	7
4. Unternehmensnachfolge	9
5. Mittelbeschaffung	9
6. Corporate Foundation	10
III. Strategische Entscheidungen bei der rechtlichen Gestaltung	11
1. Konkretisierung des Stiftungszwecks	11
a) Stiftungsarten nach Stiftungszweck	11
b) Formulierung des Stiftungszwecks	12
c) Präambel	15
2. Die Rolle der Stiftung in einem organisatorischen Verbund	16
a) Trennung von Kapital und Betrieb	16
b) Trennung von Ideal und Betrieb	17
3. Nonprofit Governance	17
a) Prinzipien des Corporate Governance und Übertragung auf Nonprofit-Organisationen	17
b) Bedingungen von Nonprofit-Organisationen ...	19
c) Gremienstrukturen	23
d) Zusammenspiel von Stiftungsrat und Vorstand	27
e) Machtbalance und Aufgabenverteilung	30
f) Besetzung von Gremien	31
4. Flexibilität und Missbrauch	35
IV. Rechtliche Rahmenbedingungen	37
1. Wesen der Stiftung	37
2. Rechtsformenvergleich	38
3. Rechtsquellen	40
4. Stiftungsaufsicht	41
5. Bedeutung des Stiftungsgeschäfts	43
6. Funktion der Stiftungssatzung	44
7. Geschäftsordnungen	45

V. Die Grundtypen der Stiftung	46
1. Einfache Förderstiftung	46
2. Operativ tätige Stiftung	48
3. Unternehmensverbundene Stiftung	49
4. Familienstiftung	50
5. Bürgerstiftung, Gemeinschaftsstiftung	51
6. Sonderformen der Stiftung	52
a) Doppelstiftung	52
b) Stiftung & Co. KG	52
c) Unselbständige Stiftung	53
d) Örtliche Stiftung	54
e) Zustiftung	54
f) Verbrauchsstiftung	55
g) Ausländische Stiftungen	55
h) „Scheinstiftungen"	56
VI. Stiftungsgründung	56
1. Projektmanagement	56
2. Die einzelnen Schritte	57
a) Herausarbeitung der konkreten Ziele	57
b) Chancen und Risiken der Zielerreichung abwägen	58
c) Zusammenstellung der Beteiligten und Interessenten	58
d) Rechtsformwahl	59
e) Formulierung des Stiftungszwecks	59
f) Erarbeitung der Organisationsstruktur	59
g) Entwurf der Satzung, Erstellung eines Gründungskonzeptes	59
h) Abstimmung der Satzung mit der Finanzverwaltung und der Stiftungsaufsicht	60
i) Berufung eines Treuhänders	61
j) Stiftungsgeschäft	61
k) Anerkennung durch die Stiftungsaufsicht	62
l) Aufbau der Organisation und strategische Planung	62
VII. Stiftungsmanagement	62
1. Das Zieldreieck	63
2. Zusammenspiel der Managementinstrumente	65
3. Gremienarbeit	66
VIII. Die Steuerbegünstigung	67
1. Risikofaktor Steuerrecht	67
2. Europäische Auswirkungen auf das Gemeinnützigkeitsrecht	69
3. Voraussetzungen der Steuerbegünstigung	69

Inhaltsverzeichnis

    4. Auswirkungen der Steuerbegünstigung 72
    5. Das Spendenrecht 75

B. Textabdruck der Satzungstexte 79
    I. Satzungstext Variante 1 (Förderung ideeller Zwecke) 79
    II. Satzungstext Variante 2 (Gemeinschaftsstiftung) 90
    III. Satzungstext Variante 3 (Steuerbegünstigte Familienstiftung) 94
    IV. Satzungstext Variante 4 (Steuerpflichtige Familienstiftung) 97

C. Satzungstexte mit Erläuterungen 101
    § 1 Name, Rechtsform und Sitz der Stiftung 101
    § 2 Zweck der Stiftung 102
    § 3 Gemeinnützigkeit 108
    § 4 Grundstockvermögen, Verwendung der Stiftungsmittel 111
    § 5 Rechnungslegung, Jahresabschlussprüfung 119
    § 6 Organe der Stiftung 123
    § 7 Gemeinsame Vorschriften für Vorstand und Stiftungsrat 125
    § 8 Vorstand 127
    § 9 Aufgaben und Einberufung des Vorstandes 131
    § 10 Stiftungsrat 133
    § 11 Aufgaben des Stiftungsrats 143
    § 12 Einberufung des Stiftungsrats 146
    § 12a Stiftungsversammlung 146
    § 13 Satzungsänderung 148
    § 14 Zweckänderung, Zusammenlegung, Auflösung 152

D. Übersichten und weitere Mustertexte 157
    I. Stiftungsgeschäft unter Lebenden 157
    II. Testamentarisches Stiftungsgeschäft 159
    III. Einfache Stiftungssatzung 161
    IV. Satzung einer unselbständigen Stiftung 167
    V. Treuhandvertrag für unselbständige Stiftung 172
    VI. Ablaufplan zur Stiftungsgründung 174
    VII. Struktur eines Geschäftsplans 175
    VIII. Hinweise zu Rechnungswesen und Controlling 176
    IX. Maßnahmen zur Reduzierung der Haftungsrisiken von Organmitgliedern 180
    X. Checkliste Geschäftsordnung für den Stiftungsrat ... 182

XI. Checkliste Geschäftsordnung für den Vorstand (Geschäftsführung)	184
XII. Checkliste Nonprofit Governance	186
XIII. Checkliste Selbstevaluation des Stiftungsrates	188
XIV. Checkliste Balanced Scorecard in Nonprofit-Organisationen	190
XV. Checkliste Corporate Compliance	192
XVI. Checkliste Code of Conduct	197
XVII. Checkliste Vorstandsanstellungsvertrag	198
E. Weiterführende Hinweise zu Literatur und Rechtsprechung	201
F. Anhang: Literatur, Internet und Adressen	219
G. Stichwortverzeichnis	223

A. Einführung

I. Die Renaissance der Stiftung

Die Stiftung als Rechtsform blickt auf eine tausendjährige Geschichte zurück. Selbst unter den heute aktiven Stiftungen finden sich Organisationen, deren Errichtung mehrere Jahrhunderte zurück liegt. Beispielsweise wurden die „Bürgermeister Joachim vom Kampe und Nicolaus van den Wouwe Gotteswohnungen" als rechtsfähige Stiftung des bürgerlichen Rechts 1582 zur Beihilfe in Notsituationen und Gewährung von Wohnraum an ältere Personen errichtet. Die „Bernhard von Hagen'sche Studienstiftung in Kalkar", errichtet 1617 als kirchliche Stiftung des privaten Rechts, dient der „Unterstützung und Förderung solcher Bewerber, welche römisch-katholische Theologie studieren mit dem Zweck der Übernahme des Priesteramtes."[1]

Schon diese beiden Beispiele lassen die Bandbreite der Stiftungslandschaft erahnen: privat- und öffentlichrechtliche Stiftungen, Begünstigung von Privatpersonen oder – hier indirekt – von Institutionen, operative Tätigkeit (Angebot von Wohnraum) oder fördernde Tätigkeit (Stipendien). Bei den älteren Stiftungen steht die christliche Motivation häufig im Vordergrund. Die Bezeichnung der Stiftung nach dem Stifter ist auch heute noch weit verbreitet.

Ein öffentliches zentrales Register für deutsche Stiftungen existiert bisher nicht. Nur einzelne Stiftungsbehörden, die zudem je nach Bundesland anders organisiert sind, veröffentlichen ein Stiftungsverzeichnis.

> **Beispiel:**
> „Das Stiftungsverzeichnis für die Stiftungen des privaten Rechts wird in Sachsen-Anhalt im Landesverwaltungsamt als Stiftungsbehörde geführt. Es enthält alle bestehenden und neu entstehenden Stiftungen im Land Sachsen-Anhalt. In das Stiftungsverzeichnis sind Name, Sitz, Zweck, Vertretungsberechtigung und Zusammensetzung der Organe der Stiftung und der Tag der Anerkennung einzutragen. ... Die Einsicht in das Stiftungsverzeichnis ist jedem gestattet, der ein berechtigtes Interesse geltend macht."[2] Im Entwurf für ein neues Stiftungsgesetz des Landes Sachsen-Anhalt ist die Einrichtung eines im Internet öf-

fentlichen Stiftungsverzeichnisses vorgesehen.[3] Die Publizität bezieht sich allerdings nicht wie bei Kapitalgesellschaften auf die Jahresabschlüsse. Vielmehr werden Informationsrechte ausdrücklich eingeschränkt: „Die behördlichen Unterlagen über die Anerkennung der Rechtsfähigkeit und die Beaufsichtigung der Stiftungen des bürgerlichen Rechts unterliegen nicht dem Anspruch auf Zugang zu amtlichen Informationen nach dem Informationszugangsgesetz Sachsen-Anhalt."[4]

Daher kann die aktuelle Gesamtzahl aller rechtlich selbständigen deutschen Stiftungen nur grob auf ca. 20.000 mit steigender Tendenz geschätzt werden.[5]

In den letzten Jahren hat die Rechtsform der Stiftung eine regelrechte Renaissance erlebt. Die Gründe hierfür sind vielfältig und werden nachfolgend kurz analysiert.

Die Stiftung ist für viele Inbegriff der Seriosität. Der **Ruf der Rechtsform** ist ausgezeichnet. Dies hat verschiedene Gründe:

- Bei Stiftungen sind bisher **Insolvenzen praktisch nicht aufgetreten**. Stiftungen des privaten Rechts können wie Verein und GmbH insolvent und Stiftungen des öffentlichen Rechts zahlungsunfähig werden. Dies kommt in der Praxis jedoch kaum vor, da viele Stiftungen nur fördernd tätig sind und alle Stiftungen durch Satzung und Stiftungsaufsicht angehalten werden, ihr Kapital in voller Höhe zu erhalten. In Verbindung mit der im Verhältnis zu Vereinen und GmbHs oft besseren Kapitalausstattung sind Insolvenzen unwahrscheinlich.[6]
- Viele Stiftungen verfügen über ein Aufsichtsgremium, häufig als Stiftungsrat, Kuratorium oder Verwaltungsrat bezeichnet, das mit **Honoratioren** aus dem Tätigkeitsfeld der Stiftung oder Repräsentanten des öffentlichen Lebens besetzt ist. Der gute Ruf der Gremienmitglieder stärkt den Ruf der Stiftung.
- Einige **große** Stiftungen tragen erheblich zur Wahrnehmung in der Öffentlichkeit bei, wie z.B. die Stiftung Warentest, die Bertelsmann Stiftung oder die Volkswagen Stiftung.
- Ältere, meist kirchliche Stiftungen sind seit vielen Jahrzehnten oder gar Jahrhunderten sozial tätig und vermitteln ein Bild größter **Beständigkeit**.

Inzwischen wird allerdings auch in geringem, aber zunehmendem Umfang **Kritik am Stiftungswesen** laut:

- Stiftungen sind die am wenigsten transparente Rechtsform in Deutschland. Die bundesweit uneinheitliche Publizität beschränkt sich auf wenige, nur vereinzelt über das Internet zugängliche Daten. Damit ist selbst die Existenz einer Stiftung kaum nachweisbar, geschweige denn Besetzung von Organen und Satzungsinhalt.

I. Die Renaissance der Stiftung

- Stiftungen können eine interne Struktur haben, die jede demokratische Willensbildung oder öffentliche Kontrolle ausschließt.
- Das weite Feld deutscher Steuerbegünstigungen erleichtert die Gestaltung von Stiftungen zur Verfolgung privater Interessen, z.B. Unterhaltung denkmalgeschützter Schlösser oder den Aufbau einer Kunstsammlung, ohne diese ausschließlich oder wenigstens vorrangig der Öffentlichkeit zugänglich zu machen.
- Unter Ausnutzung der Steuerbegünstigung und dem guten Ruf der Rechtsform dienen Stiftungen nicht dem öffentlichen Gemeinwohl, sondern der Durchsetzung politischer oder weltanschaulicher Sichtweisen des Stifters. Während die steuerliche Absetzbarkeit von Spenden an Parteien eng begrenzt ist, können Stiftungsmittel bei entsprechender Gestaltung in beliebiger Höhe steuerbegünstigt und ohne demokratische Willensbildungsprozesse oder öffentliche Kontrolle politisch eingesetzt werden.

Zu der Stiftungsrenaissance führt auch das **wirtschaftlich zunehmend schwierigere Umfeld** in Deutschland und den meisten Industriestaaten. Die daraus resultierenden Belastungen haben zu einem rückläufigen Spielraum der öffentlichen Haushalte und gleichzeitig zu einer Zunahme individueller Notlagen geführt.

Die Diskrepanz zwischen Haushaltsvolumen und gesellschaftlichen Aufgaben führt zu einem steigenden ungedeckten Mittelbedarf in vielen Bereichen des gesellschaftlichen Lebens, z.B. Forschung, Bildung, Soziales, Sport und Kultur. Wo öffentliche Mittel fehlen, sind vermehrt private Mittel gefragt. Da es sich nicht um einmalige kurzfristige Aufgaben handelt, bietet sich eine auf lange Sicht angelegte Finanzierung über Stiftungen an.

Während auf der einen Seite Notlagen und Finanzierungsnotwendigkeiten sichtbar werden, existieren auf der anderen Seite **erhebliche Vermögenswerte**, die in den nächsten Jahrzehnten **vererbt** werden. Die künftigen Erblasser haben rund 60 Jahre großen Wohlstands erlebt und entsprechende Vermögen gebildet. Die Zunahme von **kinderlosen Haushalten** könnte den Trend zur bewussten Verwendung des eigenen Vermögens in Form einer (Zu-)Stiftung weiter stärken.

Auch die **Politik** sieht die Notwendigkeit, bisher öffentlich finanzierte Aufgaben durch andere Finanzquellen abzusichern. Daher wird die Gründung von Stiftungen als ein Ausdruck der Bürgergesellschaft politisch begrüßt. Konkret wurde eine erste **Reform des Stiftungsrechts** umgesetzt, um die Gründung zu vereinfachen und die steuerlichen Vergünstigungen auszuweiten.[7] Auch wenn dadurch auf Steuereinnahmen verzichtet wird, erhofft sich die Politik eine weit größere Entlastung der Haushalte durch freiwillige Leistungen der Bürger.

Diese Rahmenbedingungen aus
- öffentlichen Notlagen,
- zur Verfügung stehenden Vermögen,
- öffentlicher Förderung der Stiftung und
- dem guten Ruf der Stiftung

führen zu einem vermehrten Interesse an der Stiftung und steigenden Gründungszahlen.

II. Motive der Stiftungsgründung

Die Stiftung dient der Verwirklichung individueller Ziele der Stifter. Daher kommt der **Klärung des Stiftermotivs** größte Bedeutung zu.[8] Je genauer und ehrlicher die Motive herausgearbeitet werden, umso zielgerichteter kann die Satzung gestaltet werden. Im Zusammenhang mit den jeweiligen Motiven sollen auch **Alternativen zur Stiftung** kurz vorgestellt werden.

Ausgangspunkt der Stiftungsgründung kann die **Verwendung von Geld** bzw. **Verselbständigung eines Vermögenswerts** oder die **Beschaffung von Geld** sein. Im ersten Fall möchte eine vermögende Person über ihren Tod hinaus bestimmte Zwecke verfolgen. Im zweiten Fall gibt es bereits eine Organisation oder eine Gruppe von Personen, die ein ideelles Anliegen verfolgen und dafür eine langfristige Finanzierung suchen.

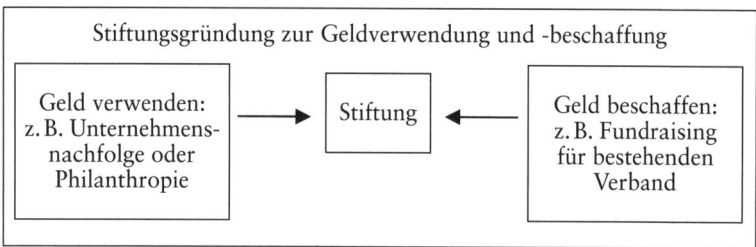

Stiftungsgründung zur Geldverwendung und -beschaffung

Geld verwenden: z. B. Unternehmensnachfolge oder Philanthropie → Stiftung ← Geld beschaffen: z. B. Fundraising für bestehenden Verband

1. Persönliche Geltung

Das wohl heikelste Motiv ist die **Eitelkeit**, die nur bei wenigen Menschen gänzlich fehlen mag. Auch wenn dies in der Regel nicht direkt angesprochen wird, so will sich doch so mancher Stifter ein „Denkmal" setzen, und dies oft noch zu seinen Lebzeiten. Die Stiftung trägt in vielen Fällen den Namen des Stifters und führt diesen weit über sein Ableben hinaus in die Öffentlichkeit. Dies hier negativ formulierte Motiv lässt sich auch positiv darstellen, zumindest wenn

II. Motive der Stiftungsgründung

das Stiftungsgeschäft durch Dritte erfolgt. Dann soll häufig das **Werk und Leben einer Person posthum gewürdigt** werden. Häufig wird das Haus oder Lebenswerk der Person in die Stiftung eingebracht und diese soll das Schaffen der Person darstellen, sein Werk erhalten oder in seinem Sinne weiter wirken.

Überspitzt formuliert bietet die Stiftung einen „Hauch von Unsterblichkeit", zumindest für den eigenen Namen und ein Anliegen, das einem besonders am Herzen liegt und das als Stiftungszweck unbefristet über den eigenen Tod hinaus verfolgt wird.

Soll das Werk einer Person oder eine eigene Idee dauerhaft über den eigenen Tod hinaus verfolgt werden, stellt die Stiftung mit dem weitgehend unabänderlich auf den Stifterwillen festgelegten Stiftungszweck das Mittel der Wahl dar.

2. Philanthropie

Philanthropie bedeutet wörtlich „Menschenliebe" und bezeichnet eine **uneigennützige Haltung** mit der Bereitschaft, für andere Menschen etwas zu tun. Auslöser für eine solche Einstellung kann die Wahrnehmung von Elend und Missständen sein, aber auch der Wunsch, z.B. in der Kunst, Schönes zu erhalten und zu fördern. Einen Anstoß für die Stiftungsgründung bietet oft auch die bewusste Einstellung auf den nahenden Tod. Das Vermögen oder Teile davon sollen nicht dem Staat oder Erben zufließen und anonym sowie dem politischen Kräftespiel ausgesetzt verwendet werden. Vielmehr werden eigene Vorstellungen für einen sinnvollen Umgang mit dem Vermögen entwickelt und als Stiftungszweck ausgearbeitet. Die konkreten Zwecke einer solchen Stiftung decken praktisch alle rechtlich zulässigen Felder ab, von sozialem Engagement über Kultur- und Sportförderung bis zur Forschung. Die Zwecke stehen oft mit der Biographie des Stifters in Zusammenhang oder gehen auf ein Schlüsselerlebnis zurück.

Als **Alternativen** für die Realisierung philanthropischer Vorstellungen bieten sich an:
– Spenden an bestehende gemeinnützige Organisationen, darunter auch Stiftungen
– Vermächtnisse an bestehende gemeinnützige Organisationen, darunter auch Stiftungen
– Zustiftungen zu bestehenden Stiftungen, auch als so genannte unselbständige Stiftung.

Die erste Variante ist am einfachsten zu realisieren. **Spenden** sind jederzeit formlos in jeder beliebigen Höhe möglich. Eine Zweckbindung, sofern gewünscht, sollte schriftlich festgelegt werden, um diese ausreichend abzusichern. Spenden können auch als Sachspenden erfolgen. Sofern Immobilien oder schon zu Lebzeiten das gesamte Vermögen gespendet werden, ist eine notarielle Beurkundung erforderlich. Die steuerliche Absetzbarkeit von Spenden ist gegenüber der Stiftungsgründung begrenzter und beschränkt sich auf 20% des jährlichen Einkommens.[9]

Das **Vermächtnis** erfordert nur ein handschriftliches oder notariell beurkundetes Testament. Nicht einmal eine vorherige Kontaktaufnahme mit der Organisation ist erforderlich. Auch ein Vermächtnis kann mit einer Auflage versehen werden, an die der Empfänger im Falle der Annahme des Vermächtnisses gebunden ist. Eine solche Zweckbindung ist aber im Gegensatz zum schwer abänderlichen Stiftungszweck immer zeitlich begrenzt; auch eine zur Sicherstellung der Vollziehung angeordnete Testamentsvollstreckung endet in der Regel spätestens nach 30 Jahren.[10]

Bei sehr engen, stark einschränkenden **Auflagen** besteht sowohl bei der zweckgebundenen Spende wie einem mit Auflagen versehenen Vermächtnis die Gefahr, dass die Organisation die Spende bzw. das Vermächtnis ausschlägt.

In der Praxis ist auch damit zu rechnen, dass eine Organisation mit mehreren Projekten oder Tätigkeitsfeldern **Quersubventionierungen** zwischen gut und schlecht finanzierten Bereichen zulässt. So könnten z. B. der durch den Nachlass begünstigten Einrichtung möglichst hohe Verwaltungskosten belastet werden, so dass indirekt alle anderen Einrichtungen des Trägers von der Zuwendung profitieren.

Sofern der Spendenempfänger oder testamentarisch Begünstigte keine Stiftung ist, besteht ein höheres Insolvenzrisiko, da z. B. bei einem Verein kein Mindestkapital auf Grund gesetzlicher Vorschriften dauerhaft erhalten werden muss.

Vorteilhaft ist der geringe Verwaltungsaufwand für den Mittelgeber und den Mittelempfänger, vor allem bei nicht zweckgebundenen Zuwendungen. Sofern die empfangende Organisation einen Vereinszweck (analog Stiftungs- oder Gesellschaftszweck) hat, der sich vollständig mit den Vorstellungen des Mittelgebers deckt, erscheint eine solche Form der Zuwendung als ernsthafte Alternative. Je nach Organisationsform kann allerdings auch der Vereinszweck mehr oder weniger leicht geändert, z. B. ausgeweitet werden, so dass der Spender keine ganz so weit reichende **Sicherheit** wie bei der Stiftung hat, dass seine Mittel „auf Dauer" dem ursprünglichen Zweck zukommen.

Die langfristigere Zweckbindung der Stiftung gegenüber einer, auch zweckgebundenen Zuwendung muss jedoch nicht immer vorteilhaft sein. Gesellschaftliche Rahmenbedingungen ändern sich, erst recht über Jahrzehnte. Eine auf unbegrenzte Zeit festgelegte Zweckbindung kann eine im Sinne des Philanthropen optimale Mittelverwendung auch erschweren oder gar verhindern. Diese Problematik

II. Motive der Stiftungsgründung

soll unter der Überschrift Stiftungszweck noch vertieft werden, wo es darum geht, den Zweck ausreichend genau, aber nicht zu einschränkend zu formulieren.

Schließlich bleibt als dritte Alternative die **Zustiftung**. Vorteilhaft sind geringere Verwaltungskosten, da nicht ein eigener Verwaltungsapparat einschließlich Gremienstrukturen vorgehalten werden muss. Ggf. kann eine Zustiftung zu Lebzeiten mit einer Aufnahme des Zustifters oder einer Person seines Vertrauens in einem Aufsichtsorgan der Stiftung verbunden werden.

Zusammenfassend bleibt festzuhalten, dass der Philanthrop sich überlegen muss, wie langfristig und eng seine Mittel an einen bestimmten Zweck gebunden werden sollen. Je geringer die Zweckbindung, umso geringer der Aufwand für alle Beteiligten, aber umso größer das Risiko, dass die Mittel nicht langfristig für den gewünschten Zweck zur Verfügung stehen. Eine geringere Zweckbindung ermöglicht dem Mittelempfänger anderseits ein höheres Maß an Flexibilität. Das Argument der Verwaltungskosten gewinnt vor allem bei kleineren Beträgen an Gewicht. Je umfangreicher das Vermögen und je spezieller die Verwendungsabsicht, umso eher bietet sich, auch unter steuerlichen Aspekten, die Stiftungsgründung an. Wenn eine zu den Vorstellungen des Stifters passende Stiftung bereits existiert und der Stifter auf die Nennung seines Namens in der Stiftungsbezeichnung verzichtet, bietet sich die Zustiftung an.

3. Nachlassregelung

Motive zur Stiftungsgründung im Zusammenhang mit der **Nachlassregelung** können in **drei typischen Konstellationen** auftreten:
- Der Erblasser hat keine Erben und möchte die Verwendung seines Vermögens über den Tod hinaus steuern.
- Der Erblasser hat Erben, denen er möglichst wenig Vermögen zukommen lassen möchte.
- Der Erblasser hat Erben, die nicht oder nur eingeschränkt für sich sorgen können und die durch die Stiftungsgründung über den Tod des Stifters hinaus versorgt werden sollen.

Fragen der **Unternehmensnachfolge** als Sonderfall werden anschließend behandelt.

Im ersten Fall drohen keine Auseinandersetzungen mit Erben, die sich um ihr Erbe gebracht sehen. Der potentielle Stifter kann sich in Ruhe nach einem sinnvollen Stiftungszweck umsehen, die Strukturen der Stiftung aufbauen und sein Vermögen zu Lebzeiten, in der Regel zunächst anteilig, oder mit dem Tode auf die Stiftung übergehen lassen. Einzig das Risiko, vor der Gründung unerwartet vom

Tode überrascht zu werden, kann die weitere Planung vereiteln. Eine frühzeitige Regelung mag dagegen das Risiko in sich bergen, dass der Stifter einige Jahre später einem anderen Zweck, einer anderen Stiftungsstruktur oder überhaupt einer anderen Planung den Vorzug gegeben hätte.

Als **Alternativen** bieten sich – wie zuvor behandelt – Spenden und Zustiftungen an.

Das zweite Motiv ist reichlich konfliktträchtig. Grundsätzlich sollte sich jeder Stifter darüber im Klaren sein, dass die Stiftungsgründung für **vorhandene Erben** nachteilig ist und einen Interessenausgleich herbeiführen. Die Stiftung ermöglicht eine Vermögensübertragung bereits zu Lebzeiten. Durch eine frühzeitige Vermögensübertragung kann das zu vererbende Vermögen und somit der Pflichtteil geschmälert werden. Da dem Stifter zu Lebzeiten bei einer adäquaten Satzungsgestaltung ein weit reichender Einfluss auf die Stiftung eingeräumt werden kann, ist für ihn die frühzeitige Vermögensübertragung in vielen Konstellationen kaum von Nachteil. Beispielsweise können Unternehmensanteile übertragen werden, ohne dass der Stifter die Kontrolle über das Unternehmen verliert. Entweder werden stimmrechtslose Vorzugsaktien/Beteiligungen übertragen oder der Stifter übt seinen Einfluss als Gründungsvorstand oder im Aufsichtsorgan der Stiftung aus. Ein anderer Fall ist die Übertragung eines denkmalgeschützten Familiensitzes auf eine Stiftung mit lebenslangem Wohnrecht des Stifters.

Als **Alternative** bieten sich anderweitige Vermögensverfügungen zu Lebzeiten oder im Testament an. Eine Schmälerung des Pflichtteils ist jedoch auch hier nur bei frühzeitiger Übertragung des wesentlichen Vermögens möglich. Nur die Stiftung ermöglicht dem Stifter zu Lebzeiten eine weit reichende Kontrolle über bereits weiter gereichtes Vermögen, verbunden mit steuerlichen Vorteilen im Falle der Entscheidung für eine steuerbegünstigte Stiftung.

Die **Versorgung eines oder mehrerer Nachkommen** ist z. B. bei behinderten Kindern ein wichtiges Motiv, die auf Grund der verbesserten Versorgung ihre Eltern häufig überleben. Hier bietet sich eine Familienstiftung an, die mit einem Teil der Erträge die lebenslange Versorgung des oder der Nachkommen übernimmt. Die Versorgung Familienangehöriger kommt häufig auch in Verbindung mit der nachfolgend behandelten Unternehmensnachfolge vor. Alternativ kann in einem Behindertentestament geregelt werden, dass das oder ein Teil des Vermögens einem Vormund oder Betreuer unterstellt wird und ggf. erst mit Ableben des Kindes endgültig in das Vermögen einer steuerbegünstigten Organisation übergeht. Die Stiftung erleichtert die Regelung der Vermögenskontrolle und langfristigen Vermögensbindung.

4. Unternehmensnachfolge

Ein wichtiges Motiv der Stiftungsgründung ist die Regelung der Unternehmensnachfolge. Hier sind **zwei wesentliche Teilmotive** festzustellen, die häufig zusammen auftreten:
- Die bei der Unternehmensübertragung anfallenden **Steuerlasten** sollen vermieden werden oder sind für die Erben wirtschaftlich schlicht nicht tragbar.
- Die **Erben** sind persönlich **zur Unternehmenssteuerung nicht geeignet**. Daher sollen Eigentum und wirtschaftliche Steuerung entkoppelt werden.

Bei dem Motiv der Unternehmensnachfolgeregelung spielen Aspekte der **Corporate Governance** (der sachgerechten Unternehmenskontrolle und -steuerung, s. Checkliste XI) sowie steuerliche Fragestellungen eine Rolle. Die Komplexität der Fragestellung und die meist hohen Vermögenswerte machen in jedem Fall eine individuelle Beratung durch Spezialisten erforderlich.

5. Mittelbeschaffung

Eine in letzter Zeit an Bedeutung gewinnende Motivation ist die Mittelbeschaffung durch eine Stiftungsgründung. Zahlreiche Verbände aus den Bereichen Soziales, Umwelt, Kultur und Sport haben neben dem Verein und ggf. einer (gemeinnützigen) Betriebsgesellschaft (gGmbH) noch eine Stiftung gegründet. Diese zum Beispiel zwei oder drei Träger können auf vielfältige Weise verbunden sein und mit differenzierten Aufgaben und Rollen in die Öffentlichkeit treten.

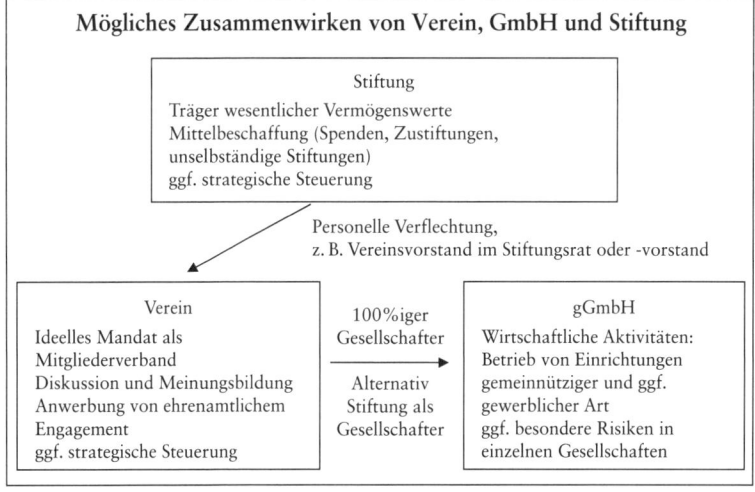

Bei mehreren rechtlich selbständigen Körperschaften, die in einem abgestimmten Zusammenwirken eine gemeinsame Zielsetzung verfolgen, bieten sich zahlreiche Gestaltungsmöglichkeiten,[11] die den Rahmen dieser Darstellung sprengen würden.

Die Ausstattung dieser „**Fundraising-Stiftung**" erfolgt meist mit dem von der jeweiligen Stiftungsaufsicht verlangten Mindestkapital aus Mitteln des Vereins/Verbandes. Ziel ist die Gewinnung von **Großspenden** und **Zustiftungen**. Dabei wird angenommen, dass eine Stiftung mit ihrem guten Ruf und der Ausrichtung auf langfristige Tätigkeit einen besseren Zugang zu Mittelgebern findet bzw. andere Mittelgeber anspricht, als die bisher erreichten Personen.

Die Stiftung kann dabei stark **in den Verein/Verband integriert** sein und als Teil des Vereins auftreten, z.B. mit dem Vereinsnamen und Zusatz Stiftung sowie dem gleichen Logo. Oder sie kann bewusst mit einer größeren Unabhängigkeit ausgestattet werden. Diese kann sich nur auf das Erscheinungsbild beziehen, um andere Personenkreise besser zu erreichen. Sie kann aber auch tatsächlich vereinsfremden Personen, z.B. Stiftern und Honoratioren, Einfluss gewähren. Wird nicht für eine ausreichende, *in der Satzung verankerte* Anbindung gesorgt, besteht die Gefahr, dass sich die Stiftung verselbständigt und nicht mehr für die ursprünglichen, verbandsnahen Aufgaben zur Verfügung steht.

Alternativ können die Fundraisingaktivitäten des Vereins entwickelt und ausgebaut werden. Auch in diesem Rahmen ist z.B. ein **Erbschaftsmarketing** möglich.

6. Corporate Foundation

Zunehmendes Interesse besteht auch seitens **Unternehmen** an Stiftungsgründungen, die z.B. alle **Sponsoringaktivitäten** bündeln (Corporate Foundation).[12] Dabei kann die Balance zwischen Public Relations für das Unternehmen und engagiertem bürgerschaftlichen Engagement sehr unterschiedlich ausfallen. Für Unternehmen liegt der Vorteil einer Stiftung in der Bündelung von Aktivitäten, der langfristigen Orientierung und dem seriösen Eindruck einer Stiftung. Andererseits ist eine Stiftung sehr unflexibel in Bezug auf Zweckänderungen und die Kontrolle der Stiftung muss, z.B. über personelle Verflechtungen, ausreichend sichergestellt werden.

Alternativ können Sponsoringaktivitäten in der PR-Abteilung gebündelt werden.

III. Strategische Entscheidungen bei der rechtlichen Gestaltung

Bei der Gründung einer Stiftung werden langfristig, teilweise unwiderruflich die Weichen gestellt, unter welchen Bedingungen künftig das eingesetzte Vermögen genutzt werden kann. Die wichtigsten Aspekte werden in diesem Abschnitt losgelöst von der Satzung behandelt, da die Diskussion einzelner Satzungsformulierungen leicht den Blick für die wesentlichen Aspekte und Alternativen verstellt.

1. Konkretisierung des Stiftungszwecks

Nach einer Klärung der Gründungsmotive, die im vorherigen Abschnitt dargestellt wurden, muss – abgeleitet aus den Motiven – der Stiftungszweck konkretisiert werden.

a) **Stiftungsarten nach Stiftungszweck.** Grundsätzlich ist jeder Zweck zulässig, der nicht das Allgemeinwohl gefährdet.[13] In der Praxis wird insbesondere zwischen gemeinnützigen und privatnützigen Stiftungen sowie Stiftungen des öffentlichen Rechts, zu denen auch die kirchlichen Stiftungen gehören, unterschieden.

Die Einschränkungen für den Stiftungszweck bei der **gemeinnützigen Stiftung** werden durch die Abgabenordnung (AO) festgelegt und im Abschnitt VIII. über die Steuerbegünstigung behandelt.

Nach § 58 Nr. 5 AO darf auch die gemeinnützige Stiftung bis zu einem Drittel ihres Einkommens für den angemessenen Unterhalt und das Andenken an den Stifter und seine engsten Angehörigen aufwenden.

Für die **privatnützige Stiftung** bestehen abgesehen vom Verbot der Allgemeinwohlgefährdung keine weiteren Einschränkungen. Diese nicht steuerbegünstigte Stiftung kann z. B. ausschließlich der Unterstützung einer Familie oder als Träger eines steuerpflichtigen Unternehmens dienen.

Die wichtigste Form der privatnützigen Stiftung ist die **Familienstiftung**, die ausschließlich der Unterstützung einer oder mehrerer Familien dient. Sie verhindert eine Zersplitterung des Familienvermögens im Wege der Erbfolge und ermöglicht eine langfristige Regelung, wie über das Familienvermögen zu verfügen ist. An Stelle der Erbschaftsteuer fällt zurzeit alle 30 Jahre eine Erbersatzsteuer an.

Die **nicht steuerbegünstigte Unternehmensstiftung** kann als Sonderform der Familienstiftung gelten und dient der Regelung der Unternehmenskontrolle unabhängig von der Erbfolge. Alternativ dazu kann eine gemeinnützige Stiftung gegründet werden, die im Stiftungsstock die Anteile an dem steuerpflichtigen, rechtlich selbständigen Unternehmen hält.

Stiftungen des öffentlichen Rechts verfolgen ausschließlich öffentliche Zwecke und stehen mit dem Staat, einer Gemeinde, einem Gemeindeverband oder einer sonstigen unter der Aufsicht des Staates stehenden Körperschaft oder Anstalt des öffentlichen Rechts in einem organisatorischen Zusammenhang.

Kirchliche Stiftungen sind eine Sonderform der Stiftungen des öffentlichen Rechts, die kirchlichen Zwecken einer öffentlich-rechtlichen Religionsgemeinschaft gewidmet und dieser zugeordnet sind. Kirchliche Stiftungen unterstehen der Aufsicht der jeweiligen Kirche.

Nach herrschender Meinung kann eine Stiftung sich nicht selbst zum Zweck haben und ausschließlich der Bildung von Kapital dienen (**„Selbstzweckstiftung"**).[14]

b) **Formulierung des Stiftungszwecks.** Der Stiftungszweck soll den Stifterwillen ausdrücken, der als Leitbild der Stiftung dient. Nach Anerkennung der Stiftung kann der Stifter den Stiftungszweck nur noch in Ausnahmefällen ändern und nach dem Ableben seinen Willen auch nicht mehr äußern. Mit der Anerkennung der Stiftung wird der Stiftungszweck auf Dauer festgeschrieben und kann nur noch geändert werden, wenn und soweit die Satzung dies ausdrücklich vorsieht und die Stiftungsaufsicht zustimmt. In anderen Fällen ist die Zustimmung der Aufsichtsbehörde nach § 87 Abs. 1 BGB daran gebunden, dass eine Erfüllung des Satzungszwecks unmöglich geworden ist oder sie das Gemeinwohl gefährdet. Dabei soll nach Abs. 2 der Stifterwille berücksichtigt und möglichst der gleiche Personenkreis, den der Stifter fördern wollte, begünstigt werden.

Diese langfristige, theoretisch auf die Ewigkeit ausgerichtete Festlegung erfordert eine sehr **sorgfältige Formulierung** des Stiftungszwecks. Als wesentliche **Aspekte des Stiftungszwecks** sind zu bedenken:
- sachliches Tätigkeitsgebiet (Wohlfahrtspflege, Kunst, Umweltschutz, ...),
- begünstigter Personenkreis (sozial Benachteiligte, Menschen mit Behinderung, Studenten, ...),
- fördernde oder operative Tätigkeit,
- Formen der Tätigkeit (Stipendienvergabe, Projektförderung, Betrieb von Einrichtungen, Öffentlichkeitsarbeit, ...) sowie
- räumliche Begrenzung (weltweit, Deutschland, Region, Stadt).

Bei der Formulierung muss die optimale Balance zwischen einem zu konkret und einem zu vage formuliertem Stiftungszweck gefun-

III. Strategische Entscheidungen bei der rechtlichen Gestaltung 13

den werden. In der Praxis ist nicht immer ganz einfach, den **optimalen Konkretisierungsgrad** zu finden.

Viele Stifter neigen dazu, sich die Arbeit der künftigen Stiftung vorzustellen und diese Vorstellung zu beschreiben. Dies mag ein anschaulicher Ausgangspunkt für die Bestimmung des Stiftungszwecks sein, ist aber als Stiftungszweck oft zu konkret. Wird nämlich die Arbeit zu konkret vorgeschrieben, kann sich die Stiftung später geänderten Rahmenbedingungen nicht optimal anpassen.

> **Beispiel:**
> Als Reaktion auf die Pisa-Studie entscheidet sich ein Stifter, in seiner Heimatstadt die mutter- und fremdsprachlichen Fähigkeiten von Kindergartenkindern durch Finanzierung zusätzlicher Spracherzieherinnen zu fördern. Die fünf oben genannten Aspekte sind eindeutig bestimmt: Tätigkeitsfeld Erziehung, Begünstigung von Kindergartenkindern, fördernde Tätigkeit durch Stellenfinanzierung in der Heimatstadt. Allerdings ist der Zweck sehr eng gefasst. Vielleicht entscheiden sich Land und Kommune in einigen Jahren für die besondere Förderung sprachlicher Fähigkeiten. Der größere Bedarf könnte dann bei der Versorgung von Kindern im Krippenalter oder bei der Förderung musischer oder mathematischer Fähigkeiten bestehen. Denkbar ist auch ein ausreichender Stellenschlüssel, aber ein Mangel an geeigneten Aus- und Fortbildungsmöglichkeiten für Erzieherinnen, so dass die Stiftung hier wirkungsvoller fördern könnte.

Um eine zu weit gehende Konkretisierung des Stiftungszwecks zu vermeiden, sollte aus dem konkret vor Augen stehenden Vorhaben ein **allgemeineres Stiftungsziel** abgeleitet und als Stiftungszweck verankert werden.

> **Beispiel (Fortsetzung):**
> Der Stifter könnte in diesem Fall die Förderung der Entwicklung von Kindern bis zum Eintritt der Schulpflicht in seiner Heimatstadt als Stiftungszweck vorsehen. Damit sind von den oben genannten Aspekten 1., 2., 3. und 5. bestimmt. Nur die Formen der Förderung bleiben noch offen.

Da sich optimale Formen der Tätigkeit im Laufe der Jahrzehnte leicht ändern, bietet sich hier in vielen Fällen eine nur **beispielhafte, offene oder gestufte Auflistung von Tätigkeiten** an.

> **Beispiel (Fortsetzung):**
> „Die Stiftung erreicht ihren Zweck insbesondere durch die Förderung von Modellvorhaben, die Finanzierung von zusätzlichen Stellen oder zusätzlicher Ausstattung bei Einrichtungen zur Kinderbetreuung, den Betrieb eigener Betreuungseinrichtungen und der Förderung von Informationsaustausch und Qualifizierung der mit der Betreuung beruflich oder ehrenamtlich befassten Personen. Der Förderung von Kindern aus sozial benachteiligten oder schwachen Familien wird besondere Aufmerksamkeit gewidmet." Durch die Beschränkung auf „zusätzliche" Stellen oder Ausstattung soll die Substitution öffentlicher Ausgaben durch Stiftungsmittel verhindert werden. Dieser Aspekt kann auch gesondert in der Satzung verankert werden, wie dies in dem Musterformular vorgesehen ist.

Bei der Konkretisierung des Stiftungszwecks muss bedacht werden, dass die allgemeinen Rahmenbedingungen und konkreten Umstände in dreißig, fünfzig oder gar hundert Jahren nicht absehbar sind. Als Hilfestellung, ob ein Zweck zu konkret formuliert ist, kann die Anwendung des Zweckes auf die Situation *vor* dreißig, fünfzig oder hundert Jahren dienen. Wenn der Zweck auch für diese Zeiten sinnvoll formuliert wäre, besteht schon eher die Hoffnung, dass er auf Grund seiner Abstraktion auch in Zukunft noch sinnvoll anzuwenden ist.

Auf der anderen Seite birgt ein **zu vage formulierter Stiftungszweck** Risiken. Er eröffnet Vorstand und Stiftungsrat einen Spielraum, die Mittel ggf. entgegen den Absichten des Stifters einzusetzen.

> **Beispiel (Fortsetzung):**
> Der Stiftungszweck wird als „Förderung der Entwicklung von Kleinkindern in der X-Stadt" festgelegt. Nach dreißig Jahren wird der Stiftungsrat von Mitgliedern der Mehrheitsfraktion im Stadtrat majorisiert. Der Stiftungsrat nutzt die Stiftung zur Entlastung des Haushalts und lässt die Stiftung – mehr oder weniger verschleiert – die Verluste kommunaler Einrichtungen übernehmen, z. B. durch die Finanzierung von Ausstattung und Personal.

> **Beispiel (Fortsetzung):**
> Der Vorstand kandidiert zugleich für den Stadtrat und konzentriert die Fördertätigkeit der Stiftung auf seinen Wahlbezirk, in dem überwiegend gehobene Mittelschicht anzutreffen ist.

III. Strategische Entscheidungen bei der rechtlichen Gestaltung 15

c) **Präambel.** Eine Präambel ist eine ideelle Aussage zum Sinn der Stiftung, die als Bestandteil der Satzung den eigentlichen Paragraphen vorausgestellt werden kann. Während die Satzung eindeutig und justitiabel formuliert werden sollte, kann sich der Stifter in der Präambel freier ausdrücken und den ideellen Anspruch der Stiftung zum Ausdruck bringen. Dies wird häufig genutzt, um die wertmäßigen **Grundlagen der Stiftungsentscheidung** zum Ausdruck zu bringen.

Beispiel:
Die Stiftung Liebenau wurde 1870 von Kaplan Adolf Aich und Tettnanger Bürgern gegründet. Sie erbringt caritative Dienste im Sozial-, Gesundheits- und Bildungswesen. Nach dem Willen ihrer Gründer sollte sie „eine reine Privatanstalt sein und bleiben, hervorgegangen aus der freithätigen, christlichen Liebe, (...) und stets auf katholischer, kirchlicher Grundlage ruhen."[15]

Beispiel:
1. Die Bundesrepublik Deutschland hat die UN-Konvention gegen Folter vom 10. Dezember 1984 unterzeichnet, die jedes unterzeichnende Land verpflichtet, dafür zu sorgen, dass Folteropfer Rehabilitation und Hilfe erfahren. Die deutschen Ärztekammern vertreten durch die Bundesärztekammer haben die „Madrider Erklärung" der Ärzte in der europäischen Gemeinschaft vom 25. 11. 1989 unterzeichnet, in der sich die Ärzteverbände der EG verpflichten, die Behandlung von Folteropfern zu unterstützen.
2. Folteropfer können in den bestehenden medizinischen und sozialen Einrichtungen nicht angemessen versorgt werden. Es sind spezielle Einrichtungen notwendig, die den Verfolgten medizinische und psychosoziale Betreuung bieten und ihnen helfen, den schwierigen Weg in den Alltag zurückzufinden.
3. In Deutschland leben zahlreiche politisch Verfolgte aus allen Ländern der Erde, die der Folter ausgesetzt waren. In Berlin trägt der Verein „Behandlungszentrum für Folteropfer e. V.", vom Bundesministerium für Familien, Senioren, Frauen und Jugend, der Ärztekammer Berlin, dem Deutschen Roten Kreuz und von Persönlichkeiten des öffentlichen Lebens unterstützt, das Behandlungszentrum für Folteropfer. Hieraus geht die Stiftung für Folteropfer hervor. Sie verfolgt ausschließlich humanitäre Zwecke. Sie ist parteipolitisch unabhängig.[16]

Eine Präambel kann z. B. genutzt werden, um
- eine weltanschauliche oder politische Grundhaltung zu kommunizieren,
- auf die Geschichte der Stiftung oder Stiftungsgründung hinzuweisen,
- die Rahmenbedingungen zu verdeutlichen, auf die sich die Stiftungsgründung bezieht oder
- die Beziehung zu wichtigen Personen oder Institutionen aufzuzeigen.

Die Präambel dient der **Auslegung** der Stiftungssatzung. Dies befreit jedoch nicht davon, alle wesentlichen Aspekte in der Satzung so klar und eindeutig wie möglich zu regeln.

2. Die Rolle der Stiftung in einem organisatorischen Verbund

Häufig wird die Stiftung nicht von einer Privatperson, sondern als Ergänzung zu einer bestehenden Organisation gegründet. Der Stifter kann dabei eine privat- oder öffentlichrechtliche Körperschaft sein. Bei der Stiftung im Verbund mit anderen Institutionen steht der Wunsch nach Trennung verschiedener Funktionen im Vordergrund.

a) Trennung von Kapital und Betrieb. Bei einer Trennung von Kapital und Betrieb soll in der Regel **vorhandenes Vermögen gesichert** und eine **langfristige, zuverlässige Finanzierung** einer Einrichtung **gewährleistet** werden.

> Beispiel:
> Mit dem Umzug der Bundesregierung von Bonn nach Berlin verliert die ehemalige Bundeshauptstadt Bonn die Kulturförderung des Bundes aus dem Bonnvertrag. Um trotzdem eine dauerhafte Unterstützung der Bonner Kulturlandschaft zu gewährleisten, finanziert der Bund einmalig die Gründung einer Kulturstiftung, die eine langfristige, kalkulierbare Förderung – unabhängig von der jeweiligen Haushaltslage oder den politischen Verhältnissen – gewährleisten soll.

> Beispiel:
> Ein Wohlfahrtsverband überträgt Vermögenswerte auf eine Stiftung, während die sozialen Einrichtungen bei dem Verein oder in einer GmbH angesiedelt bleiben. Sollte eine Einrichtung auf Grund der schwierigen Wettbewerbssituation oder der rückläufigen öffentlichen Finanzierung in eine Schieflage geraten, bleiben die Vermögenswerte in der Stiftung, z. B. Immobilien und ein Sockel an Finanzmitteln, erhalten. Die Stiftung kann die

III. Strategische Entscheidungen bei der rechtlichen Gestaltung

Immobilie an einen neu gegründeten Träger verpachten und dessen Aufbau aus Überschüssen der Finanzanlagen fördern.

Bei der Übertragung von Immobilien auf die Stiftung fallen Kosten an, die jedoch im Verhältnis zu den Risiken eines Totalverlustes durch den Betreiber gering sein können. Wenn diese Trennung jedoch zu spät vorgenommen wird, können die Immobilien nicht mehr aus dem Haftungsverbund gelöst werden.

Die Trennung von Kapital und Betrieb kann nicht nur für die Abgrenzung vorhandener Risiken, sondern auch für die Mittelbeschaffung relevant sein. Ein Spender oder Stifter wird ggf. weniger von einer Zuwendung an einen laufenden, ggf. defizitären und insolvenzgefährdeten Betrieb, als an eine Stiftung mit der Verpflichtung zur Kapitalerhaltung zu überzeugen sein.

b) Trennung von Ideal und Betrieb. Eine weitere rechtliche Trennung wird in der Praxis immer wieder praktiziert, die Trennung des ideellen Bereichs von dem betrieblichen Bereich. Der betriebliche Bereich kann ein steuerbegünstigter Zweckbetrieb im Sinne der AO oder ein gewerblicher Betrieb sein. Auf jeden Fall erfordert er besondere betriebswirtschaftliche und branchenbezogene Kompetenzen, um die Geschäfte zu führen oder die Geschäftsführung zu beaufsichtigen. Im ideellen Bereich hingegen geht es um den eigentlichen Stiftungszweck, der in der Regel der ideellen Sphäre im Sinne der AO entspricht.[17] Für die Anliegen des ideellen Bereichs sind in der Regel andere Kompetenzen erforderlich, so dass eine Trennung in zwei Rechtsformen hilfreich sein kann.[18]

Ein in der Praxis häufig noch wichtigerer Aspekt der Trennung ist die **Haftungsbeschränkung** meist ehrenamtlich im ideellen Bereich tätiger Personen auf die Aktivitäten der Stiftung, die durch die Trennung kaum wirtschaftlichen Risiken ausgesetzt ist und ungleich geringere Anforderungen an Aufsichts- und Geschäftsführungsgremien stellt, als ein Wirtschaftsbetrieb, der dann in einer mit der Stiftung organisatorisch nicht verbundenen Körperschaft, einer Tochter-GmbH oder in einem über personelle Verbindungen nahe stehenden Verein untergebracht ist.

3. Nonprofit Governance

a) Prinzipien des Corporate Governance und Übertragung auf Nonprofit-Organisationen. Schon seit Jahren wird unter der Überschrift Corporate Governance über Standards für eine gute Unternehmensführung diskutiert. Hintergrund sind große Unternehmenspleiten und **strukturell angelegte Interessengegensätze** zwischen Unternehmensführung und Kapitalgebern. Durch die Einhaltung allgemein anerkannter Standards soll das Vertrauen der Geldgeber gewonnen werden. Solche Standards für die Unternehmensführung umfassen regelmäßig Fragen der Machtverteilung zwischen den beteiligten Anspruchsgruppen und Gremien, die Informationspolitik und Kontrollstrukturen.[19]

Die Diskussion mit Ursprung in den USA hat auch in Deutschland zu Aktivitäten von Bundesregierung und Unternehmen geführt. Eine am 6. September 2001 vom Bundesministerium der Justiz berufene Regierungskommission hat ein Papier „**Deutscher Corporate Governance Kodex**" vorgelegt,[20] der zunehmend von deutschen Kapitalgesellschaften übernommen und stetig weiter entwickelt wird. Börsennotierte Unternehmen müssen regelmäßig Entsprechungserklärungen zum Stand der Umsetzung in ihrem Unternehmen abgeben. Unzutreffende Angaben können zu Sanktionen und Schadensersatzansprüchen führen.

Wesentliche Regelungsinhalte des **Deutschen Corporate Governance Kodex** sind:
- Darstellung gesetzlicher Regelungen zu Hauptversammlung, Aufsichtsrat und Vorstand,
- Hinweise zur Informationspolitik, u. a. leichte Zugänglichkeit von Informationen über das Internet,
- Aufgabenverteilung zwischen Vorstand und Aufsichtsrat, hier insbesondere Abstimmung der strategischen Ausrichtung der Gesellschaft mit dem Aufsichtsrat, Zustimmungsvorbehalte bei Entscheidungen mit erheblichen Auswirkungen auf die wirtschaftliche Lage und unverzügliche Information über wichtige Ereignisse sowie
- Aufgaben des Aufsichtsrates, u. a. Bestellung, Beratung und Kontrolle des Vorstandes, Bestellung des Wirtschaftsprüfers, langfristige Nachfolgeplanung für den Vorstand.

Der Kodex richtet sich zwar unmittelbar nur an börsennotierte Gesellschaften, wird von der Kommission aber auch den übrigen Aktiengesellschaften empfohlen. Zielt der Kodex auf das Vertrauen der Anleger und übrigen Kapitalgeber, so bedürfen Nonprofit-Organisationen entsprechendes Vertrauens von Spendern, Zuschussgebern, Politik und Öffentlichkeit, um ihre Ziele zu erreichen.

Ein allgemein anerkannter Kodex für Nonprofit-Organisationen hat sich in Deutschland nicht durchgesetzt.[21] Einige verbandsübergreifende Aspekte finden sich in den Richtlinien des Deutschen Zentralinstituts für soziale Fragen (DZI) für die Vergabe des DZI Spenden-Siegels.[22] Ansonsten haben die meisten Wohlfahrtsverbände ihre eigenen Grundsätze entwickelt.[23] Ferner hat der Bundesverband Deutscher Stiftungen Grundsätze beschlossen, die jedoch – wahrscheinlich um eine breite Mehrheit der Mitglieder zu gewinnen – nur einzelne Aspekte der Corporate Governance aufgreifen.[24]

Zentrale Aspekte für einen **Nonprofit Governance Kodex** wären[25]
- Trennung von Geschäftsführung und Kontrolle,
- ausgewogene Machtverteilung zwischen mindestens zwei Organen, abgesichert durch Berichtspflichten und Zustimmungsvorbehalte,
- bei größeren Organisationen ausdrückliche Zuordnung der strategischen Planung zu einem Gremium,
- kompetente Besetzung der Gremien und Geschäftsführung, abhängig von Organisationsgröße und Tätigkeitsfeldern,
- operatives und strategisches Steuerungssystem, dass wirtschaftliche und auf das Tätigkeitsfeld bezogene Aspekte berücksichtigt,
- Transparenz bezüglich interner Verfassung und Gremienbesetzung, Vermeidung von Ämterhäufung, keine Überschneidung zwischen geschäftsführendem und Aufsicht führendem Gremium, kein unmittelbarer Wechsel von der Geschäftsführung in eine Aufsichtsfunktion, Aufdeckung und Kompensation von Interessengegensätzen, Ausschluss von In-Sich-Geschäften,
- aktive Informationspolitik gegenüber Gremienmitgliedern mit vor den Sitzungen verschickten Unterlagen zur Tagesordnung und zeitnahem Versand von Protokollen,
- Minderheitenschutz, insbesondere einfache Möglichkeit zur Einberufung übergeordneter Gremien, offensive Informationspolitik gegenüber Gremien und Öffentlichkeit, u. a. zeitnahe Publikation des Jahresabschlusses einschließlich Geschäftsbericht und Erläuterung von Mittelherkunft und -verwendung und
- Auswahl, Beauftragung und Diskussion mit dem Wirtschaftsprüfer durch ein nicht geschäftsführendes Gremium.

b) **Bedingungen von Nonprofit-Organisationen.** Für eine langfristig optimale Gestaltung der Satzung ist ein Verständnis der „inneren Logik" von Nonprofit-Organisationen (NPO) erforderlich.[26]

In NPO sind ab einer bestimmten Größe in der Regel **Ehrenamtliche** und **Hauptamtliche** tätig. Daraus ergeben sich Bedingungen, die in folgender Tabelle zusammengestellt sind.

	Ideelle Sphäre	Betriebliche Sphäre
Basis	Gremienmitglieder, Stiftungskapital	Mitarbeiter, Anlagevermögen
Art der Mitarbeit	ehrenamtlich	hauptamtlich
Motive für Mitarbeit	ideelle (soziale, politische, ethische) Ziele, ggf. Interesse an Leistungen	Einkommenserzielung, ggf. nachrangig ideelle Ziele

	Ideelle Sphäre	Betriebliche Sphäre
Umfang der Mitarbeit	begrenzter zeitlicher Einsatz	hoher zeitlicher Einsatz
Rechtsgrundlage	stiftungsrechtliche Beziehung, kaum durchsetzbarer Leistungsanspruch, allerdings Sorgfaltspflichten	arbeitsrechtliche Beziehung, Anspruch auf (beiderseitige) Erfüllung des Arbeitsvertrages
Abhängigkeit der Mitarbeitenden	meist geringe Abhängigkeit von der Stiftung	wirtschaftliche Abhängigkeit je nach Arbeitsmarkt
Leistungsschwerpunkt	Willensbildung	Erbringung von Dienstleistungen
wirtschaftliche Relevanz	geringe Umsätze, kaum wirtschaftliche Risiken	hohe Umsätze, hohe wirtschaftliche Risiken (nur bei operativer Stiftung)
Turbulenz der Umwelt	langsame Umweltänderungen, z. B. Wertewandel in der Gesellschaft	schnelle Umweltänderungen, z. B. rechtlich und ökonomisch
Wettbewerb	partieller Wettbewerb um Spenden, ehrenamtliches Engagement	starke Konkurrenz auf Absatz- und Beschaffungsmärkten (nur bei operativer Stiftung)

Bei einer fördernden Stiftung sind die Gegensätze in der Regel geringer ausgeprägt. Bei einer kleinen Förderstiftung kann auch ein engagierter ehrenamtlicher Vorstand die Geschäftsführung übernehmen.

Die unterschiedliche Stellung von Ehren- und Hauptamtlichen führt zwangsläufig zu einem **Macht- und Informationsgefälle**. Formal liegt die Macht meist bei Ehrenamtlichen, die unter anderem über die Anstellung und Entlohnung der Hauptamtlichen befinden. Dafür haben die Hauptamtlichen einen unvermeidbaren Informations-, häufig auch einen Kompetenzvorsprung. Sie beschäftigen sich während der Arbeitszeit mit der Stiftung und ihren Geschäftsfeldern, während die ehrenamtlichen Gremienmitglieder nur aus Anlass weniger Sitzungstermine sich mit den Angelegenheiten der Stiftung befassen. Durch ihre Informationspolitik haben die Hauptamtlichen meist erheblichen Einfluss auf die Entscheidungsfindung Ehrenamtlicher.

Um hier ein ausreichendes Gegengewicht bieten zu können, müssen die ehrenamtlichen Gremien **kompetent besetzt** werden. Satzung und Geschäftsordnungen sollten ausreichende **Informationsrechte**, **Sitzungszyklen**, **Vorbereitung** und **Protokollierung** sicherstellen, damit

III. Strategische Entscheidungen bei der rechtlichen Gestaltung

Möglichkeiten und Motivation zur Ausübung von Steuerungs- und Kontrollrechten in der Praxis ihre Wirkung entfalten. Kompetenzen können unter Umständen auch durch die Einsetzung berufener Gremienmitglieder sichergestellt werden.

Bei Gremien ohne ausreichend formulierten Auftrag besteht die Gefahr, dass nur die Pflichtpunkte „abgenickt" werden. Dem kann durch explizite **Formulierung von gehaltvollen, konkreten Aufgaben** in der Satzung entgegengewirkt werden. Ein gutes Beispiel ist die Beauftragung des Wirtschaftsprüfers durch den Stiftungsrat.[27] Diese Regelung erzwingt praktisch eine aktive Auseinandersetzung mit der wirtschaftlichen Situation der Stiftung und offenkundige Mängel der Geschäftsführung können kaum ignoriert werden. Aus dem gleichen Grund sieht die Mustersatzung in § 11 Abs. 2c die Aufstellung und Genehmigung eines differenzierten Geschäftsplanes (hierzu s. Abschnitt D. VII.) vor.

Bei operativ tätigen **Stiftungen mit großem Wirtschaftsbetrieb** können die **unternehmenskulturellen Gegensätze** zwischen ideell motivierten, ehrenamtlichen Gremien und hauptamtlicher Leitung eines im Wettbewerb stehenden Unternehmens sehr groß werden. Dies zeigt nachfolgendes Sanduhrmodell. Die Stiftungshierarchie mündet in den Vorstand, die betriebliche Hierarchie in der Geschäftsführung. Unabhängig davon, ob dies dieselben oder verschiedene Personen sind, treffen hier zwei „Welten" aufeinander.

Je nach Größe der Wirtschaftsbetriebe sind erhebliche Kommunikationsleistungen erforderlich, um zwischen der ideellen und der betrieblichen Organisationseinheit zu vermitteln.

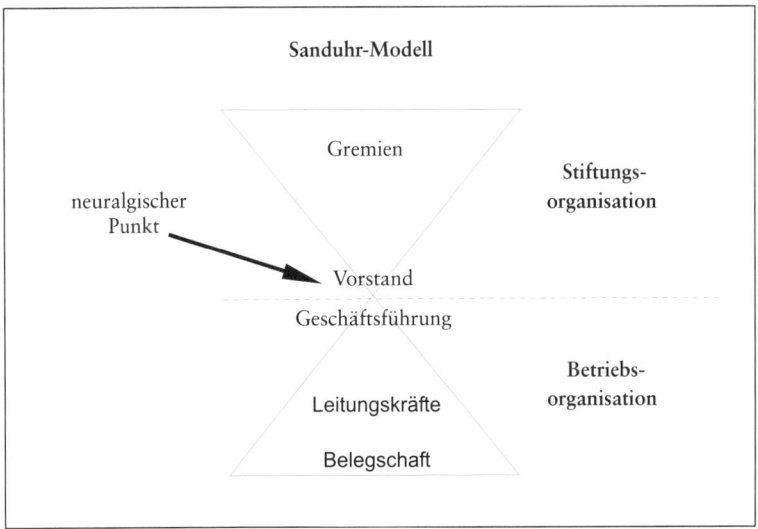

In solchen Fällen kann es sinnvoll sein, den **Geschäftsbetrieb auszulagern**, um den unterschiedlichen Steuerungsbedingungen Rechnung zu tragen. Gleichzeitig ergeben sich als Vorteil eine Haftungsbegrenzung für die Stiftungsorgane und das Stiftungsvermögen und ein differenziertes Auftreten in der Öffentlichkeit.

Typisch für viele NPO ist die **große Interessenvielfalt**, die zu berücksichtigen ist. Als Anspruchsgruppen kommen beispielsweise in Frage:
– Stifter (-familie),
– aktuelle und potentielle Zustifter und Spender,
– Kommune und Parteien,
– nahe stehende Institutionen, z. B. Kirchen oder Verbände,
– in den Gremien durch geborene oder berufene Vertreter repräsentierte Interessengruppen sowie
– potentielle und aktuelle Empfänger von Fördermitteln, Empfänger von Dienstleistungen bei operativer Tätigkeit.

Die Interessen können durch die Bildung und Besetzung der Gremien, ggf. die Einrichtung von Ausschüssen, die Partizipation in rein beratenden Gremien (Beirat) und eine differenzierte Informationspolitik aufgefangen werden. Eine angemessene Berücksichtigung aller Anspruchsgruppen bedeutet keinesfalls, dass ihnen auch Mitentscheidungsbefugnisse zugestanden werden, da dies die Stiftungsarbeit lähmen könnte.

Im Gegensatz zu gewinnorientierten Unternehmen haben Stiftungen **ideelle Ziele** und das positive monetäre Ergebnis stellt nur eine Nebenbedingung dar. Überschüsse aus der Vermögensverwaltung oder ein ausgeglichenes Ergebnis im operativen Bereich sind zwar zwingend erforderlich, aber keinesfalls Selbstzweck der Stiftung. Die ideellen Ziele sind jedoch wesentlich schwerer messbar (hierzu s. Abschnitt A. VII.).[28] In der Stiftungssatzung kann durch die Berufung von Personen unterschiedlicher Kompetenzschwerpunkte dieser Zielvielfalt Rechnung getragen werden. Dabei sind sowohl betriebswirtschaftliche wie auf die ideellen Ziele bezogene Kompetenzen gefragt. Bei einer Kulturstiftung könnten z. B. der Rektor der ansässigen Kunsthochschule und ein Steuerberater/Wirtschaftprüfer, der nicht mit der Prüfung der Stiftung beauftragt ist, oder eine mit dem Kulturmanagement vertraute Person in den Stiftungsrat zu berufen sein.

Eine weitere Gefahr liegt in den **fehlenden Innovationsanreizen** durch Wettbewerber. Der fehlende Wettbewerbsdruck auf Grund laufender Überschüsse aus dem Stiftungsvermögen bietet einerseits ein große Chance: Ideelle Ziele können langfristig und unabhängig von einer kurzfristigen Publizitätswirkung verfolgt werden. Diese Bedingungen sind ideal für Grundlagenforschung oder Nachwuchs-

III. Strategische Entscheidungen bei der rechtlichen Gestaltung   23

förderung. Andererseits bestehen kein Rechtfertigungsdruck gegenüber der Öffentlichkeit oder Mittelgebern und kein Wettbewerb um Kunden. Einer nachlassenden Innovationsfreude kann nur durch die Besetzungspolitik bei den Gremien vorgebeugt werden. Dabei spielen die Kopplung an Ämter und die Beschränkung der Amtsdauer eine Rolle.

In Bezug auf die Entwicklung spezifischer Standards für Nonprofit-Organisationen und insbesondere auf die selbstverständliche Anwendung von Nonprofit Governance Grundsätzen besteht noch erheblicher Nachholbedarf.[29]

c) **Gremienstrukturen.** Rechtlich erforderlich ist bei einer Stiftung nur der Vorstand,[30] der als Organ die Stiftung nach außen gerichtlich und außergerichtlich vertritt. Der Stiftungsvorstand könnte zudem aus einer Person bestehen, so dass sich weitere Regelungen zur Aufgabenverteilung und Gremienstrukturen erübrigen würden. Diese minimalistische Regelung wird jedoch in nahezu allen Fällen nicht den Anforderungen an eine gute Stiftungsführung, z.B. mit Funktionstrennung zwischen Geschäftsführung und Aufsicht oder Einbindung unterschiedlicher Anspruchsgruppen mit differenzierten Einflussnahmemöglichkeiten gerecht werden. Daher werden nachfolgend die wichtigsten Möglichkeiten der Gremienbildung und ihres Zusammenspiels diskutiert.[31]

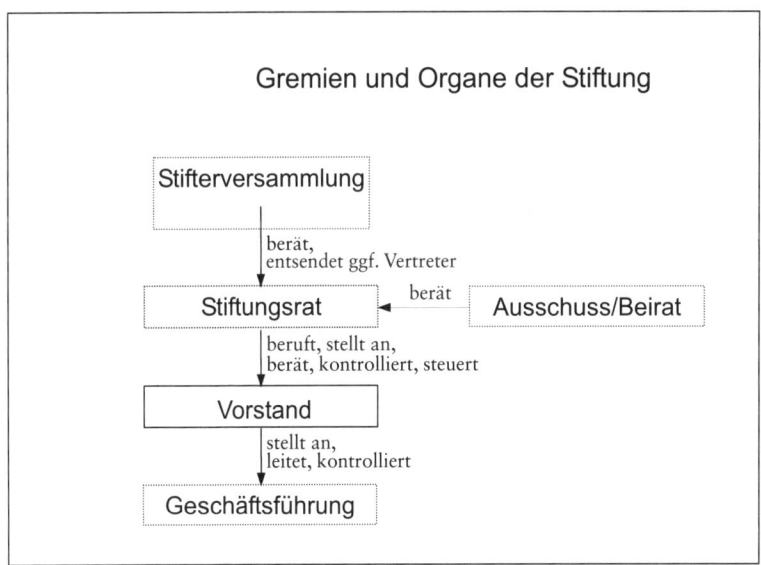

Das Recht der Stiftung wird in weiten Teilen aus dem Vereinsrecht abgeleitet. Während für den Verein seine Mitglieder mit gemeinsamen Interessen konstitutiv sind, wird die Stiftung durch den Stiftungszweck und sein Kapital geprägt. Die demokratische Basis eines Vereins stellt die Mitgliederversammlung dar, die es bei einer Stiftung in dieser Form nicht geben kann. Gibt es jedoch eine größere Zahl von (Zu-)Stiftern, dann bietet es sich an, diese in einer **Stifterversammlung** zu organisieren. Diese Konstellation ist vor allem bei Bürgerstiftungen anzutreffen, kann aber auch für beliebige andere Mittelbeschaffungsstiftungen von Interesse sein.

> **Beispiel:**
> Die Umweltstiftung Greenpeace verfügt neben einem Vorstand und einem Stiftungsrat über eine Stiftungsversammlung, in der Zustifter unter bestimmten, vom Stiftungsrat festgelegten Bedingungen vertreten sind. Die alle drei Jahre einzuberufende Stiftungsversammlung wird über die Arbeit der Stiftung informiert und kann zwei Personen in den bis zu fünfköpfigen Stiftungsrat entsenden.[32]

Die Stifterversammlung bietet den Stiftern ein **exklusives Forum** für Information, Willensbildung, Einflussnahme auf die Stiftung und ggf. öffentliches Auftreten. Ein schönes Beispiel für letzteres ist das Schaffermahl der Stiftung Haus Seefahrt,[33] bei der sich Mittelgeber in Szene setzen können. Gibt es bereits eine größere Zahl von Stiftern oder sollen noch zahlreiche Stifter gewonnen werden, kann eine Stifterversammlung vorgesehen werden, um den Anreiz des Stiftens zu erhöhen (**Fundraisingfunktion**). Die Stifterversammlung kann als Know-how-Pool genutzt werden (**Beratungsfunktion**) und die Legitimation der Stiftungsführung erhöhen (**Entsendefunktion**). Da die Zusammensetzung und Fluktuation der Stifterversammlung dem Zufall unterliegen, sollte sie in der Regel nicht unmittelbar die Kontrolle über die Stiftung bzw. seinen Vorstand erhalten, sondern ein Stiftungsrat zwischengeschaltet werden. Eine tragende Rolle scheidet zudem aus, weil die Stiftung auch dann funktionsfähig bleiben soll, wenn längere Zeit kein Zustifter gewonnen werden konnte und damit die Stifterversammlung „ausstirbt".

Rechtlich nicht zwingend vorgeschrieben, aber in der Praxis nahezu immer empfehlenswert ist ein **Stiftungsrat**. In der Praxis verbreitet ist auch die Bezeichnung **Stiftungskuratorium**. Inhaltlich ist ein Gremium gemeint, welches in der Regel die strategische Leitung innehat und/oder über die bestmögliche Verfolgung des Stiftungszwecks einschließlich Einhaltung der Satzung und Erhaltung des Stiftungsvermögens wacht. Es hat zwingend die Stellung eines Organs der Stiftung, wenn es die Vertretung der Stiftung gegenüber

III. Strategische Entscheidungen bei der rechtlichen Gestaltung 25

dem Vorstand wahrnimmt und diesen beruft (organschaftliches Verhältnis) sowie anstellt (dienstrechtliches Verhältnis). Die Mitglieder des Stiftungsrats sollten alle erforderlichen Kompetenzen abdecken, um die Stiftungsgeschäftsführung wirkungsvoll kontrollieren zu können. Bei einem partnerschaftlichen Verhältnis zum Stiftungsvorstand wird ein kompetenter Stiftungsrat zudem eine wertvolle Beratungsfunktion ausüben können.

Für die **Größe des Stiftungsrats** gilt „so klein wie möglich, so groß wie nötig". Als strategisches Steuerungs- und Kontrollgremium genügen drei Personen. Sollen wichtige Anspruchsgruppen eingebunden, besondere Kompetenzen vertreten und dabei noch bestimmte Mehrheitsverhältnisse eingehalten werden, kann eine größere Zahl erforderlich sein. In den meisten Fällen werden fünf Personen ausreichen. Die Satzung kann einen Spielraum, z.B. von drei bis fünf oder fünf bis sieben Stiftungsratsmitgliedern vorsehen.

Je größer der Stiftungsrat ist, umso weniger werden sich einzelne Mitglieder für das Schicksal der Stiftung verantwortlich fühlen.[34] Dieses „Unterlassene-Hilfe-Phänomen" aus der Sozialpsychologie[35] ist regelmäßig auch bei Gremien anzutreffen, die selbst bei fachkundiger Besetzung offensichtlich notwendige Entscheidungen nicht treffen oder erkennbare Krisen ignorieren. Hilfreich für die **Förderung des Verantwortungsbewusstseins** ist nicht nur eine kleine Zahl der Gremienmitglieder, sondern auch die Zuweisung von konkreten Verantwortungsbereichen, die immer in der Stiftungssatzung vorgesehen werden sollte. Wenn mehr als fünf bis sieben Mitglieder des Stiftungsrats zwingend erforderlich sind, sollte die Bildung von entscheidungsvorbereitenden oder sogar entscheidungsbefugten Ausschüssen erwogen werden.

Da der Stiftungsrat über die Umsetzung des Stifterwillens wachen soll, könnte die Satzung auch eine Besetzung erst nach Ableben des Stifters vorsehen, der bis dahin den Stiftungsvorstand stellt. Damit gehen allerdings auch die Funktionen der Beratung und der institutionellen Verbindungen durch den Stiftungsrat für den Stifter verloren. Außerdem verliert der Stifter die Möglichkeit, die Zusammenarbeit der Organe und deren konzeptionelle Ausrichtung anhand praktischer Erfahrungen durch Änderung der Stiftungssatzung nachzujustieren.

Sollen auf Grund der Größe der Stiftung, ihrer Geschichte oder Funktion relativ viele Personen in den Stiftungsrat aufgenommen werden oder können bestimmte Kompetenzen nicht im Stiftungsrat angesiedelt werden, kann die Bildung von **Ausschüssen** in der Stiftungssatzung mit Kompetenzbeschreibung vorgesehen oder deren Berufung in das Ermessen des Stiftungsrats gestellt werden. Häufig hat diese Art von Gremium, oft auch als **Beirat** bezeichnet, nur eine beratende Funktion. Die Ausschussmitglieder können sich aus Stiftungsratsmitgliedern zusammensetzen oder es werden externe Funktionsträger bzw. Fachleute mit eingebunden. Immer sollte jedoch eine personelle Anbindung an den Stiftungsrat vorhanden sein. Teilweise wird ein Beirat auch nur genutzt, um externe Meinungsführer in die Stiftungsarbeit emotional einzubinden. Dann kommt es weniger auf die Nutzung der Fachkompetenz, als auf die Beziehungspflege an. Bei großen Stiftungsräten kann es auch zu einer Delegation von Entscheidungskompetenzen an einen Ausschuss kommen, um den Stiftungsrat zu entlasten oder das Verantwortungsbewusstsein zu fördern.

> **Beispiel:**
> Der Förderausschuss wählt Stipendiaten nach vorgegebenen Richtlinien aus. Die Auswahl bedarf keiner Bestätigung durch den Stiftungsrat.

Der Ausschuss kann außerdem für eine weitere Funktionstrennung genutzt werden.

> **Beispiel:**
> Der Prüfungsausschuss wählt den Wirtschaftsprüfer aus.[36] Gemeinsam mit dem Wirtschaftsprüfer werden die Führung der Geschäfte durch Vorstand und etwaige Direktiven des Stiftungsratsvorsitzenden, die Einhaltung der Satzung, die wirkungsvolle Verfolgung des Stiftungszwecks und der Kapitalerhalt geprüft. Der Stiftungsratsvorsitzende und sein Stellvertreter dürfen dem Prüfungsausschuss nicht angehören.

Der **Vorstand** ist das einzige gesetzlich vorgeschriebene Organ, das die Stiftung **nach außen vertritt**. Der Vorstand muss zwar nach dem Gesetz nur aus einer Person bestehen, sollte sich aber aus Gründen der gegenseitigen Kontrolle und Vertretbarkeit bei Krankheit und Urlaub in der Regel aus wenigstens zwei Personen zusammensetzen. Als Ausnahme mag beispielsweise der Vorstand einer kleinen Förderstiftung gelten, der nur ein bis zweimal im Jahr über Föderanträge zu entscheiden sowie die Fördergelder zur Zahlung anzuweisen hat und unter der Kontrolle eines Stiftungsrats steht. Ein Ein-Personen-Vorstand kommt auch für eine operativ tätige Stiftung in Frage, wenn der Vorstand als hauptamtliche Geschäftsführung installiert wird und aus Kostengründen nur eine Stelle besetzt werden kann bzw. soll. Die Vertretbarkeit kann hier durch Bestellung eines besonderen Vertreters[37] erleichtert werden. Besondere Anforderungen sind dann an die Kontrolle durch den Stiftungsrat zu stellen, der beispielsweise direkt durch den Wirtschaftsprüfer über die Ergebnis-

III. Strategische Entscheidungen bei der rechtlichen Gestaltung 27

se seiner Prüfung informiert werden kann. Bei einem ehrenamtlichen Vorstand ist in der Regel eine mindestens dreiköpfige Besetzung zu empfehlen, um die Arbeit auf mehrere Schultern zu verteilen und die Gefahr von Pattsituationen zu verringern.

In den meisten Fällen wird der Vorstand die Geschäfte der Stiftung selber führen. Er kann sich als ehrenamtlicher Vorstand auch einer **hauptamtlichen Geschäftsführung** bedienen. Dies entbindet ihn jedoch nicht von seiner gesetzlichen Verantwortung für eine ordnungsmäßige Führung der Geschäfte, die er durch eine intensive Kontrolle der delegierten Geschäftsführungsaufgaben sicherzustellen hat. Die **Haftung des Stiftungsvorstandes** ist mit der Haftung des Vereinsvorstandes vergleichbar. Auch wenn primär die Stiftung als juristische Person für die Handlungen des Vorstandes als Organ haftet, kommt in zahlreichen Fällen eine persönliche Haftung des Vorstandes gegenüber Dritten, z.B. dem Finanzamt für abzuführende Steuern, oder der Stiftung, z.B. für den Verlust der Steuerbegünstigung auf Grund von Organisationsmängeln und deren Folgen, in Frage.[38] Um diese Haftungsrisiken zu vermeiden empfiehlt es sich, sobald eine hauptamtliche Geschäftsführung erforderlich wird, diese als hauptamtlichen Stiftungsvorstand vorzusehen, damit tatsächliches Handeln und Haftung nicht auseinander fallen. Die Steuerbegünstigung steht der hauptamtlichen Wahrnehmung der Vorstandsarbeit nicht entgegen. Allerdings muss dann die Satzung einen hauptamtlichen Vorstand vorsehen und die dienstrechtliche Vertretung der Stiftung, in der Regel durch den Stiftungsrat, gegenüber dem Vorstand regeln.

d) Zusammenspiel von Stiftungsrat und Vorstand. In der Literatur wird häufig von einer klaren und **eindeutigen Aufgabenverteilung** zwischen diesen beiden wichtigsten Gremien ausgegangen. Dabei kommt dem Stiftungsrat in der Regel die strategische Lenkung und Kontrolle des Vorstands zu. Der Vorstand führt die Geschäfte der Stiftung.

In der Praxis wird dies in vielen Fällen so nicht gehandhabt. Daher wird immer wieder eine **Zusammenarbeit von Board** (Aufsichtsgremium, hier Stiftungsrat) **und Management** (Geschäftsführung, hier Vorstand) gefordert.[39] Auch bei Kapitalgesellschaften wird die strikte Aufgabentrennung zwischen Aufsichtsrat und Vorstand der Aktiengesellschaft diskutiert und relativiert.[40]

Eine Stiftung wird kaum einen kompetenten Vorstand finden, der sich nicht auch um die strategische Planung seiner Organisation kümmern möchte. Sollen für den Vorstand fähige Manager gewonnen werden, wird man ihnen auch faktisch Einfluss auf die strategische Planung gewähren müssen. Dies ist auch im Sinne der Stiftung, da das Management über wertvolle Erfahrungen aus der praktischen Stiftungsarbeit, zahlreiche Kontakte und fachliche Qualifikationen verfügt, die bei der strategischen Planung nicht außen vor bleiben sollen. Gleiches gilt letztlich für alle Führungsaufgaben des Stiftungsrats, ausgenommen Führung und Kontrolle des Managements.

Somit ergeben sich nicht, wie in den meisten Darstellungen, zwei sondern in der Regel drei Aufgabenbereiche mit zum Beispiel folgender Aufgabenaufteilung:

Aufgaben Stiftungsrat	Gemeinsame Aufgaben	Aufgaben Vorstand
Berufung und Abberufung des Vorstandes	Strategische Planung, strategisches Controlling, Grundzüge der operativen Umsetzung	Führung der Geschäfte (operative Planung, Organisation, Koordination, operatives Controlling, Kontrolle)
Anstellung und Dienstaufsicht gegenüber dem Vorstand	Entwicklung von Richtlinien grundsätzlicher Bedeutung (zur Vergabe von Fördermitteln, zur Vermögensanlage)	Personalauswahl, -entwicklung, -führung
Kontrolle des Vorstandes u. a. durch Zustimmungsvorbehalte (besondere Rechtsgeschäfte, jährlicher Geschäftsplan) oder formaler Entscheidungskompetenz (Geschäftsordnungen, Richtlinien grundsätzlicher Bedeutung)	bei großen Projekten Entscheidung über Förderungen	Außenkontakte im laufenden Geschäft
Auswahl und Beauftragung des Wirtschaftsprüfers, Führung von (Abschluss-)Gesprächen	Sonstige Entscheidungen von besonderer Bedeutung	
Verbindungen zu wichtigen Institutionen	Repräsentation, Pressekontakte	
	Weiterentwicklung der Verfassung (Satzung, Geschäftsordnungen)	

Bei den gemeinsamen Aufgaben liegt die letzte Entscheidung zwar beim Stiftungsrat, der aber in der Regel eine Übereinkunft mit dem Vorstand anstreben sollte. Ergeben sich substantielle Differenzen

III. Strategische Entscheidungen bei der rechtlichen Gestaltung 29

zwischen den Gremien, hilft auch die formale Machtposition des Stiftungsrats nicht weiter, sondern der Stiftungsrat sollte sich nach einem neuen Vorstand umsehen, der die Geschäfte in seinem Sinne führt. Die Satzung sollte einen ausgewogenen Spielraum eröffnen, wie weit der Stiftungsrat Einfluss nehmen möchte, z. B. welche Richtlinien als besonders wichtig angesehen werden und welche Repräsentationsfunktion delegiert wird. Die in den äußeren Spalten aufgeführten Vorbehaltsaufgaben sollten dabei in der Regel nicht zur Disposition stehen.

Die Funktionen der **Kontrolle und operativen Führung** müssen zwingend getrennt werden. Niemand kann sich selbst wirksam kontrollieren. Diese Position ist in der Literatur unumstritten.

Die **Trennung von strategischer und operativer Führung** ist dagegen differenziert zu bewerten. Einerseits macht das Tagesgeschäft leicht betriebsblind und lässt größere Entwicklungen nicht so leicht erkennen. Auch verrennt sich ein Vorstand, in die Realisierung der Projekte involviert, leicht in bestimmte Vorstellungen und hat Schwierigkeiten, das Scheitern eines Vorhabens zu erkennen oder zuzugeben.[41] Andererseits können aus dem Tagesgeschäft und der profunden Kenntnisse von Markt bzw. gesellschaftlichem Umfeld viele wichtige strategische Impulse erwachsen. Daher erscheint eine Verzahnung von zwei Gremien mit unterschiedlichen Schwerpunkten und Perspektiven besonders geeignet, beiden Aspekten Rechnung zu tragen. Alle Erfahrungen fließen in der gemeinsamen Strategieplanung zusammen und werden idealerweise in einem kritischen Diskurs zu einer gemeinsamen Lösung gebracht. Durch die Zustimmungsvorbehalte des Stiftungsrats wird der Vorstand zu einer intensiven Auseinandersetzung gezwungen und kann im Notfall bei kritischen Vorhaben gestoppt bzw. zu einem Kurswechsel gezwungen werden.

Eine zusätzliche **Trennung von Kontrolle und strategischer Führung** ist mit zwei Gremien nicht mehr leistbar, da ja bereits operative Tätigkeit und Kontrolle zu trennen waren. Sie ist praktisch auch von eher geringer Bedeutung. Die Chancen einer Kurskorrektur des Stiftungsrats erhöhen sich, wenn eine ausreichende Fluktuation im Stiftungsrat und eine weit reichende Publizität der Stiftungsarbeit sichergestellt werden. Auch die Stiftungsaufsicht kann in Extremfällen (Gefährdung des Stifterwillens und des Stiftungsvermögens) eingreifen.

Die gemeinsame Entwicklung der in der mittleren Tabellenspalte angeführten Aufgaben wird in der Mustersatzung unter anderem als „Vorbereitung durch den Vorstand" zum Ausdruck gebracht. In der Stiftungspraxis ist je nach Größe der Stiftung und der Gremien eine gemeinsame Entwicklung insbesondere bei der strategischen Planung anzustreben. Dies kann z.B. im Rahmen einer **jährlichen gemeinsamen Strategietagung** erfolgen.[42]

e) Machtbalance und Aufgabenverteilung. Bei der konkreten Ausgestaltung der Gremien ist die Frage der Machtbalance und Aufgabenverteilung von entscheidender Bedeutung. Größe und Besetzung als nächstwichtige Aspekte werden im nachfolgenden Abschnitt behandelt.

Ein Gremium bzw. einzelnes Gremienmitglied wird **mächtiger**, wenn
- das Gremium umfangreiche aktive und passive Informationsrechte hat, z.B. monatliche Berichterstattung inkl. Ergebnisrechnung und sofortige Information über außergewöhnliche Geschäftsvorfälle,
- das Gremium über Zustimmungsvorbehalte sowie Berufungs- und Abberufungsrechte verfügt, z.B. jederzeitige Abberufung des Vorstandes durch den Stiftungsrat,
- die Zahl der Gremienmitglieder klein ist (im Extremfall eine Person als Vorstand), sich also wenige Personen einig sein müssen, um zu einer Entscheidung zu kommen,
- die Gremienmitglieder eine lange Amtszeit haben – im Extremfall auf Lebenszeit – und daher viel Wissen und Erfahrungen im Umgang mit der Stiftung sammeln sowie Kontakte innerhalb und außerhalb der Stiftung aufbauen können,
- die Gremienmitglieder – meist hauptamtlich oder freigestellt – viel Zeit für die Stiftung aufbringen und daher einen Informationsvorsprung aufbauen können,
- das Gremienmitglied, z.B. als Vorsitzender (des Vorstandes, des Stiftungsrats, etc.) Hoheit über die Einladung, Versammlungsleitung oder Protokollführung hat,
- eine Person zugleich in mehreren Gremien vertreten ist, z.B. Stiftungsratsvorsitzender und zugleich Aufsichtsratsvorsitzender der Tochter-GmbH der Stiftung,
- das Gremienmitglied Kontakte zu anderen Gremien oder externen Partnern exklusiv pflegt und
- das Gremienmitglied, z.B. als berufenes Mitglied, für bestimmte Anspruchsgruppen als Repräsentant auftreten kann.

Eine **optimale Machtverteilung** berücksichtigt folgende Aspekte:
- Keine Person ist frei von Fehlern und Schwächen. Daher sollte bei allen Aspekten eine Kenntnisnahme und Möglichkeit der Einflussnahme durch Dritte vorgesehen sein.
- Zwischen Geschäftsführung und Kontrolle muss eine klare Funktionstrennung ohne personelle Überschneidungen oder wechselseitige Abhängigkeiten realisiert werden.

III. Strategische Entscheidungen bei der rechtlichen Gestaltung   31

- Bei der strategischen Entscheidungsebene sind tendenziell mehr Personen als bei der Geschäftsführung einzubeziehen. Diese Personen sollten so weit wie möglich alle für eine erfolgreiche Entwicklung der Stiftung besonders wichtige Anspruchsgruppen repräsentieren. Dabei ist zugleich die Einbindung von gegenläufigen Interessen möglichst gering zu halten.
- Sofern die Geschäftsführung umfangreicher ist, mit besonderen Risiken einher geht oder oft schnelle Entscheidungen erfordert, sollte sie zwei Personen umfassen.
- Umfasst die Geschäftsführung nur eine Person, ist eine besonders intensive Kontrolle durch den Stiftungsrat, in der Regel unterstützt durch den Wirtschaftsprüfer, erforderlich.
- Beratende Gremien können sinnvoll die Kontrollfunktion unterstützen, indem sie in die Lage versetzt werden, eine Sitzung des Stiftungsrats (bzw. des höchsten Entscheidungsgremiums) zu einem bestimmten Tagesordnungspunkt durchzusetzen. So kann ein weiteres Gremium im Krisenfall die Initiative ergreifen und Gegenmaßnahmen zumindest wirksam vorschlagen.
- Die qualifizierte Beschreibung wesentlicher Aufgaben der Gremien in der Satzung hilft, eine Machtverlagerung zu verhindern, die oft durch abweichende Handhabung von der ursprünglichen Vorstellung und Praxis der Gremien in der Gründungsphase zu Stande kommt. Dazu können z.B. Beauftragung und Gespräch mit dem Wirtschaftprüfer, Fristen und Umfang für die Planungsunterlagen und den Geschäftsbericht sowie Anforderungen an die Publizitätspflichten gehören.
- Der Aufwand der Kontrollstrukturen sollte die Größe der Stiftung berücksichtigen, damit die Stiftung wirtschaftlich arbeiten kann und die – teilweise ehrenamtlichen – Beteiligten der Tätigkeit motiviert nachkommen.
- Nur einfache Regelungen sind der Stiftungsarbeit dienlich. Komplizierte Regelungen werden meist gerade nicht von ideell besonders motivierten und für die Stiftung wichtigen Menschen erschlossen und konsequent genutzt. Auch besteht die Gefahr, dass die Stiftung bald gegen ihre eigene Satzung verstößt. Damit wird sie öffentlich angreifbar und gefährdet ihre Gemeinnützigkeit.

f) Besetzung von Gremien. Nachdem der Stifter in der Satzung Zweck und Gremienstruktur einschließlich Macht- und Aufgabenverteilung bestimmt hat, muss er sich Gedanken über die konkrete Besetzung machen.

Dabei ist zwischen der Erstbesetzung und der nachfolgenden Rekrutierung von Ersatzmitgliedern zu unterscheiden.

Bei der **Erstbesetzung** der Gremien spielt zu Lebzeiten der Stifter in der Regel eine herausragende Rolle. Sofern der Stifter die Geschäfte der Stiftung führen möchte, könnte z. B. bei der Erstbesetzung nur ein Vorstandsmitglied, nach dem Ausscheiden des Stifters aus dem Vorstand eine Besetzung mit zwei Vorstandsmitgliedern vorgesehen sein. Auch könnte der erste Vorstand z. B. auf Lebenszeit oder – meist für die Stiftung vorteilhafter – bis zur regulären Altersgrenze berufen werden, die nachfolgenden für eine befristete Amtszeit.

Einerseits möchte der **Stifter** auf die Ausgestaltung der Stiftung und ihre Aktivitäten zu seinen Lebzeiten **besonderen Einfluss nehmen**. Andererseits hängt dann die Wirkung der Stiftung stark von den konkreten Managementfähigkeiten des Stifters ab. Hier ist eine selbstkritische Reflexion angesagt: Nicht jede vermögende und zur Stiftung bereite Person hat per se hervorragende Managementqualitäten. Vielleicht erreicht der Stifter den Stiftungszweck effektiver, wenn er sich aus der Geschäftsführung heraushält und sich der Kontroll- und strategischen Steuerungsfunktion widmet. Hierfür bietet sich der Vorsitz des Stiftungsrats an. Sofern der Stifter wenig Zeit zur Verfügung hat, kann er auch als einfaches Stiftungsratsmitglied oft noch ausreichend Einfluss ausüben, zumal er die Erstbesetzung des Stiftungsrats nach seinen Vorstellungen im Rahmen des Stiftungsgeschäfts bestimmt hat.

Der Stiftungsrat wird häufig für **personelle Verbindungen zu anderen Institutionen** genutzt. Dies kann über **geborene Mitglieder** oder **Entsenderechte** erfolgen.

> **Beispiel:**
> Bei einer Bürgerstiftung werden die Fraktionsvorsitzenden der im Stadtrat vertretenen Fraktionen geborene Mitglieder des Stiftungsrats.

Diese Form der „Berufung" birgt die Gefahr in sich, dass die betreffende Person das Amt mangels Interesse oder Zeit nicht oder nur sehr sporadisch wahrnimmt und die Stelle im Stiftungsrat praktisch unbesetzt bleibt. Oder die Institution schickt nur einen Stellvertreter. Je nach Satzungsgestaltung könnte dieser keine ausreichende Legitimation haben und dürfte nur als Gast teilnehmen, was der Beziehung zu der Institution nicht zuträglich ist, oder könnte ein Votum nur nach Rückfrage abgeben.

Die Festlegung der berufenen Person in der Satzung stellt sicher, welche Funktionsträger hier Einfluss gewinnen und umgekehrt in die Ideen und Arbeit der Stiftung eingebunden werden. Bei einer

III. Strategische Entscheidungen bei der rechtlichen Gestaltung

Entsendung entscheidet die Institution, welche Person die Funktion wahrnehmen soll.

> **Beispiel (Alternative):**
> Die im Stadtrat vertretenen Fraktionen entsenden jeweils ein Mitglied in den Stiftungsrat.

Dies bietet der Institution mehr Flexibilität. Im günstigen Fall wird eine besonders interessierte und für die Zwecke der Stiftung besonders kompetente Person entsendet. Im ungünstigen Fall wird die Person – hier von der Fraktion – nach sachfremden Gesichtspunkten, z. B. ausgewogene Verteilung von Posten, ausgewählt. Wird die Stiftung vom Fraktionsvorsitzenden als weniger bedeutend bewertet, wird ein Fraktionsmitglied mit geringem innerfraktionellem Einfluss entsendet und kann die Belange der Stiftung nicht gut vertreten.

Zur Lösung dieses Konfliktes kann auch eine offenere Formulierung gewählt werden, die das Interesse der Stiftung ausdrückt, aber der Institution entgegenkommt.

> **Beispiel (Alternative):**
> Die Fraktionsvorsitzenden der im Stadtrat vertretenen Fraktionen sind geborene Mitglieder des Stiftungsrats. Sie können sich (im Verhinderungsfall) durch ... (den Vorsitzenden des Hauptausschusses, ein anderes Mitglied des Fraktionsvorstandes) vertreten lassen.

Von großer Bedeutung ist für die Arbeit der Stiftung, wie **unterschiedliche Interessengruppen austariert** Einfluss erhalten. Dabei ist zu klären, wer grundsätzlich beteiligt werden soll, um beispielsweise die Unterstützung dieser Gruppe zu erhalten, und welche Interessen die Mehrheit haben werden.

Die Modelle reichen von einer eindeutigen starken Kontrolle einer Person, z. B. des ältesten Vertreters einer Familie in einer Familienstiftung, bis zu einem durch Selbstrekrutierung sich kontinuierlich weiterentwickelnden Personenkreises. Werden keine Auswahlrichtlinien mit auf den Weg gegeben, besteht die Gefahr, dass sich eine Gruppierung einer Stiftung „bemächtigt", sobald sie eine Mehrheit hat bzw. die anderen Gremienmitglieder die Absicht nicht erkennen oder nicht entgegenwirken wollen.

> **Beispiel:**
> Ein Verband verliert den Einfluss auf eine Stiftung, die ursprünglich zur Unterstützung seiner Arbeit bzw. der Arbeit sei-

ner Mitgliedsgruppen gegründet wurde. Auf die Verankerung dieser verbandlichen Anbindung in der Satzung hatte man verzichtet, vielleicht um leichter Spenden außerhalb des verbandlichen Umfeldes akquirieren zu können.

Bei der Gremienbesetzung muss darauf geachtet werden, dass alle **relevanten Anspruchsgruppen**, denen Einfluss gewährt werden soll, und alle **erforderlichen Sachkenntnisse** vertreten sind.

Die Einbindung von Anspruchsgruppen ist eine zweischneidige Angelegenheit. Einerseits helfen personelle Verbindungen, das gegenseitige Verständnis zu fördern, Positionen im gegenseitigen Einvernehmen auszuhandeln und – soweit Interessengleichheit besteht – koordiniert die ideellen Ziele zu verfolgen. Andererseits können fremde Interessen in die Willensbildungsprozesse der Stiftung getragen und interne Informationen auch entgegen der Stiftungsinteressen genutzt werden.

> **Beispiel:**
> Der Leiter der unteren Landschaftsbehörde ist Mitglied im Stiftungsrat einer Naturschutzstiftung. Einerseits bringt er in ein Naturschutzprojekt der Stiftung kommunale Ressourcen ein oder vermittelt Zuschussmittel, die nur über die Stadt mit kommunaler Kostenbeteiligung erlangt werden können. Andererseits versucht er umweltpolitische Projekte auszubremsen, bei denen Umweltstandards durchgesetzt werden sollen, die bei der Kommune zu erheblichen Kosten führen würden.

Während Anspruchsgruppen durch Berufung leicht bestimmt werden können, bedarf es für die Absicherung von Fachkompetenzen immer einer Beschreibung in der Satzung.

> **Beispiel:**
> Bei einer Stiftung zur Förderung des Impfwesens wird gefordert, dass mindestens ein Stiftungsratsmitglied Mediziner mit besonderen Kenntnissen auf dem Gebiet des Impfschutzes ist.

In den meisten Fällen sind betriebswirtschaftliche und auf den Gegenstandsbereich der Satzung bezogene Kenntnisse im Stiftungsrat und im Vorstand erforderlich.

Die **Amtsperiode** darf einerseits nicht zu kurz sein, da Stiftungsrats- und Vorstandsmitglieder einige Zeit brauchen, um sich in das

III. Strategische Entscheidungen bei der rechtlichen Gestaltung

Tätigkeitsfeld der Stiftung einzuarbeiten und alle wesentlichen Partner ausreichend kennen zu lernen. Andererseits kann eine zu geringe Fluktuation die **Innovationskraft** der Stiftung bremsen. Ebenfalls kann es ungünstig sein, wenn es zu einem „**Generationenwechsel**" kommt und alle Gremienmitglieder auf einmal wechseln. Dabei gehen viel Erfahrungswissen und wichtige Kontakte verloren.[43] Bei einem größeren Gremium bietet es sich an, dass immer nur ein Teil, z.B. ein Drittel der Mitglieder neu berufen wird. Angemessen ist bei einem Stiftungsrat in der Regel eine Amtszeit von drei bis sechs Jahren.

Bei einem hauptamtlichen Gremienmitglied, wie dies bei einem Vorstand der Fall sein kann, sind längere Amtszeiten erforderlich. Angemessen sind fünf bis acht Jahre. Auch eine unbefristete Bestellung kann sinnvoll sein. Bei der Gestaltung des Dienstvertrags ist sicherzustellen, dass das Dienstverhältnis an die organschaftliche Stellung angekoppelt wird. Dies ist besonders bei einem vorzeitigen Ausscheiden wichtig, beispielsweise im Falle einer Abwahl aus wichtigem Grund.

Eine **Wiederwahl** ist zulässig, solange sie durch die Satzung nicht ausgeschlossen wird. Sie kann, um eine moderate Fluktuation zu erzwingen, beschränkt werden.

> **Beispiel:**
> Eine einmalige (zweimalige) Wiederwahl ist zulässig.
>
> **Beispiel (Alternative):**
> Wiederwahl ist nur bei der Hälfte der neu zu besetzenden Stellen zulässig. Wieder gewählt sind die Kandidaten mit den meisten Stimmen.

Die letzte Regel kann eine Konkurrenzsituation unter den Gremienmitgliedern schaffen und ist daher etwas konfliktträchtig. Andererseits kann das erste Beispiel das Ausscheiden eines sehr engagierten und für die Stiftung wertvollen Stiftungsratsmitgliedes erzwingen.

4. Flexibilität und Missbrauch

Eine Satzung kann bezüglich Zweck, Strukturen und Verfahrensweise sehr präzise und konkret gestaltet werden oder in diesen Fragen reichlich Spielraum gewähren. Hierzu nachfolgend drei Beispiele.

Gegenstand	enge Formulierung	weite Formulierung
Zweck	Förderung der Klaviermusik in X-Stadt durch die Vergabe von Stipendien	Förderung der Musik in X-Stadt – mit dem Schwerpunkt auf Kinder und Jugendliche/junge Musiker … – insbesondere durch …
Stiftungsrat (Beispiel für Struktur)	Der Stiftungsrat besteht aus dem Vorsitzenden des Kulturausschusses, dem Leiter der Hochschule für Musik, dem Leiter der städtischen Musikschule, dem Leiter des städtischen Orchesters und zu Lebzeiten dem Stifter	Der Stiftungsrat besteht aus fünf bis sieben Personen, darunter dem Leiter der Musikhochschule, einem sachkundigen Vertreter der Stadtverwaltung und einem Vertreter des Kulturausschusses. Ein Mitglied soll über Erfahrungen im Kulturmanagement verfügen.
Tagungsrhythmus und -termin Stiftungsratssitzung (Beispiel für Verfahren)	Die Stiftungsratssitzung findet am ersten Abend des X-Festivals statt.	Der Stiftungsrat tagt mindestens einmal im Jahr. Die schriftliche Einladung erfolgt drei Wochen vorher.

Im Laufe der Jahre können sich die Bedingungen wesentlich ändern. In den tabellarisch dargestellten Beispielen könnte z. B. die städtische Musikschule privatisiert, das Orchester aufgelöst oder das Festival nicht fortgeführt werden. Vielleicht finden sich keine wirklich begabten Stipendiaten in einem Jahr. Ein größeres Maß an Flexibilität erleichtert die sachgerechte Erfüllung des Stiftungszwecks.

Eine zu weite Formulierung bietet jedoch die Gefahr des Missbrauchs. Der Stiftungszweck wird dann nicht mehr im Sinne des Stifters interpretiert, sondern folgt den Interessen des Stiftungsratsvorsitzenden oder eines dominanten Vorstandes.

Beispiel:
Die oben genannte Stiftung hat als Zweck nur „Förderung der Musik in X-Stadt". Während der Stifter an eine breite Nachwuchsförderung dachte, werden die Mittel alle in ein prestigeträchtiges, aber verlustreiches Festival gesteckt.

Werden keine Anforderungen an Stiftungsratsmitglieder gestellt, kann die Qualität der Stiftungssteuerung und Reputation leiden.

> **Beispiel (Fortsetzung):**
> In den ersten Stiftungsrat hat der Stifter die in der mittleren Spalte genannten Personen berufen, aber die Satzung sieht keine Bedingungen für eine Stiftungsratsmitgliedschaft vor. Die Anbindung des Stiftungsrats an die Stadt und kommunale Institutionen geht später verloren, weil der Stiftungsratsvorsitzende sich nicht richtig darum kümmert oder der nächste Vorsitzende des Kulturausschusses sich mehr für Theater als Musik interessiert. Schließlich sinkt die nicht bestimmte Zahl der Stiftungsratsmitglieder auf drei Personen, die mit dem einzigen Vorstandsmitglied befreundet sind. Kontrolle der Stiftungsführung und öffentliche Anbindung leiden dadurch empfindlich.

Auch fehlende oder abträgliche Verfahrensvorschriften können zu missbräuchlicher Vorgehensweise führen.

> **Beispiel (Fortsetzung):**
> Ein besonderer Tagungsrhythmus des Stiftungsrats ist nicht vorgeschrieben. Die Einladung soll durch den Vorstandsvorsitzenden erfolgen. Durch eine Einladung nur alle zwei Jahre wird der Stiftungsrat geschwächt, der sich nur noch durch eine Abwahl des Vorstands und ggf. eine außerordentliche Stiftungsratssitzung zur Wehr setzen kann. Beides setzt ein konfliktbereites Gremium voraus, dass in diesem Umfeld eher selten anzutreffen ist.

IV. Rechtliche Rahmenbedingungen

1. Wesen der Stiftung

Die Stiftung wird durch zwei Elemente geprägt:
- Das **Stiftungskapital** bildet auf Dauer die Grundlage der operativen oder fördernden Tätigkeit.
- Der **Stifterwille** begrenzt den Handlungsspielraum oder – positiv formuliert – richtet das Handeln der Stiftung auf Dauer aus, auch über den Tod des Stifters hinaus.

Dem Wesen nach handelt es sich bei der Stiftung um gewidmetes Kapital. Die Stiftungsorganisation ist von untergeordneter Bedeutung und dient nur der einen Aufgabe, die Erträge aus dem Kapital im Sinne des Stifterwillens zu verwenden. Einen substantiellen eigenen Gestaltungsspielraum haben die Gremien nach dem gesetzlichen Leitbild nicht.[44] Neben dieser Hauptaufgabe besteht die Verpflichtung zum Kapitalerhalt. Typisch für Gemeinschaftsstiftungen ist die nachgeordnete Aufgabe, weitere Zustiftungen zu gewinnen. Anders als z.B. bei einem Verein spielen die beteiligten Personen formal eine geringere Rolle: Sie können nicht frei über das Stiftungsvermögen verfügen oder den Stiftungszweck ändern. Selbst Änderungen der Stiftungsorganisation können sich aufgrund der Zustimmungspflicht seitens der Stiftungsaufsicht als schwierig erweisen. In der Praxis kann die Tätigkeit in einem Stiftungsrat oder als Stiftungsvorstand dennoch attraktiv sein, wenn der Stiftungszweck nicht zu eng gefasst ist und ein größeres Kapital oder eine funktionsfähige Infrastruktur zur Verfügung stehen. Weitere Anreize können das Ansehen und die öffentliche Bedeutung einer Stiftung bieten.

Im Gegensatz zu einer Kapitalgesellschaft (GmbH, AG) fehlt einer Stiftung der Eigentümer. Selbst der Stifter kann nicht als Eigentümer angesehen werden, da er mit der Anerkennung der Stiftung durch die Stiftungsaufsicht nicht mehr frei über das Stiftungsvermögen verfügen kann und keine Ansprüche auf das Vermögen geltend machen kann.[45]

2. Rechtsformenvergleich

Der weiteren Verdeutlichung des Charakters der Stiftung und dem Aufzeigen von alternativen Gestaltungsmöglichkeiten dient die nachfolgende Übersicht zu den wichtigsten Rechtsformen,[46] die bei Nonprofit-Organisationen verbreitet sind.

Wesentliches Merkmal des **Vereins** sind die im Laufe der Zeit wechselnden Mitglieder, die einen gemeinsamen Zweck verfolgen. Der Verein benötigt keine Mindestkapitalausstattung, ist mit geringstem Aufwand zu gründen und in seiner Organisation sehr flexibel. Er ist ideal für Zwecke der Freizeitgestaltung[47] und Interessenbündelung.[48] Der Verein kann bei Bedarf weitgehend an die Strukturen der GmbH angepasst werden und einen Aufsichtsrat erhalten. Auch bei der Benennung von Gremien besteht weit reichende Freiheit. Satzungsänderungen sind durch Beschluss der Mitgliederversammlung im Rahmen vereinsrechtlicher und etwaiger steuerlicher Vorgaben (gemeinnützige Vereine, Berufsverbände) unproblematisch möglich.

Die **GmbH** eignet sich vor allem für die Verfolgung von wirtschaftlichen Zwecken durch einen kleineren Personenkreis. Der formale Gründungs- und Geschäftsführungsaufwand ist etwas größer als beim Verein. Beispielsweise bedürfen die Gründung, die Än-

IV. Rechtliche Rahmenbedingungen

derung des Gesellschaftsvertrages und der Gesellschafterwechsel der notariellen Beurkundung. Während Vereinsmitglieder in der Regel kein anteiliges Vereinsvermögen beim Ausscheiden erhalten, steht den Gesellschaftern in der Regel ein Anteil am Vermögen zu. Neben die Gesellschafter tritt das Stammkapital als wesentliches Merkmal der GmbH. Daher die Bezeichnung Kapitalgesellschaft.

Bei der **Stiftung** schließlich treten die Gestaltungsinteressen der handelnden Personen, bis auf den Stifter während der Gründung, nach dem gesetzlichen Leitbild in den Hintergrund und nur das Stiftungskapital in Verbindung mit dem Zweck ist handlungsleitend.

	Verein	GmbH	Stiftung
Konstitutives Element	Gründung 7, dann 3 Mitglieder	Stammkapital 25 T € oder Unternehmergesellschaft ab 1 €	Stiftungskapital, je nach Bundesland ≥ 50 T€
Rechtsgrundlage	BGB §§ 21–79	GmbH-Gesetz	BGB §§ 80–88, Landesstiftungsgesetze
Gründungs- und Verwaltungskosten	gering	Vertragsbeurkundung erforderlich, eine Sachgründung ist aufwendig	gering, aber Anerkennungspflicht seitens der Stiftungsaufsicht
Besondere Eignung	viele, häufig wechselnde Personen Austarierung gegenläufiger Interessen	Wirtschaftsbetriebe, Kooperation in Gemeinschaftsunternehmen	Mittelbeschaffung und -verwaltung
Vorteile	sehr flexibel, Aufsichts-, Beirat, Delegiertenversammlung etc. möglich geringe Publizität	Struktur ist spezifisch auf professionelle Betriebsführung ausgerichtet	guter Ruf geringe Publizität sehr langfristige Orientierung
Risiken, Nachteile	strukturell nicht auf Betriebsführung ausgerichtet	Übertragung von Anteilen aufwendig Publizitäts- und Rechnungslegungspflichten	Zweckänderung kaum, sonstige Satzungsänderung nur schwer durchführbar Anzeigepflichten
Weitere Eigenschaften		Formkaufmann	Kapitalerhaltungspflicht keine Eigentümerstellung

Als weitere Rechtsformen sind noch die Aktiengesellschaft und die Genossenschaft zu nennen. Die **Aktiengesellschaft** ist gesetzlich wesentlich stärker reglementiert als die GmbH. Der Gründungs- und Verwaltungsaufwand ist höher. Sie ist für wirtschaftliche Unternehmungen durch eine größere Zahl wechselnder Personen geeignet und verbindet damit Aspekte von GmbH und Verein. Die **Genossenschaft** dient der wirtschaftlichen Förderung ihrer Mitglieder. Die Pflichtmitgliedschaft im genossenschaftlichen Prüfungsverband in Verbindung mit einer restriktiven Handhabung der Anerkennung hat die Form für Neugründungen eher unattraktiv werden lassen. Ansonsten wäre sie für die Verfolgung wirtschaftlicher Zwecke durch eine Mehrzahl, auch wechselnder natürlicher Personen oder Körperschaften von Interesse.

Alle genannten Körperschaften können **steuerbegünstigt** sein.[49] Grundsätzlich sind Mittelübertragungen zwischen verschiedenen steuerbegünstigten Körperschaften möglich, wenngleich hierbei besondere Bestimmungen des Gemeinnützigkeitsrechts zu beachten sind (s. hierzu Abschnitt A VIII.).[50] Die steuerbegünstigte Stiftung bietet zusätzliche steuerliche Vergünstigungen für den Stifter.[51]

In der vorstehenden Tabelle werden nur besonders wichtige Aspekte aufgeführt. In der konkreten Situation müssen weitere Rahmenbedingungen beachtet werden. Da die Rechtsform sich langfristig auswirkt, sollten auch künftige Anforderungen ausreichend Beachtung finden.

In der Praxis werden häufig mehrere Rechtsformen im Verbund genutzt, um die jeweiligen Vorteile zu realisieren.

> **Beispiel:**
> Der mitgliederstarke Verband verfügt über eine durch personelle Verflechtungen angebundene Stiftung zur Mittelbeschaffung und eine Betriebs-GmbH für eine große stationäre Einrichtung. Über ein Gemeinschaftsunternehmen mit zwei anderen Verbänden wird der Hausnotruf angeboten.

3. Rechtsquellen

Die Mustersatzung und die Kommentierung berücksichtigen die aktuelle Rechtslage und entlasten den Leser vom Studium der einschlägigen Quellen. Trotzdem kann ein Überblick über die Rechtsquellen für die Entwicklung abweichender Vorschläge, die Diskussion mit Beratern und Gespräche mit der Stiftungsaufsicht nützlich sein.

IV. Rechtliche Rahmenbedingungen

Ein originäres Stiftungsgesetz auf Bundesebene, vergleichbar mit dem GmbH-Gesetz oder Aktien-Gesetz, gibt es nicht. Die einschlägigen Regelungen auf Bundesebene finden sich im **Bürgerlichen Gesetzbuch** (BGB) in den Paragraphen 80 bis 88. Diese regeln im Wesentlichen die **Gründung** (Stiftungsgeschäft) und behördliche **Anerkennung** der Stiftung.

§ 86 BGB verweist auf das **Vereinsrecht**, das in Teilen auf das Stiftungsrecht anzuwenden ist. Verwiesen wird auf § 26, § 27 Abs. 3, §§ 28 bis 31a und § 42. Die genannten Regelungen beziehen sich auf den Vorstand, die Vertretungsmacht, die Geschäftsführung des Vorstandes, den besonderen Vertreter, die Haftung der Stiftung für die Organe, die Haftungsbegrenzung für ehrenamtliche Vorstandsmitglieder und die Insolvenz.

§ 88 BGB verweist noch auf die § 46 bis 53, in denen das Liquidationsverfahren für den Verein geregelt wird.

Aus dem Vereinsrecht § 27 Abs. 3 wird wiederum auszugsweise auf die allgemeinen Regelungen des **Auftragsrechts** in §§ 664 bis 670 BGB verwiesen. Der Stiftungsvorstand führt die Geschäfte der Stiftung nach dem Auftragsrecht, soweit die Satzung nichts anderes regelt.

Detaillierte Regelungen enthalten die **Landesstiftungsgesetze**. Alle 16 Bundesländer verfügen über individuelle Stiftungsgesetze mit teilweise unterschiedlichem Aufbau und Inhalt.

Für **öffentlich-rechtliche Stiftungen** ist das jeweilige, die Stiftung konstituierende Gesetz die wichtigste Rechtsgrundlage, die teilweise zur Nichtanwendbarkeit einiger oben genannter Rechtsvorschriften führt.

Nur in einigen Punkten spezifisch auf Stiftungen ausgerichtet ist die **Abgabenordnung** mit Sondervorschriften zur Steuerbegünstigung von Stiftungen[52] und das Einkommensteuergesetz mit zusätzlichen Regelungen zum Spendenabzug.[53]

4. Stiftungsaufsicht

Zu den bedeutsamen rechtlichen Rahmenbedingungen der Stiftung gehört die durch die jeweiligen **Landesgesetze** geregelte Stiftungsaufsicht, die vergleichbar für andere Rechtsformen nicht existiert. Vereine, GmbHs, Aktiengesellschaften und Genossenschaften werden zwar beim zuständigen Amtsgericht in öffentlichen Registern (Vereins-, Handels-, Genossenschaftsregister) geführt, unterliegen aber nicht auf Grund der Rechtsform einer umfänglichen Rechtsaufsicht. Bei der Eintragung werden lediglich einige Voraussetzungen geprüft und später wird die Erteilung von vorgeschriebenen Auskünften oder die Einreichung von Unterlagen nachgehalten.

Eine Stiftung unterliegt dagegen einer weitergehenden staatlichen Aufsicht, die am **Beispiel** des Stiftungsgesetzes **Nordrhein-Westfalen**[54] erläutert werden soll.

Die Zuständigkeit für das Stiftungswesen liegt beim Innenminister (oberste Stiftungsaufsichtsbehörde) und den **Regierungspräsidenten** (Stiftungsaufsichtsbehörde).[55] Die Zuständigkeiten sind je nach Bundesland unterschiedlich geregelt.[56]

Das im Jahr 2005 neu verkündete, wie in vielen anderen Bundesländern deutlich entbürokratisierte Stiftungsgesetz Nordrhein-Westfalen enthält weiterhin eine Reihe von **Aufgaben und Zuständigkeiten** der Stiftungsaufsicht, die nachfolgend aufgeführt werden. Die Stiftungsbehörde wacht darüber, dass 1. der Stiftung das ihr zustehende Vermögen zufließt, 2. das Stiftungsvermögen und seine Erträge in Übereinstimmung mit diesem Gesetz und dem Willen des Stifters, insbesondere der Stiftungssatzung verwaltet und verwendet werden.

Die Aufgaben im Einzelnen sind:
– Anerkennung der Stiftung bzw. Versagung der Anerkennung.[57]
– Prüfung des Jahresabschlusses und die Erhaltung des Stiftungsvermögens der Stiftung, wenn die nicht durch einen Wirtschaftsprüfer geprüft wird.[58]
– Ergänzende Prüfungshandlungen, wenn der Stiftungsbehörde Anhaltspunkte dafür vorliegen, dass bei der Verwaltung der Stiftung gegen gesetzliche Bestimmungen oder die Satzung verstoßen wurde.[59]
– Genehmigung der Satzungsänderung, Auflösung oder dem Zusammenschluss mehrerer Stiftungen.[60]
– Prüfung der Anzeige bestimmter Rechtsgeschäften (Belastung von Grundstücken oder sonstiger Vermögenswerte einschließlich Bürgschaften mit einem Geschäftswert von mehr als 30% des Stiftungsvermögens), die der Aufsichtsbehörde vier Wochen vor Vollzug anzuzeigen sind.[61]
– Anordnungen zur Durchsetzung des Stifterwillens.[62]
– Bestellung von Sachwaltern und Notbestellung von Gremienmitgliedern.[63]
– Führung des öffentlichen Stiftungsverzeichnisses.[64]

Der Stifterwille genießt durch die Stiftungsaufsicht einen besonderen Schutz, weil der Stifter nach seinem Tode keine Möglichkeit mehr zur Durchsetzung seiner Interessen hat. Da die meisten Stiftungen gemeinnützig sind, besteht auch ein öffentliches Interesse an einem sachgerechten Einsatz und Erhalt des Stiftungsvermögens. Die Stiftungsaufsicht führt jedoch keine umfassende Prüfung der Stiftungsgeschäftsführung durch. Insbesondere die Wirtschaftlichkeit und ideelle Zweckmäßigkeit der Stiftungtätigkeit werden nicht geprüft.

IV. Rechtliche Rahmenbedingungen

Allenfalls besonders grobe Satzungsverstöße und insbesondere bestandsgefährdende Vorgänge können zu einem Eingreifen führen. In der Praxis werden die Stiftungsbehörden nicht immer aus eigenem Antrieb tätig. Daher ist nicht sichergestellt, dass Misswirtschaft rechtzeitig zu einem staatlichen Eingriff führt. Trotz dieser Einschränkungen erhöht die staatliche Aufsicht für den Stifter die Wahrscheinlichkeit eines sachgerechten Einsatzes von Vermögen und Erträgen.

Gelegentlich wird diskutiert, ob Stiftungen überhaupt einer staatlichen Aufsicht in der bisherigen Form unterliegen sollten. Auf Seiten des Staates mögen die Kosten der Aufsicht Anlass solcher Überlegungen sein. Stiftungsgremien und Stifter erhoffen sich mehr Flexibilität und einen geringeren Verwaltungsaufwand; als Risiko ist die größere Missbrauchsgefahr zu sehen.

Die Stiftungsaufsicht wird von Bundesland zu Bundesland unterschiedlich gehandhabt, so dass die Wahl des Sitzes auch vom Verhalten der Stiftungsaufsicht abhängig gemacht werden kann. Ob dieser Aspekt langfristig für die Stiftung relevant ist, sei dahingestellt. Zumindest auf den Verlauf des Anerkennungsverfahrens könnte sich die Sitzwahl positiv auswirken.

5. Bedeutung des Stiftungsgeschäfts

Das Stiftungsgeschäft ist die einseitige Willenserklärung des Stifters, ein Vermögen zur Erfüllung eines von ihm vorgegebenen Zweckes zu widmen.[65] Es ist mit der Gründungsversammlung beim Verein oder notariell beurkundeten Erklärung über die Errichtung einer GmbH vergleichbar. Das Stiftungsgeschäft muss eine Satzung mit den erforderlichen Mindestangaben enthalten. Durch das Stiftungsgeschäft wird die erste Besetzung der Stiftungsorgane geregelt.

Die Stiftung kann unter Lebenden[66] oder testamentarisch[67] errichtet werden. Bei einer **Errichtung unter Lebenden** kann der Stifter das Anerkennungsverfahren persönlich begleiten und Korrekturen vornehmen. Sollte beispielsweise die Stiftungsaufsicht Änderungen der Satzung verlangen oder die geplante Besetzung von Organen scheitern, kann der Stifter ohne Auslegung durch Dritte seinen Willen äußern und die notwendigen Schritte einleiten.

Wird die Stiftung **testamentarisch** errichtet und genügt das Stiftungsgeschäft nicht den Erfordernissen, wird der Stiftung durch die Stiftungsaufsicht vor der Anerkennung eine Satzung gegeben oder eine unvollständige Satzung ergänzt.[68] Auch wenn dies unter Beachtung des Stifterwillens zu geschehen hat, nimmt die Errichtung einen vom Stifter selbst nicht mehr zu beeinflussenden Verlauf.

Die vorstehenden Nachteile der testamentarischen Errichtung für den Stifter können auf zwei Wegen abgeschwächt oder vermieden werden:
- Der Stifter errichtet eine nur mit einem Teil seines Vermögens ausgestattete Stiftung zu Lebzeiten und vermacht der Stiftung testamentarisch das übrige ihr zugedachte Vermögen. Auf diese Weise kann er noch zu Lebzeiten die Anerkennung herbeiführen und auf den Aufbau des Geschäftsbetriebes Einfluss nehmen. In der Stiftungssatzung könnte auch bis zur Zustiftung im Falle seines Ablebens ein anders gefasster Zweck angegeben werden, wenn der endgültig angestrebte Zweck mit der ersten Vermögensausstattung noch nicht erreicht werden kann.
- Der Stifter bestimmt bei einer testamentarischen Errichtung einen Testamentsvollstrecker seines Vertrauens, der die Anerkennung herbeiführt und die Interessen des Stifters gegenüber der Stiftungsaufsicht artikulieren kann.

Davon abgesehen ist zu berücksichtigen, dass die testamentarische Stiftungserrichtung mit erheblichen steuerlichen Nachteilen verbunden ist, da die einkommensteuerrechtlichen Vergünstigungen in diesem Fall nicht anwendbar sind.

Mit dem Stiftungsversprechen im Stiftungsgeschäft geht noch keine endgültige Verpflichtung des Stifters zur Übergabe des Vermögens einher und die Stiftung ist noch nicht rechtsfähig. Bis zur Anerkennung kann der Stifter das Stiftungsgeschäft widerrufen. Mit der Anerkennung durch die Stiftungsaufsicht wird die Stiftung rechtsfähig.

6. Funktion der Stiftungssatzung

Das Stiftungsgeschäft muss eine Satzung mit Regelungen über
- den Namen,
- den Sitz,
- den Zweck,
- das Vermögen sowie
- die Bildung des Vorstandes der Stiftung

enthalten.[69]

Die Satzung stellt die **Verfassung** der Stiftung dar. Sie gibt ihr einen in der Regel unbefristeten Auftrag, eine innere Organisationsstruktur, die notwendigen Mittel und nach außen einen Namen sowie ein Vertretungsorgan.

Die Verfassung ist von vergleichsweise statischer Natur und sollte daher sorgfältig überlegt werden. Spätere **Satzungsänderungen** bedürfen, außer in einigen Bundesländern bei unbedeutenden Änderungen,[70] der Genehmigung durch die Stiftungsaufsicht. Sie können

IV. Rechtliche Rahmenbedingungen

in der Satzung selbst durch besondere Bedingungen, insbesondere qualifizierte Mehrheiten, erschwert, aber durch Nennung der Änderungsvoraussetzungen auch deutlich vereinfacht werden.

Eine **Zweckänderung** wird von der Stiftungsaufsicht besonders kritisch geprüft und nur im Rahmen des angenommenen Stifterwillens genehmigt werden. Voraussetzung ist, dass der Stiftungszweck nicht mehr erreicht werden kann, das Allgemeinwohl gefährdet oder seine Änderung in der Satzung vorgesehen[71] ist. Häufig ist der Zweck damit praktisch so gut wie nicht mehr ausreichend änderbar. Aus der Praxis sind Fälle bekannt, in denen die Stiftung über mehrere Jahre vergeblich mit der Aufsichtsbehörde wegen einer Zweckänderung verhandelte oder hierzu langwierige Gerichtsverfahren geführt wurden.

Während der Zweck die inhaltliche Vorgabe für das Stiftungshandeln darstellt, wird mit der Festlegung der Stiftungsorgane eine **Struktur** für die Willensbildung, Entscheidungsfindung und Geschäftsführung festgelegt. Dabei spielen die Gesichtspunkte der **Corporate** bzw. **Nonprofit Governance** eine große Rolle (s. hierzu Abschnitt A III. 3.).

7. Geschäftsordnungen

Da die Satzung einen sehr statischen Charakter hat und nur mit vergleichsweise großem administrativem Aufwand geändert werden kann, sollte der Detaillierungsgrad der Satzung sorgfältig abgewogen werden.

Für die schriftliche Festlegung von Verfahrensfragen können Geschäftsordnungen sinnvoll sein. Sie lohnen sich um so eher, wenn
- die Stiftung über ein bedeutendes Vermögen verfügt oder einen größeren Wirtschaftsbetrieb steuert,
- eine größere Zahl von Gremien oder Gremienmitgliedern koordiniert werden müssen,
- ein hauptamtlicher Vorstand aus mehreren Personen besteht, so dass neben Verfahrensfragen auch eine Aufgaben- und Kompetenzabgrenzung, nicht zuletzt unter haftungsrechtlichen Aspekten, dringend geboten ist oder
- innerhalb eines Gremiums mit erheblichen Interessengegensätzen zu rechnen ist.

Eine Geschäftsordnung kann nur Bereiche regeln, die in der Satzung offen gelassen wurden und nach dem Gesetz nicht zwingend in der Satzung zu regeln sind. Sofern die Satzung nichts anderes vorsieht, kann sich ein Gremium selbst eine Geschäftsordnung geben. In der Satzung wird häufig die Genehmigung einer Geschäftsordnung des Vorstandes durch den Stiftungsrat vorgesehen, damit

die interne Gremienorganisation auch der Aufsicht des Stiftungsrats unterliegt.
Der Stiftungsvorstand oder ein Stiftungsrat kann z. B. folgende Gegenstände auch ohne Satzungsermächtigung in einer Geschäftsordnung regeln, soweit die Satzung selbst hierzu keine Vorgaben enthält:
- Zuständigkeit für die Aufstellung der Tagesordnung,
- Zuständigkeit für die Einberufung,
- Frist für die Ergänzung der Tagesordnung,
- Form und Frist für die Einberufung,
- Ort und Zeit der Sitzung,
- Verfahrenskompetenzen des Versammlungsleiters,
- Mehrfachabstimmungen bei Stimmengleichheit,
- Teilnahmebefugnis Dritter sowie
- Frist und Widerspruch bei schriftlicher Abstimmung.

V. Die Grundtypen der Stiftung

Der im Verhältnis zu anderen Rechtsformen geringe Grad der Kodifizierung und die über mehrere Jahrhunderte gehende Entwicklungsgeschichte des Stiftungswesens haben zu einer kaum überschaubaren Fülle von **Sonderformen und Rechtsgrundlagen** geführt. Differenzierungen ergeben sich einerseits durch verschiedene bundes-, landes- und kirchenrechtliche Grundlagen, andererseits durch die auf spezifische Zwecke gerichtete Ausgestaltung von Satzung und Organisation. Hinzu kommen konstitutive Rechtsakte, Gesetze und Verordnung aus der Zeit des Deutschen Reichs und früher. Auf eine Darstellung der Besonderheiten öffentlich-rechtlicher und kirchenrechtlicher Stiftungen wird verzichtet.

1. Einfache Förderstiftung

Die einfachste Form der Stiftung ist die Förderstiftung ohne operative Tätigkeit (s. hierzu Mustersatzung in Abschnitt B. I.). Sie beschränkt sich auf die Vermögensanlage und Verwendung der Erlöse im Sinne des Stiftungszweckes durch Zuwendungen an Dritte. Bei kleineren Vermögen und einer geringen Zahl an Zuwendungsempfängern genügen eine **einfache Gremienstruktur** zur Kontrolle und Ausübung der Geschäftstätigkeit.

> **Beispiel:**
> Die Stiftung X-Gebäude dient der Erhaltung einer denkmalgeschützten Anlage. Die Anlage selbst ist im Besitz der Kommune.

V. Die Grundtypen der Stiftung

Das Stiftungsvermögen besteht in Wertpapieren, deren Erlöse für Restaurierungs- und Verschönerungsmaßnahmen sowie Forschungen und Publikationen über das Gebäude und seine Geschichte verwendet werden sollen. Die Stiftung verfügt über einen zweiköpfigen Vorstand, in dem jeweils ein Funktionsträger aus der Kommune und der Denkmalschutzbehörde des Landes als geborene Mitglieder ehrenamtlich tätig sind. Die jährlichen Erlöse erhöhen den Etat der Kommune für die Unterhaltung des Gebäudes. Durch entsprechende Satzungsklauseln wird sichergestellt, dass die laufende Instandhaltung durch die Kommune und nicht durch die Stiftung übernommen wird, sondern die Stiftung den Bürgern einen zusätzlichen Nutzen stiftet.

Beispiel:
Die Verband Y-Stiftung dient der Förderung von Projekten des Y-Verbandes und seiner Kreisverbände und Ortsvereine. Das Vermögen von 1.000.000 Euro ist in einem Rentenfonds angelegt. Einmal im Jahr erfolgt eine Ausschüttung aus dem Fond. Ebenfalls einmal im Jahr tritt der siebenköpfige Stiftungsrat, bestehend aus Vorstandsmitgliedern der oben genannten Verbände, zusammen und befindet über die im Laufe des Jahres eingegangenen Projektvorschläge. Der einköpfige, ehrenamtlich tätige Stiftungsvorstand, bestehend aus dem Geschäftsführer des Y-Verbandes, führt die Beschlüsse in Form von wenigen Anschreiben und Überweisungen aus. Die übrigen Aktivitäten beschränken sich auf einen minimalen Geschäftsbetrieb und Öffentlichkeitsarbeit.

Bei erheblichen Vermögenswerten und einer Vielzahl von Fördermaßnahmen kann die Unterhaltung einer Geschäftsstelle mit mehreren hauptamtlich Beschäftigten erforderlich sein. Eine **komplexere Gremienstruktur**, z. B. eine Aufteilung von Aufsicht und Geschäftsführung auf zwei Stiftungsgremien ist dann unerlässlich, um Missbrauch vorzubeugen.

Beispiel:
Die „VolkswagenStiftung" ist eine gemeinnützige Stiftung privaten Rechts mit Sitz in Hannover und die größte ihrer Art in Deutschland. Ihr Zweck ist die Förderung von Wissenschaft und Technik in Forschung und Lehre. Sie kann Mittel für alle wissenschaftlichen Bereiche vergeben und fördert Geistes- und Gesellschaftswissenschaften ebenso wie die Natur- und Ingenieurwissenschaften und die Medizin. Die VolkswagenStiftung verfügt zurzeit über ein Kapital von 2,3 Milliarden Euro und

hat in bald fünfzig Jahren ihres Bestehens rund 3,6 Milliarden Euro für nahezu 27.000 Projekte zur Verfügung gestellt.[72]

2. Operativ tätige Stiftung

Die operative oder operativ tätige Stiftung erfüllt den Stiftungszweck durch eigenes Handeln und nicht nur durch die Förderung Dritter. Die eigene Tätigkeit kann **ideeller Natur** sein oder einen Wirtschaftsbetrieb darstellen. Im ersten Fall ist ihre Tätigkeit nicht mit der Erzielung von Einnahmen als Gegenleistung verbunden.

> **Beispiel:**
> Die Öffentlichkeitsarbeit der Deutschen AIDS-Stiftung trägt dazu bei, die Lebensbedingungen von betroffenen Menschen zu verbessern. Die finanzielle Einzelfallhilfe stellt die wichtigste Aktivität der Stiftung dar.

Ist die operative Tätigkeit mit Einnahmen verbunden, liegt ein **Wirtschaftsbetrieb** vor, der steuerbegünstigt oder steuerpflichtig sein kann. Die Beurteilung richtet sich nach den allgemeinen, nicht stiftungsspezifischen Vorschriften der Abgabenordnung.[73] Der Vielfalt wirtschaftlicher Tätigkeiten sind praktisch keine Grenzen gesetzt, da eine Stiftung zu jedem, das Allgemeinwohl nicht gefährdenden Zweck gegründet werden kann. Typische steuerbegünstigte Stiftungsaktivitäten sind der Betrieb sozialer Einrichtungen (Altenheime, Behinderteneinrichtungen, Jugendeinrichtungen), Verlage, Unterhaltung von Baudenkmälern und Aktivitäten im Sport.

> **Beispiel:**
> Die Aufgabe der Stiftung Warentest ist es, Markttransparenz herzustellen, indem sie „die Öffentlichkeit über objektivierbare Merkmale des Nutz- und Gebrauchswertes sowie der Umweltverträglichkeit" von Waren und Dienstleistungen unterrichtet. Außerdem gehört es zu ihren Aufgaben, die Verbraucher über die Möglichkeiten einer optimalen Haushaltsführung, über eine rationale Einkommensverwendung und über gesundheits- und umweltbewusstes Verhalten aufzuklären. Produkte und Dienstleistungen werden nach wissenschaftlichen Methoden geprüft. Die Ziele werden über allgemeine Öffentlichkeitsarbeit und ein umfangreiches Verlagsprogramm erreicht.

V. Die Grundtypen der Stiftung

Die Stiftung Warentest vereint, wie viele operative Stiftungen, ideelle und wirtschaftliche Tätigkeiten unter einem Dach.

> **Beispiel:**
> Die Evangelische Stiftung Alsterdorf ist ein diakonisches Dienstleistungsunternehmen. Ihre Angebote umfassen Beratung und Diagnostik, Wohnen und Assistenz, Bildung und Arbeit, Medizin und Therapie für Menschen mit und ohne Behinderung. Sie beschäftigt im Großraum Hamburg über 3.100 Mitarbeiter.

Der Übergang von der operativ tätigen Stiftung, die den Stiftungszweck unmittelbar durch eigene Tätigkeiten erfüllt, zur unternehmensverbundenen Stiftung ist fließend.

3. Unternehmensverbundene Stiftung

Die unternehmensverbundene Stiftung ist Träger eines Unternehmens oder an einem Unternehmen maßgeblich beteiligt. Sofern sie Unternehmensträger ist, wird sie auch als **Unternehmensträgerstiftung**[74] bezeichnet. Das Unternehmen kann der Zweckverwirklichung dienen. Dieser Fall wurde bereits unter der Bezeichnung operative Stiftung behandelt. Es kann auch ein steuerpflichtiges Unternehmen sein, das mit dem Stiftungszweck nicht in Verbindung steht und ausschließlich als **Dotationsquelle** dient.

Bei einer **Beteiligungsstiftung**,[75] deren Vermögen eine 100%ige oder wesentliche Beteiligung an einem Unternehmen ausmacht, dient die Beteiligung in der Regel nur der Mittelbeschaffung und nicht der Zweckverwirklichung.

Sofern das Unternehmen, in eigener Trägerschaft oder als Beteiligung gehalten, nicht der Zweckverwirklichung dient, kann die Zweckerfüllung wiederum über eine Fördertätigkeit oder eigene Aktivitäten (operative Stiftung) verwirklicht werden.

Häufig ist eine wichtige Funktion der Unternehmensträgerstiftung, die Führung und den Zusammenhalt eines steuerpflichtigen Unternehmens zu regeln, insbesondere bei Nachfolgeproblemen von Familienbetrieben. Die Stiftung darf jedoch nicht ausschließlich den Erhalt des Unternehmens, also letztlich die Selbsterhaltung, als Zweck haben. Eine solche **Selbstzweckstiftung** wäre nicht zulässig. Sie muss daher einem weiteren Zweck, wie Förderung von Familienmitgliedern oder einen gemeinnützigen Zweck dienen.

4. Familienstiftung

Die Familienstiftung dient der Unterstützung der Mitglieder einer Familie, einschließlich ihrer „nächsten"[76] Angehörigen. Sofern nur bis zu einem Drittel der Erlöse der Stiftung für den angemessenen Unterhalt der Familienmitglieder aufgewendet wird, kann die Stiftung gemeinnützig sein. Diese **steuerbegünstigte Familienstiftung** stellt eine – wegen dem unbestimmten Maßstab der Angemessenheit des Unterhalts[77] leider steuerlich streitanfällige – Alternative zur **steuerpflichtigen Familienstiftung** dar (Siehe hierzu Mustersatzung 3 (steuerbegünstigte) und 4 (steuerpflichtige) Familienstiftung in Abschnitt B.).

In den meisten Fällen handelt es sich bei dem eingesetzten Vermögen um einen **Familienbetrieb,** dessen Erhalt auf keinen Fall durch die Erbfolge gefährdet werden soll oder bei dem mangels Nachkommen kein Übergang auf eine nächste Generation in Betracht kommt.

Hierbei kann die Leitung durch die Familie über die Stiftung erhalten bleiben. Die Familie hat dann allerdings nicht mehr unmittelbar, sondern nur noch indirekt über die von ihr kontrollierte Stiftung Einfluss auf das Unternehmen und nur die nächsten Angehörigen erhalten bis zu einem Drittel der Erträge, zusätzlich beschränkt auf den angemessenen Unterhalt. Als Dotationsquelle geht der Familienbetrieb daher mit der nächsten Generation verloren. Da zudem das Risiko besteht, dass die Angemessenheit des Unterhalts der nächsten Angehörigen vom Finanzamt sehr restriktiv beurteilt wird, ist diese Stiftungsalternative nur bei einer vorrangig altruistischen Motivation einschlägig.

Bei großen Familienbetrieben werden Vorteile einer steuerbegünstigten mit denen einer steuerpflichtigen Familienstiftung häufig über eine **Doppelstiftung** kombiniert. Hierzu wird auf die nachfolgenden Ausführungen zu Sonderformen der Stiftung verwiesen.

Eine für Neugründungen nicht mehr relevante Sonderform der Familienstiftung stellen die **Fideikomissauflösungsstiftungen** dar. Sie gehen auf Fideikommisse zurück, wobei es sich um unveräußerliche und unteilbare Familienvermögen handelt. Durch das Gesetz über das Erlöschen der Familienfideikomisse und sonstiger verbundener Vermögen (FidErlG)[78] vom 6. Juli 1938 mit seinen Durchführungsbestimmungen sollte eine Veräußerung von land- und forstwirtschaftlichem Grundbesitz erreicht werden. Einerseits ist diese Pflicht in einigen Bundesländern aufgehoben und durch Bundesgesetz bis auf weiteres ausgesetzt worden, andererseits gelten teilweise noch die Vorschriften aus FidErlG und der am 17. Mai 1940 ergangenen Verordnung über Familienstiftungen.

V. Die Grundtypen der Stiftung

5. Bürgerstiftung, Gemeinschaftsstiftung

Die Kommunen geraten durch rückläufige Steuereinnahmen, Verlagerung von Aufgaben auf die kommunale Ebene und zunehmende Belastung der Sozialetats durch die hohe Dauerarbeitslosigkeit sowie Kürzungen der Arbeitslosenunterstützung unter wirtschaftlichen Druck, der teilweise in Haushaltssperren und Zwangsbewirtschaftung mündet. Daher reduzieren Kommunen zunehmend die Angebote, zu denen sie gesetzlich nicht verpflichtet sind, vorzugsweise in den Bereichen Kultur und Sport, aber auch Denkmal- und Naturschutz.

In diesem Zusammenhang wird durch die Politik öffentlich für ehrenamtliches oder **bürgerschaftliches Engagement** geworben. Initiiert durch einzelne Bürger, Bürgerinitiativen, Parteien, Gemeinden, die Kommune oder kommunale Einrichtungen entstanden in den letzten Jahren zahlreiche Bürgerstiftungen (**Community Foundations**). Im Jahr 2001 gab es in den USA bereits 658 Bürgerstiftungen mit einem Stiftungsvermögen von insgesamt 31 Milliarden US-Dollar. In Europa bestanden im gleichen Jahr 225 solcher Stiftungen.[79] Deutschland verfügte 2009 über 257 Bürgerstiftungen, deren regionale Zuständigkeit 41 % der Bevölkerung abdeckt.[80] Der Zweck einer Bürgerstiftung ist regional begrenzt und bezieht sich auf
- die Aufrechterhaltung vormals kommunaler Angebote,
- die Entwicklung neuer Angebote für die Bürger und
- die Unterstützung sozial bedürftiger Bürger.

Häufig hat die Förderung bürgerschaftlichen Engagements einen besonderen Stellenwert. Typisch ist die **Vielzahl von Stiftern bzw. Zustiftern**, die sich zum Teil mit geringen Beträgen an dem gemeinsamen Aufbau des Stiftungskapitals beteiligen.[81]

> **Beispiel:**
> Anders als herkömmliche Stiftungen, die von Einzelstiftern mit teilweise erheblichem Vermögen ausgestattet sind, wirbt die Bürgerstiftung Bonn ihr Stiftungsvermögen von vielen Bürgerinnen und Bürgern ein und spart es für die Zukunft an. Nur die Erträge werden für die Förderung der verschiedensten Vorhaben eingesetzt. So kann die Stiftung Soziales, Wissenschaft, Kultur, Umwelt, Denkmalschutz, Sport sowie das ehrenamtliche Engagement für gemeinnützige Zwecke fördern. Sie wirbt nicht nur für die Unterstützung mit Spenden- und Stiftungsgeldern, sondern auch für die ehrenamtliche Mitarbeit bei der Umsetzung von Projekten und Aktionen. Die Stiftung wurde von der Sparkasse Bonn gegründet und mit einem ersten Stiftungskapital ausgestattet.

Das Beispiel macht deutlich, dass neben das Hauptmotiv „Förderung des Gemeinwesens" noch die Entlastung des kommunalen Haushalts und Public Relation für die Stifter als Nebenmotive treten können.

Die Bürgerstiftung ist die verbreitetste Form der **Gemeinschaftsstiftung**, die sich durch eine Mehrzahl von Stiftern auszeichnet. Eine Gemeinschaftsstiftung kann auch die Rechtsgrundlage für ein Gemeinschaftsunternehmen sein, dass z.B. von zwei Verbänden gemeinsam betrieben werden soll. Für Kooperationen werden in der Regel jedoch flexiblere Instrumente genutzt, vor allem GmbH und AG.

6. Sonderformen der Stiftung

a) **Doppelstiftung.** Als Doppelstiftung wird die **Kombination** einer (steuerpflichtigen) **Familienstiftung** mit einer steuerbegünstigten **Beteiligungsstiftung** – auch als steuerbegünstigte Familienstiftung – bezeichnet. Die steuerpflichtige Familienstiftung sichert die Versorgung der ehemaligen Inhaber und deren Nachkommen. Sie kontrolliert das Unternehmen über eine Stimmrechtsmehrheit. Die Beteiligungsstiftung hält das nicht für den Unterhalt der Familie benötigte Vermögen in steuerbegünstigter Weise und verfolgt mit den Erlösen ideelle Zwecke.[82]

Die Entscheidung für eine Doppelstiftung ist in der Regel steuerlich motiviert.

Bei der Doppelstiftung sind sowohl personelle Überschneidungen denkbar, wenn die Doppelstiftung einheitlich, z.B. durch die Familie geleitet werden soll, als auch eine deutliche Trennung in zwei Organisationen mit unterschiedlichen Organisationskulturen und Kompetenzen.

b) **Stiftung & Co. KG.** Die **Kommanditgesellschaft** (KG) ist eine Personengesellschaft, deren Zweck auf den Betrieb eines Handelsgewerbes unter gemeinschaftlicher Firma gerichtet ist.[83] Der Komplementär haftet persönlich unbeschränkt, während die Haftung der Kommanditisten auf ihre Einlage beschränkt ist. Verbreitet ist die GmbH & Co. KG, bei der der persönlich haftende Komplementär eine GmbH ist, so dass die Haftung auf das Gesellschaftsvermögen beschränkt bleibt.

Bei der Stiftung & Co. KG tritt eine Stiftung an die Stelle des **Komplementärs**. Wesentliche Anteile des Vermögens können durch die Kommanditisten bereitgestellt werden, die von den Erträgen des Unternehmens profitieren. Sie haften zwar nicht für die unterneh-

V. Die Grundtypen der Stiftung

merischen Risiken, haben aber auch keinen Einfluss auf die Führung der Geschäfte.

Die Stiftung & Co. KG wird bei **Nachfolgeproblemen eines Familienunternehmens** diskutiert. Durch die Übertragung der Geschäftsführung auf eine Stiftung werden alle oder die meisten Familienmitglieder von Managementaufgaben ferngehalten. Der ausscheidende Unternehmer und Stifter schreibt die Unternehmenspolitik über seinen Tod hinaus mittels der Stiftungssatzung fest und bestimmt, sofern dies nicht der Testamentsvollstrecker tut, die Erstbesetzung der Gremien, ohne dabei auf die Vorstellungen der Erben Rücksicht nehmen zu müssen.

Die Konstruktion dient damit den Vorstellungen des Stifters, birgt aber zugleich **erhebliche Risiken für das Unternehmen:**
– Die Stiftungssatzung ist nur mit großem Aufwand zu ändern und an neue Anforderungen anzupassen.
– Der Stiftungszweck kann nur in engen Grenzen an veränderte Anforderungen angepasst werden.
– Eine Kapitalaufnahme an der Börse ist ausgeschlossen bzw. nur noch über Tochtergesellschaften möglich.
– Ein Zusammenschluss mit anderen Unternehmen scheidet praktisch aus.
– Falls das Unternehmen vorher als Personengesellschaft tätig war, verschlechtert sich ggf. die Bonität.

c) **Unselbständige Stiftung.** Ein zweckgebundenes Vermögen kann auch ohne Gründung einer rechtlich selbständigen Organisationseinheit als unselbständige Stiftung seine Wirkung entfalten (Mustersatzung hierzu unter D. IV.). Andere Bezeichnungen sind **treuhänderische oder fiduziarische Stiftung.** Für die Verwaltung wird ein Treuhänder benötigt. Dies kann ein auf solche Dienstleistungen spezialisiertes Unternehmen, ein Verband oder eine Stiftung sein. Manche Stiftungen verwalten eine größere Zahl unselbständiger Stiftungen. Sie werden als **Dach- oder Sammelstiftungen** bezeichnet.

> **Beispiel:**
> Der Stifterverband für die Deutsche Wissenschaft e.V. betreibt in einer Tochtergesellschaft das Stiftungszentrum. Über 300 unselbständige Stiftungen mit einem Gesamtvermögen von 2,3 Milliarden Mark werden durch das Stiftungszentrum verwaltet.

Bei der unselbständigen Stiftung geht das Stiftungsvermögen, in der Regel durch Auflagenschenkung, in das Eigentum des **Treuhänders** (**Stiftungsträger**) über, der es im Rahmen der in einem Treuhandvertrag festgelegten Auflagen als **Sondervermögen** verwaltet. Die Auflagen werden in der Praxis häufig als „Stiftungssatzung" formuliert. Die unselbständige Stiftung hat keine eigene Rechtspersönlichkeit. Dies schließt z. B. ein Namensrecht oder gerichtliches Auftreten im eigenen Namen aus. Als Unternehmensträger ist sie daher nicht geeignet.

In der Praxis bestehen erhebliche Risiken durch eine häufig unzureichende Ausgestaltung der Rechtsverhältnisse, die bis zu einem Rückforderungsanspruch der Erben gegen den Treuhänder führen können.[84]

Der **Verwaltungsaufwand** der unselbständigen Stiftung ist in der Regel geringer als der einer selbständigen Stiftung. Sie ist wesentlich flexibler, da sie keiner Anerkennung bedarf und weder den §§ 80ff. BGB noch den Landesstiftungsgesetzen unterliegt. Andererseits vergrößert die fehlende Rechtsaufsicht durch die Stiftungsaufsicht die Risiken, dass vom Stifterwillen abgewichen oder das Vermögen gefährdet werden könnte. Daher kommt der Auswahl des Stiftungsträgers eine besonders große Bedeutung zu. Dieser muss eine sorgfältige Verwaltung praktisch über unbegrenzte Zeit sicherstellen und sollte sich zu einer ausreichenden **Corporate Compliance** (S. hierzu Abschnitt D. Checkliste XIII.) verpflichtet haben.[85] Zudem besteht wie bei einem Vermächtnis die Gefahr einer übermäßigen Belastung der unselbständigen Stiftung mit allgemeinen Verwaltungskosten des Stiftungsträgers.

d) Örtliche Stiftung. Als „örtliche Stiftung" werden selbständige und unselbständige Stiftungen bezeichnet, die nach dem Willen des Stifters **von der Gemeinde oder dem Gemeindeverband verwaltet** werden und überwiegend Zwecken dienen, welche von der verwaltenden Körperschaft in ihrem Bereich als öffentliche Aufgaben erfüllt werden können. Für sie gelten je nach Landesrecht unterschiedliche Sondervorschriften. So wird zum Beispiel durch das Kommunalverfassungsrecht Nordrhein Westfalens die Einbringung öffentlichen Vermögens in eine örtliche Stiftung zugelassen.[86]

Bei einem für eine örtliche Stiftung geeigneten Stiftungszweck bietet die Gemeinde als Stiftungsträger eine gute Gewähr für die langfristige Verfolgung des Stifterwillens. Andererseits droht nicht nur in Zeiten knapper Kassen die Gefahr, dass Stiftungsmittel zur **Substitution von Haushaltsmitteln** verwendet werden. Diese Gefahr kann mit einem eng formulierten Stiftungszweck etwas und mit einem der kommunalen Einflussnahme entzogenen Kontrollgremium deutlich verringert werden.

e) Zustiftung. Eine Zustiftung ist eine Vermögenszuwendung in den Stiftungsstock (Stiftungsvermögen) einer bestehenden Stiftung. Wenn

V. Die Grundtypen der Stiftung

die Zustiftung allerdings einer anderen Zweckbestimmung als die bestehende Stiftung unterliegt, ist sie als unselbständige Stiftung gesondert zu verwalten.

Einige Stiftungen sind besonders auf das Einwerben von Zustiftungen ausgerichtet. Typisch ist diese Ausrichtung für Bürgerstiftungen. Auch in diesem Fall können Zustiftungen als unselbständige Stiftungen gesondert verwaltet werden.

Vorteilhaft sind für den Zustifter der geringe Verwaltungsaufwand und die kurzfristige Umsetzbarkeit. Nachteilig ist der fehlende Einfluss auf die Satzungsgestaltung und damit auch auf die Formulierung des Stiftungszwecks. Die Stiftung kann dem Zustifter durch Berufung in ein Gremium, z. B. eine Stifterversammlung, Einfluss auf die Geschäftspolitik der Stiftung gewähren. Bei einer Zustiftung besteht wie bei einem Vermächtnis und einer unselbständigen Stiftung das Risiko einer übermäßigen Belastung des zugewandten Vermögens mit allgemeinen Verwaltungskosten des Stiftungsträgers.

f) Verbrauchsstiftung. Stiftungen sind auf den Erhalt des Stiftungsvermögens und die zeitlich unbefristete Verfolgung des Stiftungszwecks ausgerichtet. Als inzwischen in einigen Bundesländern auch gesetzlich zugelassene[87] Ausnahme ist eine Verbrauchsstiftung möglich, die ihren Zweck zwar nachhaltig, aber über einen endlichen Zeitraum unter Verbrauch ihres Stiftungskapitals verfolgt. Diese Form der Stiftung kommt selten vor.

g) Ausländische Stiftungen. Bei ausländischen Stiftungen, die in Deutschland tätig werden sollen und insbesondere deutsche Familienmitglieder unterstützen wollen, ist das **deutsche Außensteuerrecht** zu beachten. Ferner müssen das am Sitz der Stiftung geltende Stiftungsrecht sowie alle weiteren dort einschlägigen Gesetze berücksichtigt werden. Steuerpflichten können durch die Übertragung des Stiftungskapitals, die Kontrolle über die ausländische Stiftung und die Zahlung an inländische Destinatäre ausgelöst werden. Nach der Rechtsprechung des EuGH[88] sind die deutschen Finanzbehörden grundsätzlich verpflichtet, im Ausland als steuerbegünstigt behandelte Stiftungen nicht schlechter als inländische gemeinnützige Stiftungen zu behandeln. Die Finanzverwaltung bemüht sich, die Auswirkungen des Urteils durch Gegenmaßnahmen, insbesondere bürokratische Hürden,[89] möglichst einzuschränken.

Wird eine ausländische Stiftung mit dem Zweck einer legalen **Steuerersparnis** gegründet, ist auf jeden Fall eine sachkundige Beratung erforderlich. Die Erwartungen an das „Steuersparmodell Auslandsstiftungen" sind in den meisten Fällen nicht gerechtfertigt.

h) **"Scheinstiftungen"**. Nach deutschem Recht sind Firmenbezeichnungen, die den Begriff Stiftung enthalten, auch bei anderen Rechtsformen als der Stiftung zulässig. In der Praxis treten **Stiftungsvereine** und **Stiftungs-GmbHs** auf. Auch andere Kombinationen sind denkbar.

Rechtlich handelt es sich um keine Stiftungen und das Stiftungsrecht ist nicht anwendbar. Auch wenn die Firmenbezeichnung zulässig ist, darf niemand über die Rechtsform getäuscht werden. Daher sollte bei einem solchen Namen der über die Rechtsform Auskunft gebende Bestandteil immer mit aufgeführt werden.

> **Beispiel:**
> Zur Erhaltung eines denkmalgeschützten Bauwerks wurde die X Stiftungs-GmbH gegründet. Faktisch ist die gemeinnützige GmbH als Förderverein tätig. Sie sammelt Spenden von einer Vielzahl Besucher ein, denen kein Einfluss auf die Verwendung und keine Kontrolle der Verwendung eingeräumt wird. Die GmbH wird als Rechtsform gewählt, weil sie leichter durch eine einzelne Person kontrolliert werden kann als ein Verein und im Gegensatz zur Stiftung flexibler ist und nicht der Stiftungsaufsicht unterliegt. Die Kontrolle über die spendensammelnde Stiftungs-GmbH liegt letztlich beim Betreiber eines in dem Bauwerk angesiedelten Hotelbetriebes.

Für die Stiftungen, aber auch juristisch nicht geschulte Spender, wäre ein Schutz der Bezeichnung Stiftung wünschenswert.

VI. Stiftungsgründung

1. Projektmanagement

Die Gründung einer Stiftung ist ein befristetes Vorhaben mit klarer Zielsetzung. Daher gelten die üblichen Regeln für das Projektmanagement. Dieses wird umso ausgefeilter sein, je größer die Stiftung geplant ist und je mehr Personen involviert sind. Die mit dem Mindestkapital ausgestattete Förderstiftung einer Privatperson kann bereits nach der **Checkliste** „Ablaufplan zur Stiftungsgründung" erfolgen (s. hierzu Abschnitt D. Checkliste VI.). Bei größeren Projekten kann die Checkliste zwar als Grundraster dienen, aber die eigentliche Projektplanung wird wesentlich detaillierter sein müssen. Je nach Art der Stiftung können auch noch ganz andere Punkte an Bedeutung gewinnen, wie z. B. die Öffentlichkeitsarbeit bei der Gründung einer Bürgerstiftung.

VI. Stiftungsgründung

Eine **gute Projektplanung** lässt eindeutig erkennen, wann ein Projekt beendet ist und wie gut es durchgeführt wurde. Das Projekt „Stiftungsgründung" ist mit der Anerkennung durch die Stiftungsaufsicht eindeutig beendet. Alternativ könnte die Einladung der Gremien zu ihrer ersten konstituierenden Sitzung als Abschluss der Gründung und Übergang in den laufenden Betrieb vorgesehen werden. Die Qualität des Gründungsprozesses kann natürlich nur vordergründig als Einhaltung des Zeit- und Kostenplans beschrieben werden. Tatsächlich zeigt sich die Qualität in Form einer optimalen Satzungsgestaltung erst nach vielen Jahren reibungslosen Arbeitens der Stiftung.

Die wesentlichen Merkmale eines **Projektes „Stiftungsgründung"** sind im Überblick
- die allgemeine Zielsetzung:
  Gründung einer Stiftung mit dem Zweck X als selbständige/unselbständige Stiftung unter Berücksichtigung des Stiftermotivs Y,
- messbare Zielgrößen:
  Termin der Anerkennung, Gebühren für Beratung, Notar und Anerkennung,
- verfügbare Ressourcen:
  Stiftungskapital, Kapital für Gründungskosten, zeitlicher Einsatz, ggf. Beziehungen zu weiteren Stiftern,
- beteiligte Parteien:
  Stifter, ggf. Stiftergemeinschaft, ggf. Berater, Notar, Stiftungsaufsicht, Finanzamt, künftige Gremienmitglieder,
- ggf. weitere betroffene Parteien:
  Familienmitglieder bei privatem Stifter, Aufsichtsgremien bei Organisationen, ggf. Öffentlichkeit bei Bürgerstiftung,
- eine Zeitstruktur mit Meilensteinen (= Termine mit definierten Zwischenergebnissen):
  – Klärung Stiftermotiv, bei Organisationen Stiftungskonzept mit wesentlichen Eckpunkten,
  – Organisationsstruktur,
  – Entwurf Satzung,
  – Stiftungsgeschäft und
  – Anerkennung sowie
- Entscheidungsstrukturen:
  nur bei Organisationen oder Gemeinschaften als Stifter relevant.

2. Die einzelnen Schritte

a) **Herausarbeitung der konkreten Ziele.** Bei Privatpersonen sind die persönlichen Motive zu klären, bei Organisationen die strategischen Ziele und die Erwartungen an die Stiftung. Dabei müssen sich die

Beteiligten vor Augen führen, dass die Stiftung nie Selbstzweck sein sollte, sondern als Mittel zur Zweckerreichung zu dienen hat.

Erst wenn die Erwartungen an die Stiftungsgründung offen auf dem Tisch liegen, kann auch ein externer Berater Hinweise zur Eignung verschiedener Lösungen machen oder neue Alternativen ins Spiel bringen.

b) Chancen und Risiken der Zielerreichung abwägen. Die Stiftung ist als Mittel zur Zielerreichung zu prüfen. Dabei ist zu klären, ob das Ziel überhaupt erreichbar ist und welche **Rahmenbedingungen** herrschen. Soll z.B. eine Stiftung zur Mittelbeschaffung auf dem Spendenmarkt gegründet werden, wären folgende Fragen zu klären:
- Wie entwickelt sich der Spendenmarkt in Bezug auf messbare Größen, z.B. Volumen, durchschnittliche Spendengröße, Spendenhäufigkeit, Spendermotivation, Spenderbindung?
- Welche anderen Organisationen sind auf dem Spendenmarkt aktiv und wie treten sie auf?
- Sind veränderte Bedingungen auf dem Spendenmarkt zu erwarten, z.B. durch den Gesetzgeber, die allgemeine wirtschaftliche Entwicklung, Wertewandel in der Gesellschaft oder verändertes Konkurrenzverhalten anderer Spendensammler?
- Welche Reaktionen könnte die Stiftungsgründung auf dem Spendenmarkt hervorrufen, z.B. Gründung weiterer Stiftungen, so dass dieses Merkmal keinen relativen Vorteil mehr darstellt?

Die Chancen-Risiko-Analyse ist sehr individuell auf den jeweiligen Zweck und das konkrete Umfeld des Stifters ausgerichtet.

c) Zusammenstellung der Beteiligten und Interessenten. Die Stiftungsgründung findet in einem konkreten gesellschaftlichen Umfeld statt. Hier sollte eine Umfeldanalyse klären,
- welche Personen (und Institutionen) betroffen sind (Stifter, Spender, künftige Gremienmitglieder, künftige Destinatäre bei Förderstiftungen, Geschäftspartner bei Unternehmensträgerstiftungen, …)
- welche Interessen tangiert werden (Einfluss auf Mittelvergabe, künftige Unabhängigkeit von anderen Mittelquellen etc.)
- wie die Personen reagieren könnten (Abbau von Zuschüssen, da „man ja jetzt über eine Stiftung verfügen würde")
- wo und wie Unterstützung gewonnen werden muss (Stiftungsaufsicht, Zustifter, Presse bei Gründung einer Mittelbeschaffungsstiftung, …)
- ob ggf. mit Widerständen gerechnet werden muss und wie diesen Vorzubeugen ist (benachteiligte Erben, nicht in Gremien berücksichtigte Multiplikatoren, Finanzamt, …).

VI. Stiftungsgründung

Die Umfeldanalyse prüft nicht nur die für die unmittelbare Zielerreichung notwendigen Aspekte, sondern versucht auch Widerstände im Prozess frühzeitig zu sondieren und unerwünschte **Nebeneffekte** vorherzusehen. Sie kann zu weiteren Alternativen und einer Korrektur der bisherigen Bewertung einer Stiftungsgründung führen.

d) **Rechtsformwahl.** In den Ausführungen zum „Rechtsformenvergleich" (Abschnitt A. IV. 2.) und zu „Die Grundtypen der Stiftung" (Abschnitt A. V.) wurden die Alternativen ausführlich vorgestellt. Ferner sollten die Hinweise unter „Motive der Stiftungsgründung" (Abschnitt A. II.) geprüft werden, die zu jedem Motiv alternative Wege aufzeigen.

Für den privaten Stifter steht oft die Abwägung zwischen Zustiftung, unselbständiger Stiftung und selbständiger Stiftung im Vordergrund. Mit dem zunehmenden Aufwand der Alternativen steigt auch die Gewissheit, dass der Stifterwille langfristig Berücksichtigung findet und im Rahmen individuell entwickelter Bedingungen realisiert wird. Leider nehmen damit auch der Gründungs- und Geschäftsführungsaufwand sowie die Risiken aus strukturellen Schwächen der eigenen Stiftungsgestaltung zu.

e) **Formulierung des Stiftungszwecks.** Da der Stiftungszweck einen quasi unverrückbaren Rahmen für die Stiftungstätigkeit setzt und den Stifterwillen für die Nachwelt festhält, sollte hier die allergrößte Sorgfalt verwendet werden. Der Zweck wurde unter „Konkretisierung des Stiftungszwecks" (Abschnitt A. III. 1.) erläutert.

f) **Erarbeitung der Organisationsstruktur.** Neben dem Zweck gibt der Stifter dem Stiftungsvermögen mit der Satzung eine Organisationsstruktur mit auf den Weg, in der Hoffnung, dass auch noch nach Jahrzehnten mit dieser Struktur eine effektive Geschäftsführung und eine Umsetzung des Stifterwillens gewährleistet werden.

Die wichtigsten Aspekte sind
– Anzahl und Art der Organe,
– Zusammensetzung,
– Kompetenzen.

Entsprechend der Bedeutung für einen langfristigen Erfolg der Stiftung wurden Strukturfragen ausführlich unter „Nonprofit Governance" diskutiert. Für den Stifter besteht die Schwierigkeit, sich nicht nur ein Funktionieren mit der in Aussicht genommenen Erstbesetzung, sondern personenunabhängig und insbesondere im Konfliktfall vorzustellen.

g) **Entwurf der Satzung, Erstellung eines Gründungskonzeptes.** Der Satzungsentwurf ist eine eher rechtstechnische Angelegenheit, wenn die bisher genannten Punkte inhaltlich geklärt sind. Dazu sollen die nachfolgenden Mustersatzungen mit zahlreichen Alternativen und Erläuterungen eine Hilfestellung geben.

Der Satzungsentwurf sollte in der Regel von einem Rechtsanwalt mit dem Tätigkeitsschwerpunkt Stiftungsrecht erstellt werden. Auf jeden Fall ist es hilfreich, wenn die Erstellung nicht durch den Stifter, sondern eine unbefangene Person erfolgt. Häufig sehen die mit der Gründung unmittelbar befassten Personen einzelne Probleme und Risiken nicht, da sie „betriebsblind" oder zu sehr auf eine bestimmte Vorstellung fixiert sind.

Die bisherigen Planungen sollten zu einem **Kommentar der Satzung** und/oder einem **Gründungskonzept** zusammengefasst werden. Bei einer Stiftungsgründung durch mehrere Personen oder eine Organisation wird diese Verschriftlichung dringend empfohlen. Sie unterstützt institutionelle Entscheidungsprozesse, erleichtert neu hinzukommenden Personen den Einstieg in die Diskussion und hilft bei der Aufdeckung von Missverständnissen. Auch erleichtert sie eine spätere Erfolgskontrolle und den Nachweis eines sorgfältigen Vorgehens.

Bei einer umfangreicheren Stiftung, insbesondere einer Unternehmensträgerstiftung, sollte ein Geschäftsplan (s. unter D. VII.) für die ersten Geschäftsjahre erstellt werden. Auch bei einer Förder- oder Bürgerstiftung kann die Ermittlung des erforderlichen Stiftungskapitals sinnvoll sein, um aufzuzeigen, dass der Stiftungszweck überhaupt erreicht werden kann.

Der Satzungsentwurf und das Konzept können dann im Kreise der Gründungsstifter oder Entscheidungsgremien der gründenden Organisation diskutiert und ggf. weiterentwickelt werden.

h) Abstimmung der Satzung mit der Finanzverwaltung und der Stiftungsaufsicht. Auch bei einer umsichtigen Vorbereitung und sachkundigen Beratung ist das Verhalten von Finanzamt und Stiftungsaufsicht nicht mit Sicherheit vorhersagbar. Ermessensspielräume und unterschiedliche Auffassungen einzelner Behörden oder sogar Sachbearbeiter können der Gründung unvorhergesehene Schwierigkeiten bereiten.

Um den Ablauf möglichst zügig und kostengünstig zu gestalten, sollte der Entwurf der Satzung in der Regel vor der Abfassung des Stiftungsgeschäfts mit der Stiftungsaufsicht und dem Finanzamt abgestimmt werden. Dabei können oft kleine, für die Stiftung nicht wesentliche, oft auch nur klarstellende Änderungen Bedenken ausräumen und anschließend eine reibungslose Anerkennung der Stiftung bzw. Anerkennung der Gemeinnützigkeit sicherstellen. Allerdings ist hierbei folgenden typischen Problemen entgegenzuwirken, wegen denen sich die Anerkennung hinziehen kann:

VI. Stiftungsgründung

- Um sich die Arbeit zu erleichtern, versuchen viele Stiftungsbehörden, die von ihnen veröffentlichten, häufig aber im Einzelfall nicht optimalen Mustersatzungen durchzusetzen.
- Gelegentlich tragen Stiftungsbehörden potenziellen Stiftern an, zur Schonung öffentlicher Kassen der öffentlichen Hand obliegende Aufgaben als Stiftungszwecke in die Satzung aufzunehmen.
- Viele Finanzämter drängen auf eine längerfristig deutlich zu enge Festlegung des Stiftungszwecks.

Gelegentlich unterstützt das Finanzamt nach den Erfahrungen der Autoren hierbei die Stiftungsbehörde, der nur eine eingeschränkte Beanstandungsbefugnis zusteht. Denn zum Beispiel ist eine Forderung der Stiftungsbehörde, bestimmte Formulierungen in der Stiftungssatzung zu verwenden, als unverbindliche Beratung einzuordnen und als bindende Aufsichtsmaßnahme rechtswidrig.[90] Manchmal ist ein deutlicher Hinweis auf die jeweils dagegen bestehenden Rechtsbehelfe erforderlich, um die Diskussion zu einem erfolgreichen Abschluss zu führen. Den Behörden sind anscheinend die aus ihren Ansinnen resultierenden Amtshaftungsrisiken nicht geläufig.

i) Berufung eines Treuhänders. Bei Gründung einer nicht selbständigen Stiftung muss vorher ein Treuhänder ausgewählt werden. Dabei spielen folgende Aspekte eine Rolle
- Reputation, Bonität,
- fachliche Qualifikation, Berufserfahrung,
- Beurteilung durch Referenzkunden,
- langfristige Gewährleistung der Betreuung,
- Leistungsfähigkeit,
- Verwaltungskosten sowie
- persönliches Vertrauen.

Wenn der Gründung einer selbständigen steuerbegünstigten Stiftung ein Spendenaufruf vorausgehen soll, muss auch hierfür ein Treuhänder gesucht werden, bei dem es sich zur Vermeidung von Komplikationen[91] in der Regel um eine zur Ausstellung von Zuwendungsbestätigungen (Spendenbescheinigungen) berechtigte gemeinnützige Organisation handeln sollte.

j) Stiftungsgeschäft. Das Stiftungsgeschäft schließt die Gründungsaktivitäten des Stifters im Idealfall ab. Nach § 81 Absatz 1 BGB bedarf es nur der Schriftform, nicht selten wird die notarielle Beurkundung gewählt. Bei den meist hohen Vermögenswerten soll dies der Rechtssicherheit dienen. Allerdings ist nach der Rechtsprechung im Gegensatz zu einer verbreiteten Auffassung in der Literatur[92] auch bei einem Stiftungsgeschäft über ein Grundstück keine notarielle Beurkundung erforderlich.[93]

Mit dem Stiftungsgeschäft (s. hierzu Formulare D. I. und D. II.) wird formell die Satzung festgelegt und die (erste) Kapitalausstattung bestimmt. Anschließend wird die Anerkennung durch die Stiftungsaufsicht beantragt.

k) Anerkennung durch die Stiftungsaufsicht. Die Stiftungsaufsicht hat die Stiftung auf Antrag anzuerkennen, wenn die rechtlichen Voraussetzungen vorliegen. Durch eine vorherige Abstimmung mit der Stiftungsaufsicht sollte dieser Vorgang ohne Rückfragen zügig erfolgen können. Kritisch ist, wenn nach einer Abstimmung mit der Stiftungsaufsicht noch Änderungen an der Satzung vorgenommen wurden.

Mit der Anerkennung entsteht die Stiftung als eigene Rechtspersönlichkeit. Sie hat jetzt einen eigenständigen Anspruch auf Übertragung des Stiftungsvermögens gegen den Stifter. Der im Stiftungsgeschäft bestimmte Vorstand vertritt die Stiftung ab der Anerkennung nach außen und wird als eine seiner ersten Handlungen das Vermögen entgegen nehmen.

Mit der Anerkennung kann der Stifter das Stiftungsgeschäft nicht mehr widerrufen. Über die Möglichkeiten zur Anfechtung sowie Einreden nach den allgemeinen Vorschriften bestehen unterschiedliche Auffassungen.[94]

l) Aufbau der Organisation und strategische Planung. Der Vorstand muss jetzt den Geschäftsbetrieb aufbauen und ggf. weitere Gremien einberufen, damit die Stiftung aktiv werden kann. Er hat als erstes eine ordnungsgemäße Verwaltung des Stiftungsvermögens sicherzustellen. Bei einer Unternehmensträgerstiftung muss unmittelbar eine ausreichende Steuerung und Kontrolle des Unternehmens gewährleistet werden.

In den jeweils ersten Gremiensitzungen von Vorstand und Stiftungsrat wird eine strategische Planung für die weitere Entwicklung zu erstellen sein, soweit diese sich nicht bereits aus einem vorliegenden Stiftungskonzept ergibt. Dieses wird ggf. zu aktualisieren sein, da zwischen der Gründungsplanung und der Anerkennung einige Monate verstrichen sein können.

VII. Stiftungsmanagement

Mit der Anerkennung kann die Stiftung ihren Geschäftsbetrieb aufnehmen. Wenn eine unmittelbare Aufnahme der Aktivitäten vorgesehen ist, sollte der Geschäftsbetrieb ggf. organisatorisch vorbereitet und in geeigneten Fällen ein Treuhänder zwischengeschaltet werden. Vor der Anerkennung kann auch der Stifter nur in bestimmten Fäl-

VII. Stiftungsmanagement

len treuhänderisch auf persönliches Risiko Verpflichtungen für die Stiftung eingehen. Sofern ein Unternehmen übertragen wird, kann dieses auf eigene Kosten vorbereitende Maßnahmen ergreifen.

Das Management einer Stiftung entspricht in weiten Teilen dem Management von Unternehmen. Es umfasst, wie bei Unternehmen, Planung, Organisation, Personalarbeit, Budgetierung, Führung, Controlling, Kontrolle und Repräsentation als typische Aufgabenbereiche. Unternehmensträgerstiftungen mit gewerblichen Unternehmen weisen am ehesten Bedingungen wie in der Wirtschaft auf. Dagegen sind Bürgerstiftungen eher typisch für Nonprofit-Organisationen.

Spezifische Managementaspekte ergeben sich aus
- der Arbeit mit den Gremien, insbesondere wenn diese ehrenamtlich besetzt sind,
- der Verfolgung von meist ideellen Zwecken im Sinne des Stifters neben dem Kapitalerhaltungsauftrag und
- dem fehlenden Eigentümer und der daraus resultierenden besonderen Rolle des Stiftungsrats.

1. Das Zieldreieck

Jede Nonprofit-Organisation wird im Wesentlichen durch die drei folgenden Motive in jeweils individueller Gewichtung angetrieben:

Diese Aspekte ziehen sich durch alle Bereiche des Managements. Sie bestimmen die Ausrichtung der Organisation, ihr Handeln und ihr Erscheinungsbild. Je konsequenter und schlüssiger sich die Organisation an den drei Zieldimensionen orientiert, umso erfolgreicher und konfliktärmer kann sie sich entwickeln.

Werte umfassen z. B.
- (gesellschafts-)politische Vorstellungen,

- soziale Einstellungen oder
- religiöse Prägungen.

Die Werte sind als solche nicht explizit, sondern werden z.B. durch eine **Vision**, „Gründungslegenden" oder ein **Leitbild** ausgedrückt. Sie können auch als übergeordnetes Unternehmensziel oder als „Existenzberechtigung" formuliert werden. Der letzte Begriff spielt darauf an, dass die Organisation in einem historischen Kontext entstanden ist, der zu ihrer „Existenz" geführt – oder sie zumindest ermöglicht – hat. Dieser Begriff impliziert bereits, dass bei geänderten Rahmenbedingungen die Existenz in Frage gestellt ist. Die Ursache einer existenziellen Infragestellung kann sowohl in einem **Wertewandel**, wie in einem zum veränderten gesellschaftlichen Umfeld passenden Ausdruck unveränderter Werte liegen.

Bei einer Stiftung drücken sich die Werte im Stiftungszweck, ggf. einer Präambel und häufig in der Persönlichkeit des Stifters sowie seinem Leben aus.

Nonprofit-Organisationen können sinnvoller als **wertegeleitete Organisationen** bezeichnet werden, da sie in der Praxis durchaus Gewinne machen (dürfen).[95] Typisch ist für sie nicht der Umfang von Gewinnen, sondern deren Stellenwert. Sie sind *nicht primär* an der Verzinsung des eingesetzten Kapitals interessiert, sondern an der Realisierung politischer, sozialer, religiöser etc. Werte und Visionen. Daher steht dieser Aspekt an der Spitze des Dreiecks.

Die **Fachlichkeit** wird durch die Tätigkeitsfelder bestimmt. Sie umfasst die Frage nach der **Qualität** der eigenen Tätigkeit, z. B. als Struktur-, Prozess- und Ergebnisqualität. Umgangssprachlich kann auch von „Berufsethos" als Ausdruck der professionellen Prägung der Qualitätsvorstellungen oder von „Stand der Technik" als Hinweis auf den Vergleich mit anderen Akteuren die Rede sein. Als Teil der **Prozessqualität** ist auch Termintreue bzw. die zeitliche Dimension der Leistungen zu verstehen. Die **Effektivität**, verstanden als Grad der (fachlichen) Zielerreichung, ist ebenfalls zu beachten. Aufgrund der Wertorientierung sollten fachliche Aspekte deutlich im Vordergrund stehen. Wie bei fast jeder Verallgemeinerung gibt es auch Ausnahmen, z.B. bei einer ausschließlich auf Mittelbeschaffung ausgerichteten Organisation.

Schließlich richten sich auch NPO an Kriterien der **Wirtschaftlichkeit** aus. Dies steht keineswegs im Gegensatz zu einer Wertorientierung. Da alle, gewiss auch die wirtschaftlichen Ressourcen begrenzt sind und da in den meisten Fällen die Organisation ein berechtigtes Interesse am Selbsterhalt hat, müssen auch wirtschaftliche Vorstellungen in das oberste Unternehmensziel einfließen. Der langfristige **Substanzerhalt** erfordert bei *allen* Organisationen, dass Mittelzufluss und Mittelabfluss langfristig ausgeglichen sind. Bei ei-

VII. Stiftungsmanagement

ner weniger kameralistisch als handelsrechtlich geprägten Sicht bedeutet diese Forderung, dass langfristig ein ausgeglichenes Ergebnis erzielt wird. Korrekter formuliert, muss eine **Eigenkapitalverzinsung** in Höhe der Inflationsrate erwirtschaftet werden, damit das Vermögen real erhalten bleibt. Erst bei Erfüllung dieser Bedingung bleibt das Stiftungskapital real erhalten.

Da Stiftungen ihre Arbeit in der Regel aus den Erträgen des Stiftungskapitals finanzieren und dieses langfristig zu erhalten haben, stellt die langfristig orientierte, risikoarme Vermögensanlage eine zentrale Aufgabe dar. Der Stiftungsrat sollte sich davon überzeugen, dass angemessene Richtlinien für die Vermögensanlage aufgestellt wurden und diese ausnahmslos beachtet werden. Der Auftrag des Wirtschaftsprüfers kann auf die Prüfung der Einhaltung der Richtlinien erweitert werden.[96]

Neben der Betrachtung eines Input-Output-*Saldos* (Mittelzu-/abfluss) kann unter Wirtschaftlichkeit auch ein Input-Output-*Verhältnis* verstanden werden. Dann wird die **Effizienz des Leistungsprozesses** betrachtet: Wie viel Ressourcen muss ich einsetzen, um ein bestimmtes Ergebnis zu erreichen. Diese Betrachtung zielt nicht mehr nur auf Substanzerhalt, sondern auf Leistungssteigerung bei oft vorgegebenen, frei verfügbaren Ressourcen.

2. Zusammenspiel der Managementinstrumente

Das oben vorgestellte Zieldreieck konkretisiert sich in **strategischen Zielen und einem Leitbild**. Hier sind Aussagen zu Bedeutung und Umgang mit wesentlichen Elementen des Umfeldes (Anspruchsgruppen, Zielgruppen) zu machen.

Als Ergebnis eines **strategischen Planungsprozesses** sollten Aussagen zur Gestaltung und Weiterentwicklung der Beziehungen zu allen relevanten Anspruchsgruppen gemacht werden. Ferner ist zu beschreiben, durch welche Leistungen an welche Zielgruppen unter welchen grundsätzlichen Bedingungen der Stiftungszweck realisiert werden soll.

Die **Umsetzung der strategischen Planung** erfolgt letztlich durch alle Managementaktivitäten, insbesondere über
– Ausformulierung der Ziele zu (Betriebs-, Fach-)Konzepten,
– Anpassung der Aufbauorganisation, Ziel- und Aufgabenbeschreibungen für Betriebe, Abteilungen und Stellen,
– Bildung von Projektgruppen und Entwicklung von Projektplänen,
– Personalarbeit und Führung: Personalbeschaffung, -entwicklung, Zielvereinbarung mit Mitarbeitern,

- Wirtschaftsplanung (Investitions-, Ergebnis-, Liquiditätsplanung, auch für Projekte) sowie
- interne und externe Kommunikation (Marketing).

Die Umsetzung wird durch **operatives Controlling** (= laufende Rückkopplung der Aktivitäten mittels Soll-Ist-Vergleich) bezüglich ideeller Zielerreichung, Fachlichkeit und Wirtschaftlichkeit optimiert. Ein so verstandenes Controlling integriert **Finanzcontrolling** und **Qualitätsmanagement**, z. B. im Sinne der **Balanced Scorecard**.

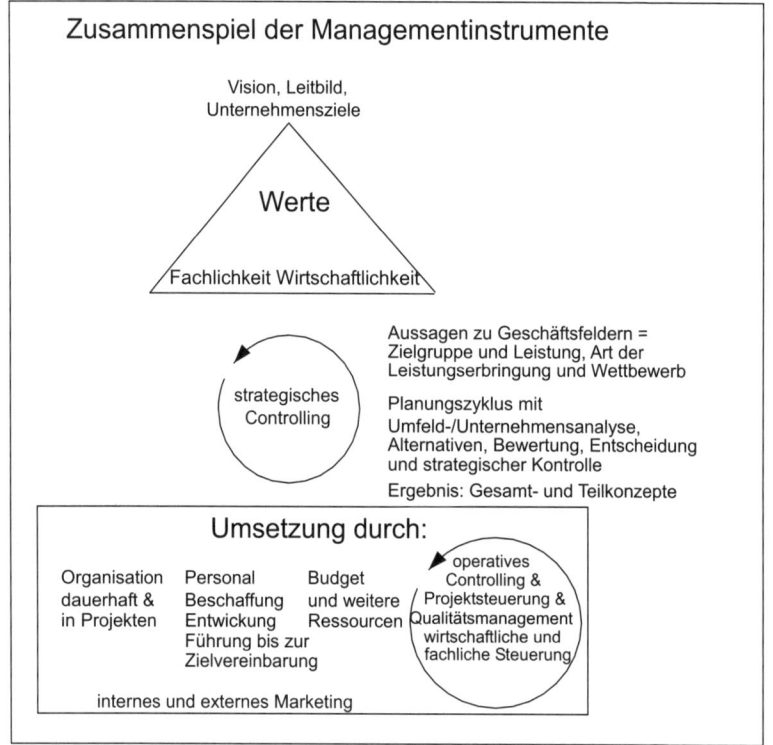

3. Gremienarbeit

Bei vielen Stiftungen hat die Arbeit in Gremien einen wesentlichen Anteil am Stiftungsmanagement. Die Tätigkeit von Gremien wird besonders angenehm und effektiv, wenn
- die Aufgaben der Gremien schriftlich fixiert sind,
- Beratung, Entscheidung & Kontrolle und Ausführung klar getrennt werden,

- die Zusammensetzung (Größe, Qualifikation/Legitimation) sich nach den Aufgaben richtet,
- Lenkungs- und Kontrollgremien in der Regel nicht mehr als drei bis höchstens fünf Personen umfassen,
- für größere beschlussfassende Gremien Beschlüsse in Ausschüssen vorbereitet werden,
- beratende Gremien nur bei Bedarf, z.B. auch nur mit befristetem Auftrag eingesetzt werden,
- bei Bedarf in Geschäftsordnungen Einladung, Beschlussfassung, Dokumentation und Beschlusskontrolle knapp und praxisgerecht geregelt werden,
- der gleiche Sachverhalt nicht in mehreren Gremien wiederholt beraten wird (Zeitaufwand, Verzögerung der Entscheidungen),
- alle Sitzungen qualifiziert vorbereitet werden, mit Darstellung und Bewertung von Ausgangslage, Alternativen und begründetem Vorschlag,
- in den Sitzungen gängige Moderationstechniken angewendet werden, z.B. komplexe Sachverhalte und Argumente visualisiert oder „stille" Teilnehmer zur Beteiligung aktiviert werden und
- die Vorbereitung der Gremiensitzungen zeitlich und fachlich ausreichend personell abgesichert ist.

Lediglich die für eine erfolgreiche Gremienarbeit wesentlichen Eckpunkte können in die Stiftungssatzung eingearbeitet werden. Detailregelungen müssen den Geschäftsordnungen der Gremien vorbehalten bleiben. Dies bewirkt bzw. ermöglicht:
- die Übersichtlichkeit der Stiftungssatzung,
- eine zeitnahe Berücksichtigung neuer Erkenntnisse zum Stiftungsmanagement und
- eine flexible Anpassung an die Erfahrungen sowie Vorstellungen der Gremiumsmitglieder.

Ein angemessener Detaillierungsgrad bei der Verankerung des Stiftungsmanagements in der Stiftungssatzung gehört zu den erfolgsentscheidenden und gleichzeitig schwierigsten Aufgaben bei der Satzungsgestaltung.

VIII. Die Steuerbegünstigung

1. Risikofaktor Steuerrecht

Die Entscheidung zur Stiftungsgründung und die konkrete Ausgestaltung werden in der Regel erheblich von steuerlichen Überlegungen beeinflusst. Als Planungsgrundlage ist das deutsche Steuerrecht allerdings nur bedingt geeignet.

Gravierend wirkt sich hierbei zunächst die handwerklich weitgehend **misslungene Gestaltung** des Steuerrechts aus.[97] Dies hat inzwischen eine Dimension erreicht, dass sogar regelmäßig Checklisten zum Beispiel über potenziell EG-rechtswidrige Normen des deutschen Steuerrechts veröffentlicht werden.[98] Die damit verbundenen Schwierigkeiten der praktischen Anwendung haben zu der für einen Rechtsstaat unhaltbaren Situation geführt, dass die Finanzverwaltung in der Regel nur im Rahmen eines streng formalisierten Verfahrens zu eng abgegrenzten Einzelfragen und exakt vorgegebenen Sachverhalten gegen erhebliche Gebühren **verbindliche Auskünfte** erteilt.[99] Eine angemessene Kompensation für die gravierenden Rechtsnormdefizite ist dies nicht.

Weiterhin ist das Steuerrecht einem stetigen, zum Teil inhaltlich schwer nachvollziehbaren und viel zu häufig nicht verfassungskonformen[100] **Wandel** unterworfen. Die künftige Entwicklung der einschlägigen Vorschriften ist daher nicht vorhersehbar, wie z. B. die Entwicklung der Erbschaftsteuer/Erbersatzsteuer[101] oder die Voraussetzungen der steuerbegünstigten Familienstiftung.[102]

Zur Umsetzung politisch nicht gewollter Einschränkungen schrecken Repräsentanten der Finanzverwaltung auch nicht vor einer Irreführung des Parlaments zurück.[103] Die künftige Entwicklung der einschlägigen Vorschriften ist daher nicht vorhersehbar, wie zum Beispiel auch das dilettantische mehrfache Hin[104] und Her[105] zu den gemeinnützigkeitsrechtlichen Voraussetzungen einer Holding und ihrer Tochtergesellschaft deutlich zeigt. Bundesweit mussten danach eine Vielzahl von gemeinnützigen Konzernen mit erheblichem Kostenaufwand umstrukturiert werden.

Zudem bestehen erhebliche **Vollzugsdefizite**. Einerseits sieht sich die Finanzverwaltung zu einem rechtsformkonformen Vollzug kaum noch in der Lage[106] und ist die Fachkompetenz der einzelnen Finanzämter sehr unterschiedlich.[107] Andererseits wird die korrekte Rechtsanwendung durch den auf zwei Instanzen verkürzten Rechtsweg und eine nicht immer sachgerechte Rechtsprechung[108] sehr erschwert. Hinzu kommt die auch nach richterlicher Auffassung[109] rechtsstaatswidrige Praxis der sog. „**Nichtanwendungserlasse**" – in der Regel zu Lasten der Steuerpflichtigen.[110]

Es ist daher nicht verwunderlich, dass die Bundesrepublik Deutschland bei der weltweiten Studie des Weltwirtschaftsforums 2004/2005 zum Standortvergleich von 104 Nationalstaaten bei dem Standortfaktor **Struktureffizienz des Steuerrechts** den 104. – also letzten – Platz belegt.[111]

Aufgrund der dargestellten gravierenden rechtsstaatlichen[112] Defizite des Steuerrechts handelt es sich um eine **unsichere Planungsgrundlage**. Steuerrechtliche Aussagen zur gewählten Gestaltung sind

VIII. Die Steuerbegünstigung

daher in regelmäßigen Abständen auf zwischenzeitlichen Anpassungsbedarf zu überprüfen.

2. Europäische Auswirkungen auf das Gemeinnützigkeitsrecht

Die immer wieder aufkeimende Diskussion zur „Europatauglichkeit" des Gemeinnützigkeitsrechts führt bei den Gründungsdiskussionen gelegentlich zu der Frage, ob die Gründung einer gemeinnützigen Stiftung überhaupt noch sinnvoll ist. Zunächst ist hierzu festzuhalten, dass gemeinnützigkeitsrechtliche Vergünstigungen nicht nur in Deutschland bestehen. So gelten z. B. in Frankreich,[113] Großbritannien,[114] Italien,[115] Niederlande,[116] Österreich,[117] Schweden[118] und Spanien[119] ebenfalls erhebliche Vergünstigungen bei den Gewinnsteuern.

Das europäische Umsatzsteuerrecht knüpft ohnehin bei bestimmten umsatzsteuerlichen Vergünstigungen an die einzelstaatlichen Gemeinnützigkeitsvorschriften an. So können bestimmte Umsatzsteuerbefreiungen von einer im Wesentlichen ehrenamtlichen Leitung und Verwaltung sowie fehlenden Gewinnerzielungsabsicht abhängig gemacht werden.[120] Auch können die Leistungen der nach nationalem Recht gemeinnützigen Organisationen mit dem ermäßigten Steuersatz (7%) besteuert werden.[121]

Zusammengefasst besteht folgende Situation: Da sich die gemeinnützigkeitsrechtlichen Regelungen der Einzelstaaten zum Teil deutlich unterscheiden,[122] gibt es in besonders wettbewerbsintensiven Marktsegmenten Anpassungsbedarf wegen des europäischen Beihilfeverbots. Dadurch werden sich Änderungen im deutschen Gemeinnützigkeitsrecht ergeben.[123] Soweit damit ein (partieller) Verlust der Gemeinnützigkeit verbunden ist, wird der Transfer in den gewerblichen Sektor wie bei den ehemals gemeinnützigen Wohnungsbaugesellschaften durch Übergangsvorschriften[124] aufgefangen. Dagegen ist eine „Abschaffung" des Gemeinnützigkeitsrechts insgesamt nicht absehbar.

3. Voraussetzungen der Steuerbegünstigung

In Anspruch genommen werden kann die in der Abgabenordnung geregelte Steuerbegünstigung für gemeinnützige, mildtätige und/oder kirchliche Zwecke nur von **Körperschaften** im Sinne des Steuerrechts.[125] Hierzu zählen die rechtsfähigen wie die nicht rechtsfähigen Vereine und Stiftungen, die GmbHs, Aktiengesellschaften und Betriebe gewerblicher Art von Körperschaften des öffentlichen Rechts gleichermaßen.[126]

Der **Satzungszweck** muss auf die Verfolgung steuerbegünstigter Zwecke gerichtet sein. Hierzu wird auf den in die Abgabenordnung aufgenommenen Katalog steuerbegünstigter Zwecke verwiesen.[127] Zentrale Voraussetzung der Steuerbegünstigung ist die **Selbstlosigkeit**,[128] d. h. eine vorrangig **altruistische Ausrichtung** der Körperschaft. Zwar dürfen Gewinne erwirtschaftet werden.[129] Dadurch entstandene wirtschaftliche Reserven („Mittel") bleiben aber für die steuerbegünstigten Zwecke gebunden. Freie wirtschaftliche Reserven müssen zeitnah – bis zum Ablauf des folgenden Jahres[130] – wieder für steuerbegünstigte Zwecke eingesetzt werden.[131] Hierbei ist zu beachten:

- In den Jahresabschlüssen ausgewiesene **Gewinne** sind für die Ermittlung der zeitnah einzusetzenden freien wirtschaftlichen Reserven unbeachtlich. Zwischen dem Ausweis von Gewinnen und freien wirtschaftlichen Reserven besteht kein direkter Zusammenhang.[132] Die Gewinne können zum Beispiel aus Buchwertveränderungen resultieren,[133] auch können die damit verbundenen wirtschaftlichen Reserven unter den Forderungen ausgewiesen, für die satzungsmäßige Anschaffung von Anlagevermögen[134] oder für Darlehenstilgung eingesetzt worden sein, etc.[135]
- Aus den vorgenannten Gründen besteht zwischen dem **Rücklagenbegriff** im bilanziellem Sinne (z. B. „Gewinnrücklagen"[136]) und dem kameralistischen Rücklagenbegriff der Abgabenordnung[137] (dazu nachfolgend) kein unmittelbarer Zusammenhang.
- Freie wirtschaftliche Reserven (z. B. Finanzmittel) müssen dann nicht bis zum Ablauf des Folgejahres für steuerbegünstigte Zwecke verwendet werden, wenn sie
  – bis zum Jahr 1977 erwirtschaftet wurden (**Altrücklagen**),[138]
  – zur Kompensation wirtschaftlicher Risiken benötigt werden (**Betriebsmittelrücklagen**),[139] hierbei kann der finanzielle Bedarf von bis zu einem Jahr zu berücksichtigen sein,[140]
  – aus noch nicht reinvestierten Abschreibungen resultieren (**Abschreibungsrücklagen**),[141]
  – nach einem konkreten Finanzierungsplan für Projekte oder Investitionen vorgesehen sind (**Projekt-, Bau- oder Investitionsrücklagen**)[142] in Höhe der kalkulierten Kosten zuzüglich eines Sicherheitszuschlags,[143]
  – der nachhaltigen Sicherung der Leistungsfähigkeit dienen (**freie Rücklage, Vermögensverwaltungsrücklage** in Höhe von einem Drittel der Überschüsse aus der Vermögensverwaltung und 10% der übrigen Überschüsse),[144]
  – zulässigerweise langfristig gewidmet („dem Kapital zugeführt") wurden. Hierunter fallen die **Kapitalausstattung**, z. B. die Gründereinlagen und vermögensorientierte Zuwendungen (Miethäuser, Wertpapiere, etc),[145]

VIII. Die Steuerbegünstigung

- im Jahr der Stiftungserrichtung und den beiden folgenden Kalenderjahren aus den Überschüssen der **Ansparrücklage** einer Stiftung zugeführt werden[146] – dies ist bei der Rechtsformwahl zu beachten,
- zur Aufrechterhaltung der **Beteiligungsquote** an einer Gesellschaft benötigt werden,[147]
- aus Umschichtungen des Vermögens entstanden sind (**Umschichtungsrücklage**).[148]
- Die Entwicklung der Rücklagen muss sich aus den Aufzeichnungen der steuerbegünstigten Organisation, also dem Rechnungswesen oder einer Nebenrechnung,[149] ergeben.[150]

Das **Ausgabeverhalten** einer steuerbegünstigten Organisation wird durch das Gebot der Selbstlosigkeit wie folgt reglementiert:
- Es dürfen keine unverhältnismäßig hohen **Vergütungen** gezahlt werden.
- Die **Verwaltungskosten** dürfen einen wirtschaftlich angemessenen Umfang nicht übersteigen.[151] In der Literatur wird diskutiert, dass die Angemessenheit bei Kosten in Höhe eines zweistelligen Prozentsatzes der Gesamteinnahmen überschritten sei.[152]
- **Zuwendungen** sind nur im Rahmen der Satzungszwecke zulässig.[153] Zum Beispiel werden Zahlungen an Organmitglieder als gemeinnützigkeitsschädliche Zuwendungen angesehen, wenn ihnen keine im Voraus schriftlich abgeschlossene Vereinbarung im Rahmen einer satzungsmäßigen Ermächtigung zu Grunde liegt.[154]
- Ausnahmsweise darf eine steuerbegünstigte **Familienstiftung** den Stifter und seine nächsten Angehörigen in angemessener Weise mit bis zu einem Drittel ihres Einkommens unterstützen.[155] Dies ist ggf. bei der Rechtsformwahl zu beachten.

Ergänzt wird das Gebot der Selbstlosigkeit durch das der **Vermögensbindung** für steuerbegünstigte Zwecke.[156] Die Satzung muss eine Regelung enthalten, dass die Vermögenswerte der steuerbegünstigten Organisation im Falle einer Auflösung, Aufhebung oder Liquidation sowie des Wegfalls der steuerbegünstigten Zwecke an einen anderen, konkret benannten[157] steuerbegünstigten Rechtsträger mit der **Auflage** übertragen werden, ausschließlich und unmittelbar für steuerbegünstigte Zwecke verwendet zu werden.[158]

Voraussetzung für die Steuerbegünstigung ist weiterhin, dass die Organisation ausschließlich steuerbegünstigte satzungsmäßige Zwecke anstrebt/fördert (**Ausschließlichkeitsgrundsatz**).[159] Die eigentliche Zielsetzung der Organisation muss im Ergebnis hierauf ausgerichtet sein. Vermögensverwaltung und gewerbliche Betätigungen dürfen nicht Selbstzweck sein, sondern sind dem eigentlichen Ziel unterzuordnen.[160] Verstoßen wird gegen diesen Grundsatz insbesondere im Falle einer dauerhaften Unterstützung gewerblicher Aktivitäten (z. B. längerfristige Verlustübernahmen)[161] oder der Ausstattung eines Nichtzweckbetriebs mit der zeitnahen Verwendungspflicht unterliegenden Mitteln.[162]

Die Körperschaft muss selbst steuerbegünstigt tätig werden (**Unmittelbarkeitsgrundsatz**).[163] Hierzu bestehen folgende Ausnahmen:
- Die Körperschaft kann **Hilfspersonen** einschalten, wenn deren Handeln aufgrund der vertraglichen und tatsächlichen Umstände der Körperschaft wie eigenes Handeln zugerechnet werden kann[164]. Eine solche Hilfspersonentätigkeit kann auch durch eine gemeinnützige oder gewerbliche Tochtergesellschaft der Körperschaft erbracht werden.

  Allerdings kann die Tochtergesellschaft mit der Hilfspersonentätigkeit nach Auffassung der Rechtsprechung[165] und der Finanzverwaltung – nach vorübergehendem Hin[166] und Her[167] – nicht gleichzeitig eigene steuerbegünstigte Zwecke verfolgen.[168] Auch können gemeinnützigkeitsrechtliche Probleme bei der Tätigkeit einer Tochtergesellschaft im Auftrag ihres Gesellschafters entstehen.[169]
- Wenn die Satzung dies ausdrücklich vorsieht, kann die Tätigkeit einer Körperschaft darauf beschränkt werden, **Mittel** für andere steuerbegünstigten Organisationen zu **sammeln** und zur Verwendung für steuerbegünstigte Zwecke weiterzuleiten (Förderkörperschaft).[170]

Die vorstehend aufgeführten Voraussetzungen der Steuerbegünstigung müssen bei der **tatsächlichen Geschäftsführung** beachtet werden.[171] Dies muss sich aus den Aufzeichnungen der Körperschaft ergeben.[172] Der erforderliche Dokumentationsumfang überschreitet mithin den eines üblichen Rechnungswesens in der Regel erheblich.

4. Auswirkungen der Steuerbegünstigung

Die mit einem „Körperschaftsteuerfreistellungsbescheid" anerkannte Steuerbegünstigung führt zur **Körperschaft- sowie Gewerbesteuerbefreiung** des ideellen Bereichs, der Vermögensverwaltung und der Zweckbetriebe einer Körperschaft. Diese Sparten unterliegen also keiner Besteuerung des Gewinns (der bei gemeinnützigen Organisationen häufig auch als Überdeckung oder Überschuss bezeichnet wird). Dazu gehören z. B.:[173]
- **Ideelle Sphäre:**
  Öffentlichkeits- und Lobbyarbeit, Spendenaufrufe
- **Vermögensverwaltung**[174]:
  Erträge aus Finanzanlagen, Unternehmensbeteiligungen, Vermietung, Verpachtung von Werberechten, Halten von Unternehmensbeteiligungen ohne Einflussnahme auf die Geschäftsführung

VIII. Die Steuerbegünstigung

- **Zweckbetriebe:**[175]
Zweckverwirklichungsbetriebe, z.B. Altenpflegeeinrichtungen, Forschungseinrichtungen, Bildungsstätten, Kindergärten, Kinder-, Jugend- und Studentenheimen, Schullandheimen, Schulen, Jugendherbergen, arbeitstherapeutischen Beschäftigungsinitiativen, Krankenhäuser, Werkstätten für behinderte Menschen, Einrichtungen für Beschäftigungs- und Arbeitstherapie zur Integration behinderter Menschen, Museen, Theater, Kunstausstellungen.
Die Anerkennung als Zweckbetrieb ist jeweils an spezifische Voraussetzungen geknüpft.[176]

Dagegen bleiben steuerbegünstigte Organisationen mit ihren **wirtschaftlichen Geschäftsbetrieben**, die nicht die speziellen Voraussetzungen eines Zweckbetriebs erfüllen (Nichtzweckbetriebe), weiterhin **partiell steuerpflichtig**. Als Beispielsfälle seien hier genannt:
- aktive Werbung für Wirtschaftsunternehmen (häufig als „Sponsoring" bezeichnet),[177]
- Erledigung von Verwaltungsaufgaben für andere steuerbegünstigte Organisationen (z.B. für gemeinnützige Tochtergesellschaften oder andere Organisationen),[178]
- Sommer-/Gründungsfest,[179] Basare, Galaveranstaltungen, ggf. Tombolas[180] usw., sowie
- gewerbliche Mittelbeschaffungsbetriebe (Wirtschaftsunternehmen).

Von der Besteuerung wird abgesehen, wenn die Einnahmen (Umsatz – nicht Gewinn) aller steuerpflichtigen wirtschaftlichen Geschäftsbetriebe einer steuerbegünstigten Organisation einschließlich etwaiger Umsatzsteuer im Jahr weniger als z. Zt. € 35.000 betragen (**Bagatellgrenze**).[181]

Mit der Gemeinnützigkeit ist nicht zwingend der Wegfall der **Mehrwertbesteuerung** verbunden. Dies richtet sich vielmehr nach den einschlägigen Vorschriften des Umsatzsteuergesetzes. Dieses enthält unterschiedlichste **Umsatzsteuerbefreiungs- und Ermäßigungstatbestände**. Je nach Umsatzart und Situation sind diese unabhängig von der Gemeinnützigkeit (z.B. langfristige Wohnraumvermietung[182]) oder nur auf die Umsätze gemeinnütziger Organisationen anzuwenden. Folgende bei gemeinnützigen Organisationen typischen Umsätze unterliegen z.B. keiner Umsatzbesteuerung:
- Zuschüsse der öffentlichen Hand, solange diese nicht auf eine konkrete, in ihrem Umfang bestimmbare Tätigkeit gerichtet sind,[183]
- langfristige Wohnraumvermietung,[184]
- wohlfahrtspflegerische Unterstützungsleistungen (Kranken-, Erziehungs- und Wirtschaftsfürsorge) insbesondere von Wohlfahrtsverbänden und ihren Mitgliedsorganisationen, die den Bedürftigen unmittelbar zu Gute kommen,[185]

– Krankenhaus-, Diagnose- und pflegerische Leistungen nach Maßgabe weiterer Voraussetzungen,[186]
– Kinder- und Jugendbetreuung,[187]
– Fort- und Weiterbildungseinrichtungen[188] und
– kulturelle und sportliche Veranstaltungen.[189]

Wenn Umsätze jedoch der Umsatzsteuer unterliegen, kann der **ermäßigte Steuersatz** von 7% anzuwenden sein. Dies gilt für die nicht gänzlich befreiten Umsätze im Rahmen der Vermögensverwaltung und der Zweckbetriebe (z.B. Leistungen an nicht Bedürftige oder die Verpachtung von Werberechten),[190] aber z. B. auch für Nahrungsmittellieferungen (ohne gleichzeitige Bewirtungsleistungen)[191] sowie für Kunst und Kultur.[192]

Alle anderen Umsätze unterliegen einem Steuersatz von 19%.[193] Darunter fallen vor allem die oben beispielhaft angeführten gewerblichen Mittelbeschaffungs- und die **steuerpflichtigen wirtschaftlichen Geschäftsbetriebe**, wie z.B. die Werbung für Wirtschaftsunternehmen, die Erledigung von Verwaltungsaufgaben für andere Organisationen, Festveranstaltungen.

Wenn und soweit Umsätze der Umsatzsteuer unterliegen, kann die von anderen Unternehmern der steuerbegünstigten Organisation im Zusammenhang mit diesen Tätigkeiten berechnete Umsatzsteuer als **Vorsteuer** abgesetzt werden.[194] Unter bestimmten Umständen können sich hieraus politisch gewollte, aber von der Finanzverwaltung zunehmend beargwöhnte Vorsteuerüberhänge ergeben.

Bis zu einer **Bagatellgrenze** von z. Zt. € 17.500 im Vorjahr und 50.000 € im laufenden Jahr (einschließlich Umsatzsteuer) kann auf die Umsatzbesteuerung verzichtet werden (**Kleinunternehmerregelung**).[195] Eine im wirtschaftlichen Ergebnis gleichwertige **Vorsteuerpauschalierung** können steuerbegünstigte Vereine und Stiftungen, also nicht Kapitalgesellschaften, bis zu einer Bagatellgrenze von z. Zt. € 35.000 im Jahr (ohne Mehrwertsteuer) auf vorherigen Antrag in Anspruch nehmen.[196]

Keine Auswirkungen hat die Steuerbegünstigung dagegen auf entgeltliche Grundstücks- und Erbbaurechtsübertragungen. Hier wird in der Praxis gerne auf eine die **Grunderwerbsteuer** vermeidende Gestaltung zurückgegriffen; dabei ist die langfristige Vermietung als einfachste Möglichkeiten zu nennen; risikobehaftet ist dagegen eine (belastungsfreie) Grundstücksschenkung. Zum Beispiel ist die Grundstücksschenkung seitens eines Gesellschafters an seine Gesellschaft grunderwerbsteuerpflichtig.[197]

Von der **Grundsteuer** befreit ist der Grundbesitz steuerbegünstigter Organisationen, wenn er zu steuerbegünstigten Zwecken – außer Wohnzwecken[198] – genutzt wird.[199] Nicht von der Grundsteuer befreit sind daher sozialtherapeutische Wohngemeinschaften.[200] Nicht

VIII. Die Steuerbegünstigung

immer ist also der gesamte Grundbesitz einer steuerbegünstigten Organisation von der Grundsteuer befreit. Von einem Investor zur Verfügung gestellte Immobilien unterliegen in vollem Umfang der Grundsteuer.[201] Sie kann sich während der üblichen Nutzungsdauer evtl. bis in eine im Verhältnis zu den seinerzeitigen Baukosten relevanten Höhe aufsummieren und ist wirtschaftlich regelmäßig vom (steuerbegünstigten) Mieter zu tragen.

Befreiungen von der **Kraftfahrzeugsteuer** gibt es nur in wenigen Ausnahmefällen, z. B. bei ausschließlich für Unglücksfälle, im Rettungsdienst oder zur Krankenbeförderung eingesetzten Fahrzeugen.[202]

Erbschaften und Schenkungen an steuerbegünstigte Organisationen sind von der **Erbschaft- und Schenkungsteuer** befreit.[203]

Die Steuerbegünstigung berechtigt im Rahmen des durch einen Körperschaftsteuer(freistellungs)-bescheid eingeräumten Spielraums zur Ausstellung von **Zuwendungsbestätigungen** (früher Spendenbescheinigungen) für Spenden und Mitgliedsbeiträge.

Zusammenfassung:
- Gewinne aus dem ideellen Bereich, der Vermögensverwaltung und den Zweckbetrieben der steuerbegünstigten Organisation unterliegen keiner Gewinnbesteuerung.
- Dagegen ist stets gesondert zu prüfen, ob die getätigten Umsätze von der Umsatzsteuer befreit sind, dem ermäßigten Steuersatz oder einem Steuersatz von 19 % unterliegen.
- Weitere Vergünstigungen sehen z. B. das Grundsteuer-, Kraftfahrzeugsteuer- sowie das Erbschaft- und Schenkungsteuergesetz vor, nicht aber das Grunderwerbsteuergesetz.
- Die Berechtigung zur Ausstellung von Zuwendungsbestätigungen richtet sich nach dem Inhalt des Körperschaftsteuerfreistellungsbescheides.

5. Das Spendenrecht

Zur Förderung der Spendenbereitschaft sieht das Einkommensteuerrecht in § 10b EStG kompliziert gestaltete Vergünstigungen für Stifter/Spender vor. Diese gelten nach Maßgabe weiterer Voraussetzungen auch für stiftende/spendende Unternehmen,[204] die aber stets das Risiko einer Einstufung der Spende als verdeckte Gewinnausschüttung einkalkulieren müssen.[205]

Der **Spendenanreiz** besteht darin, steuerlich korrekt behandelte Spendenvorgänge beim Spender als „negatives Einkommen" zu behandeln. Dies ist unter folgenden Voraussetzungen möglich:
- **Körperschaftsteuerfreistellungsbescheid**/vorläufige Anerkennung der Steuerbegünstigung:

Auf Antrag erkennt das zuständige Finanzamt vorläufig die Steuerbegünstigung an.[206] Hierbei legt es gleichzeitig seine Auffassung über die Berechtigung der steuerbegünstigten Organisation zur Ausstellung von **Zuwendungsbestätigungen** (Spendenbescheinigungen) dar.

- **Freiwilligkeit** der Spende:
  Freiwilligkeit ist im Falle einer zu Grunde liegenden rechtlichen Verpflichtung, zum Beispiel einer gesetzlich festgesetzten Bußgeldzahlung, zu verneinen.[207] Eine Spende verliert nicht dadurch den Charakter der Freiwilligkeit, dass sich der Spender vertraglich zur Spende verpflichtet.[208] Auch moralischer Druck schließt die rechtliche Freiwilligkeit nicht aus.[209]

- Fehlen einer **Gegenleistung**:
  Selbst ein nur indirekter oder mittelbarer wirtschaftlicher Zusammenhang mit einer Gegenleistung schließt die steuerliche Abzugsfähigkeit der Spende aus.[210] Dies soll zum Beispiel auch für Zuschläge auf Eintrittspreise oder Briefmarken (Wohlfahrtsbriefmarken) gelten.[211] Durch eine (gegebenenfalls umsatzsteuerpflichtige) Gegenleistung unterscheidet sich der Sponsorenvertrag von einer Spende.

- **Vermögensopfer** des Spenders:
  Dem in der Zuwendungsbestätigung bescheinigten Spendenbetrag muss ein Vermögensabfluss auf Seiten des Spenders in mindestens gleicher Höhe gegenüber stehen. Ein Vermögensabfluss ist zum Beispiel bei Zeit-[212] und nach Auffassung der Finanzverwaltung auch bei Blutspenden zu verneinen. Kostenlose Dienstleistungen führen nur dann zu einem Vermögensabfluss, wenn auf die Bezahlung der Dienstleistung ein rechtlich durchsetzbarer Anspruch besteht, auf den anschließend verzichtet wird.[213]

  Sachspenden sind mit dem **Verkehrswert** anzusetzen;[214] bei der Spende seitens eines Unternehmens kann der **Entnahmewert** angesetzt werden.[215]

  Diese Bewertungsgrundsätze gelten ebenso für Gebrauchtwaren (z.B. Altkleider), die daher häufig nur mit dem Altmaterialwert angesetzt werden dürfen.[216]

- **Zuwendungsbestätigung** nach amtlichem Muster:
  Der Stifter/Spender benötigt eine nach amtlichem Muster ausgestellte Zuwendungsbestätigung, um die Spende bei seiner Steuerveranlagung geltend machen zu können.[217]

  Gezielte Verstöße gegen die spendenrechtlichen Vorschriften gefährden die Steuerbegünstigung.[218] Die selbst keinesfalls fehlerfrei arbeitende Finanzverwaltung tendiert dazu, bei mehrfachen Verstößen ein missbräuchliches Vorgehen zu unterstellen und die Steuerbegünstigung aberkennen zu wollen.

VIII. Die Steuerbegünstigung

Bei steuerbegünstigten Organisationen unterliegen die Spendeneinnahmen weder der Körperschaft- oder Gewerbe- noch der Schenkungssteuer. Zuwendungen anlässlich einer Stiftungsgründung können zusätzlich zu den üblichen Abzugsbeträgen zurzeit bis zu einem Betrag von 1.000.000 EUR je Zehnjahreszeitraum steuerlich geltend gemacht werden.[219]

B. Textabdruck der Satzungstexte

I. Satzungstext Variante 1 (Förderung ideeller Zwecke)

Vorbemerkung: Dieser Variante 1 liegt die Stiftungssatzung einer über Mittelzuweisungen (Förderstiftung) oder selbst operativ (Unternehmensträgerstiftung) tätigen steuerbegünstigten Stiftung mit den Organen Stiftungsvorstand und Stiftungsrat zugrunde. Ein Beispiel zu einer sehr kurzen Stiftungssatzung ist unter D. III. Übersichten und weitere Mustertexte abgedruckt.

Die **ausführliche Gestaltung der Satzungstexte** ist der Rechtssicherheit und einer hochwertigen Organisationsstruktur geschuldet; gleichzeitig dient dies der Verfahrenssicherheit für die im Nonprofit-Sektor häufig rechtlich nicht versierten Gremienmitglieder.

Die Gestaltung von Stiftungssatzungen hängt von einer Vielzahl von Faktoren und der zu Grunde liegenden Gewichtung dieser Faktoren ab. Die an sich wünschenswerte Verschlankung des Satzungstextes ist nur eines unter einer größeren Zahl von Formalzielen.

Allgemein besteht inzwischen eine Tendenz, Vertragstexte ausführlicher zu gestalten, um die Konfliktpotentiale besser begrenzen zu können. Diese Tendenz wird bei Stiftungssatzungen bedingt durch die Corporate bzw. Nonprofit Governance-Diskussion noch zunehmen, aber im Gegensatz zu anderen Rechtsformen durch den Wunsch begrenzt, Regelungen in Geschäftsordnungen zu verlagern und ihre laufende Anpassung nicht unter den Vorbehalt der Genehmigung durch die Stiftungsaufsicht zu stellen. Andererseits werden erst durch die **Festlegung der Kompetenz- und Verantwortungsstruktur** in der Stiftungssatzung die Führungs- und Kontrollstrukturen und damit die Einhaltung der Grundsätze guter Unternehmensführung (**Nonprofit Governance**) garantiert. Dies hat Auswirkungen auf die Bestandssicherung, die Missbrauchsresistenz und das Rating nach Basel II im Falle einer Kreditinanspruchnahme. Die Überführung solcher Strukturvorgaben in jederzeit unauffällig änderbare Geschäftsordnungen bietet keine vergleichbare statuarische Absicherung.

Im Nonprofit-Sektor steht der Gewinn als Maßstab/Alarmsignal/Messlatte der Leistungserbringung nur sehr eingeschränkt zur Verfügung. Misserfolg belastet die Gremienmitglieder, außer eventuell bei Familienstiftungen, nur ideell. Aus diesen Gründen bedarf die Führungs- und Kontrollstruktur einer sorgfältigen Ausgestaltung in der Satzung.

Die Mustersatzungen und Alternativformulierungen können jeweils nur typische Gestaltungsmöglichkeiten darstellen und niemals abschließend den individuellen Anpassungsbedarf ersetzen.

Der Stiftungssatzung kann eine Präambel zur Verdeutlichung der Motive des Stifters vorangestellt werden.

§ 1
Name, Rechtsform und Sitz der Stiftung

1. Die Stiftung führt den Namen ......
2. Sie ist eine rechtsfähige Stiftung des bürgerlichen Rechts und hat ihren Sitz in ......

§ 2
Zweck der Stiftung

1. Zweck der Stiftung ist ...... (z. B. die Förderung von Wissenschaft und Forschung, Bildung und Erziehung, Kunst und Kultur, der Religion, der Völkerverständigung, der Entwicklungshilfe, des Umwelt-, Landschafts- und Denkmalschutzes, des Heimatgedankens, der Jugend- und Altenhilfe, des öffentlichen Gesundheitswesens, des Wohlfahrtswesens, des Sports, des allgemeinen demokratischen Staatswesens, der Tierzucht, der Pflanzenzucht, des traditionellen Brauchtums, die Unterstützung hilfsbedürftiger Personen).

- Abs. 2 Alternative 1:
2. Der Zweck wird insbesondere verwirklicht durch ...... (z. B. die Vergabe von Stipendien an ......, die Verleihung von Preisen für ......, die finanzielle Unterstützung von ......).

- Abs. 2 Alternative 2:
2. Der Zweck wird insbesondere verwirklicht durch die finanzielle Unterstützung von satzungsmäßigen Projekten der steuerbegünstigten Organisation ......, soweit die Projekte die Förderung von ...... betreffen.

- Abs. 2 Alternative 3:
2. Der Zweck wird insbesondere verwirklicht durch
   a) ......
   b) ......
   c) ......
   Von den Stiftungszwecken wird, solange das Grundstockvermögen zum letzten Bilanzstichtag unter ...... EUR beträgt, nur der

I. Satzungstext Variante 1 (Förderung ideeller Zwecke)

Zweck unter a) verwirklicht. Sobald das Grundstockvermögen zu einem Bilanzstichtag die vorgenannte Summe übersteigt, werden auch die weiteren vorgenannten Stiftungszwecke verfolgt.
- Abs. 2 Alternative 4:
2. Der Zweck wird insbesondere verwirklicht mit Zweckbetrieben im Sinne der Abgabenordnung, und zwar der Trägerschaft von ...... (z.B. Altenpflegeeinrichtungen, Forschungseinrichtungen, Bildungsstätten, Kindergärten, Kinder-, Jugend- und Studentenheimen, Schullandheimen, Schulen, Jugendherbergen, arbeitstherapeutischen Beschäftigungsinitiativen, Krankenhäusern, Werkstätten für behinderte Menschen, Einrichtungen für Beschäftigungs- und Arbeitstherapie zur Integration behinderter Menschen, Museen, Theater, Kunstausstellungen) und vergleichbaren dem Stiftungszweck dienenden steuerbegünstigten Einrichtungen und Diensten.

§ 3
Gemeinnützigkeit

1. Die Stiftung verfolgt ausschließlich und unmittelbar gemeinnützige/mildtätige/kirchliche Zwecke im Sinne des Abschnitts „Steuerbegünstigte Zwecke" der Abgabenordnung.
2. Die Stiftung ist selbstlos tätig. Sie verfolgt nicht in erster Linie eigenwirtschaftliche Zwecke.
3. Mittel der Stiftung dürfen nur für die satzungsmäßigen Zwecke verwendet werden.
4. Niemand darf durch Ausgaben, die dem Stiftungszweck fremd sind, oder durch unverhältnismäßig hohe Vergütungen begünstigt werden.

§ 4
Grundstockvermögen, Verwendung der Stiftungsmittel

1. Das Grundstockvermögen der Stiftung besteht im Zeitpunkt ihrer Errichtung aus
   a) den Grundstücken ......,
   b) den Wertpapieren ......,
   c) einem Anspruch auf Übertragung von Finanzvermögen des ...... im Gesamtwert von rund ...... EUR (in Worten ...... EUR) in Form von ......,
   e) Barvermögen in Höhe von ...... EUR.

Zustiftungen wachsen mit Zustimmung des Vorstands dem Grundstockvermögen zu, soweit diese ausdrücklich oder nach den Umständen dazu bestimmt sind.

- Abs. 2 Alternative 1:

2. Das Grundstockvermögen ist ungeschmälert in seinem realen Wert zu erhalten. Soweit wirtschaftlich sinnvoll, sind Vermögensumschichtungen zulässig.

- Abs. 2 Alternative 2:

2. Das Grundstockvermögen ist ungeschmälert in seinem realen Wert zu erhalten. Soweit wirtschaftlich sinnvoll, sind Vermögensumschichtungen zulässig. Bei dringendem Bedarf kann auf das Grundstockvermögen selbst in Höhe eines Anteils von bis zu ...... (z.B. 5%) innerhalb von ...... (z.B. fünf) Geschäftsjahren zurückgegriffen werden, wenn der Stiftungsrat dies mit einer Mehrheit von ⅔ seiner Mitglieder beschliesst. Danach ist/soll das Grundstockvermögen innerhalb eines Zeitraums von ...... (z.B. fünf) Jahren wieder entsprechend aufzufüllen/aufgefüllt werden.

- Abs. 3 Alternative 1:

3. Die Stiftung darf im Rahmen der gemeinnützigkeitsrechtlichen Vorschriften Rücklagen bilden und kann freie Rücklagen dem Grundstockvermögen zuführen.

- Abs. 3 Alternative 2:

3. Die Stiftung wird zur Sicherung des Grundstockvermögens eine Kapitalerhaltungsrücklage in Höhe der allgemeinen Inflationsrate des Vorjahres bilden; sie kann weitere freie Rücklagen bilden, jeweils im Rahmen der Vorschriften zur Steuerbegünstigung.
4. Ein Rechtsanspruch auf Leistungen der Stiftung besteht nicht.
5. Die Stiftung kann die Trägerschaft von nicht rechtsfähigen Stiftungen und die Verwaltung von rechtsfähigen Stiftungen mit gleichem oder ähnlichem Zweck übernehmen.

§ 5
Rechnungslegung, Jahresabschlussprüfung

1. Geschäftsjahr ist das Kalenderjahr.

- Abs. 2 Alternative 1:

2. Die Stiftung führt ein Vermögensverzeichnis und eine nach Fördersegmenten getrennte, geordnete Zusammenstellung der Einnahmen und Ausgaben.

I. Satzungstext Variante 1 (Förderung ideeller Zwecke)

- Abs. 2 Alternative 2:
2. Die Stiftung gestaltet ihre Rechnungslegung in Anlehnung an die für Kapitalgesellschaften vergleichbarer Größenordnung geltenden Vorschriften.
- Abs. 2 Alternative 3:
2. Die Stiftung gestaltet ihre Rechnungslegung und die Jahresabschlussprüfung in Anlehnung an die für Kapitalgesellschaften vergleichbarer Größenordnung geltenden Vorschriften. Ist der Jahresabschluss demnach durch einen Abschlussprüfer zu prüfen, erteilt der Stiftungsrat den Prüfungsauftrag und berichtet ihm der Abschlussprüfer über die wesentlichen Ergebnisse seiner Prüfung.

§ 6
Organe der Stiftung

Organe der Stiftung sind der Vorstand und der Stiftungsrat.

§ 7
Gemeinsame Vorschriften für Vorstand und Stiftungsrat

1. Die Organe werden von ihren Vorsitzenden oder deren Stellvertreter(n) schriftlich unter Bezeichnung der Tagesordnung einberufen. Sie sind beschlussfähig, wenn mehr als die Hälfte ihrer Mitglieder anwesend sind.
2. Bei Stimmengleichheit gibt die Stimme des Vorsitzenden den Ausschlag; ungültige Stimmen und Stimmenthaltungen bleiben außer Betracht.
3. Über die Sitzungen sind Niederschriften zu fertigen, die von dem Versammlungsleiter und einem weiteren Organmitglied zu unterschreiben und bei den Unterlagen der Stiftung aufzubewahren sind. Jedes Organmitglied erhält eine Abschrift innerhalb von vier Wochen nach der Sitzung.
4. An Beschlussfassungen im Wege des schriftlichen Verfahrens müssen sich mindestens ²/₃ der Organmitglieder, darunter die Vorsitzenden oder stellvertretenden Vorsitzenden, beteiligen. Über das Ergebnis ist ein allen Organmitgliedern unverzüglich zuzuleitendes Protokoll zu fertigen.
5. Die Mitglieder der Organe können ihre Tätigkeit bis zur Vollendung des 75. Lebensjahres ausüben. Sie sind bei Vorliegen eines wichtigen Grundes abzuberufen.

6. Die Organmitglieder haften nur bei vorsätzlicher oder grob fahrlässiger Verletzung ihrer Sorgfaltspflichten.

§ 8
Vorstand

- Abs. 1 Alternative 1:
1. Der Vorstand besteht aus mindestens ...... (z. B. drei) und bis zu ...... (z. B. fünf) Personen.

- Abs. 1 Alternative 2:
1. Der Vorstand besteht aus
   a) dem Vorsitzenden,
   b) dem stellvertretenden Vorsitzenden,
   c) dem Schatzmeister,
   d) ......,
   e) ......
2. Scheidet ein Vorstandsmitglied während seiner Amtsdauer aus, übernimmt ein anderes Vorstandsmitglied sein Ressort bis zur Berufung eines Nachfolgers.
3. Den ersten Vorstand beruft der Stifter. Danach werden seine Mitglieder vom Stiftungsrat unter gleichzeitiger Zuordnung eines Vorstandsressorts berufen. Eine erneute Berufung ist zulässig. Nach Ablauf der Amtszeit von bis zu ...... (z. B. vier) Jahren führt der Vorstand die Geschäfte bis zur Amtsübernahme durch den neuen Vorstand fort.

- Abs. 4 Alternative 1:
4. Die Vorstandsmitglieder sind ehrenamtlich tätig. Sie haben Anspruch auf Ersatz ihrer angemessenen Auslagen.

- Abs. 4 Alternative 2:
4. Die Vorstandsmitglieder können neben dem Ersatz ihrer angemessenen Auslagen eine Vergütung beanspruchen, wenn der Stiftungsrat diese und die Bedingungen ihrer Gewährung vor Beginn des Vergütungszeitraums mit einer Mehrheit von $2/3$ seiner Mitglieder beschlossen hat.

- Abs. 4 Alternative 3:
4. Die Vorstandsmitglieder haben Anspruch auf Ersatz ihrer notwendigen Auslagen. Die Gewährung einer angemessenen Vergütung auf der Grundlage eines mit $2/3$-Mehrheit des Stiftungsrats beschlossenen Dienstvertrages bleibt hiervon unberührt.

I. Satzungstext Variante 1 (Förderung ideeller Zwecke) 85

§ 9
Aufgaben und Einberufung des Vorstandes

1. Der Stiftungsvorstand hat für die dauernde und nachhaltige Erfüllung des Stiftungszwecks zu sorgen. Er führt die Geschäfte der Stiftung im Rahmen der Beschlüsse des Stiftungsrats.
- Abs. 2 Alternative 1:
2. Jeweils zwei Vorstandsmitglieder gemeinsam vertreten die Stiftung gerichtlich und außergerichtlich.
- Abs. 2 Alternative 2:
2. Die Vorstandsmitglieder sind einzeln zur Vertretung der Stiftung berechtigt.
3. Der Vorstand gibt sich eine Geschäftsordnung, die seine Aufgaben in mindestens zwei Ressorts (Wirtschafts- und Fachressort) gliedert und der Genehmigung des Stiftungsrats bedarf.
4. Der Vorstand wird von seinem Vorsitzenden oder dessen Stellvertreter nach Bedarf, mindestens aber ...... (z. B. vierteljährlich), einberufen. Die Ladungsfrist beträgt ...... (z. B. zwei) Wochen. Sie kann bei Zustimmung aller Vorstandsmitglieder verkürzt werden.

§ 10
Stiftungsrat

- Abs. 1 Alternative 1:
1. Der Stiftungsrat besteht aus mindestens ...... (z. B. fünf) und höchstens ...... Personen, die von ...... (z. B. Unternehmen, Gemeinderat oder Verband) berufen und abberufen werden.
- Abs. 1 Alternative 2:
1. Der Stiftungsrat setzt sich zusammen aus:
   a) dem Vorstandsvorsitzenden des ...... (z. B. Verband, Unternehmen) oder einem von ihm entsandten Vertreter,
   b) ...... (z. B. drei) von ...... (z. B. Unternehmen) entsandten Personen,
   c) ...... (z. B. drei) von dem ...... (z. B. Gemeinderat) gewählten Vertretern (die unterschiedlichen Fraktionen angehören),
   d) ......,
   e) ......
   Die Zugehörigkeit der Mitglieder zum Stiftungsrat ist auf die Ausübung der jeweiligen Funktion bzw. Zugehörigkeit zur entsen-

denden Organisation und die der unter b) bis e) angeführten Mitglieder zusätzlich auf ...... (z. B. vier) Jahre begrenzt. (Einmalige) Wiederberufung ist zulässig.

- Abs. 1 Alternative 3:
1. Der Stiftungsrat besteht aus mindestens ...... (z. B. fünf) und höchstens ...... Personen. Der Stifter bestellt den ersten Stiftungsrat, von dem nach drei Jahren jedes Jahr zwei Mitglieder durch Rücktritt oder Losentscheid ausscheiden sollen. Der Stiftungsrat bemisst die Amtszeit der von ihm durch Zuwahl ergänzten Mitglieder so, dass jährlich in der Regel nicht mehr als ein Drittel seiner Mitglieder ausscheiden. (Einmalige) Wiederberufung ist zulässig.
2. Bis zu einer Gesamtzahl von ...... (z. B. fünf) Personen kann sich der Stiftungsrat jederzeit selbst ergänzen.
3. Vorstandsmitglieder und Mitarbeiter der Stiftung können dem Stiftungsrat nicht angehören.

- Abs. 4 Alternative 1:
4. Der Stiftungsrat wählt aus seiner Mitte einen Vorsitzenden und einen stellvertretenden Vorsitzenden.

- Abs. 4 Alternative 2:
4. Den Vorsitz führt das Mitglied, welches dem Stiftungsrat am längsten angehört und bei gleichem Zeitraum das Mitglied mit dem höheren Lebensalter.

- Abs. 4 Alternative 3:
4. Der Stiftungsrat wählt aus seiner Mitte einen Vorsitzenden und einen stellvertretenden Vorsitzenden, wenn diese Funktionen nicht bei der Berufung festgelegt wurden.

- Abs. 5 Alternative 1:
5. Der Stiftungsrat kann zur Vorbereitung seiner Sitzungen Ausschüsse bilden.

- Abs. 5 Alternative 2:
5. Der Stiftungsrat bildet Ausschüsse zur Unterstützung seiner Arbeit. Ständige Ausschüsse sind der Wirtschafts- und der Förderausschuss. Die Einzelheiten werden in der Geschäftsordnung des Stiftungsrats geregelt.

6. Mit $^2/_3$ Mehrheit kann der Stiftungsrat ein Mitglied abberufen. Dem Betroffenen ist vorher Gelegenheit zur Stellungnahme zu geben.

I. Satzungstext Variante 1 (Förderung ideeller Zwecke) 87

- Abs. 7 Alternative 1:
7. Die Mitglieder des Stiftungsrats sind ehrenamtlich tätig; Auslagen werden in angemessener Höhe ersetzt.
- Abs. 7 Alternative 2:
7. Der Stiftungsrat kann als Entschädigung für den Zeitaufwand seiner Mitglieder neben dem Ersatz angemessener Auslagen eine Pauschale festlegen.
- Abs. 7 Alternative 3:
7. Die Mitglieder des Stiftungsrats erhalten neben dem Ersatz ihrer angemessenen Auslagen ein Sitzungsgeld in Höhe der an die ehrenamtlichen Mitglieder der kommunalen Volksvertretung einer kleinen Gemeinde insgesamt gezahlten Entschädigung, soweit sie an den Sitzungen teilgenommen haben.

§ 11
Aufgaben des Stiftungsrats

1. Der Stiftungsrat trifft die strategischen Grundsatzentscheidungen. Er begleitet und überwacht die Geschäftsführung des Vorstandes und hat insbesondere darauf zu achten, dass der Stiftungszweck dauernd und nachhaltig erfüllt wird. Er hat ein unbeschränktes Auskunfts- und Informationsrecht, das er auch durch einen Beauftragten wahrnehmen kann.
2. Der Beschlussfassung durch den Stiftungsrat unterliegen insbesondere:
   a) die Berufung und Abberufung des Vorstandes sowie die diesen betreffenden Rechtsverhältnisse,
   b) der Erlass von Richtlinien zur Erfüllung des Stiftungszwecks,
   c) der vom Vorstand innerhalb des ersten Quartals aufgestellte Geschäftsplan, der auf der Grundlage der strategischen Grundsatzentscheidungen einen kurz-, mittel- und langfristigen operativen Rahmen einschließlich Budgetansätze beschreibt,
   d) die Entgegennahme der Rechenschaftsberichte des Vorstandes,
   e) die Genehmigung des Jahresabschlusses,
   f) die Kontrolle der Wirtschaftsführung des Vorstandes durch vom Stiftungsrat berufene Rechnungsprüfer,
   g) die Entlastung der Mitglieder des Stiftungsvorstandes.
3. Der Vorsitzende des Stiftungsrats zusammen mit einem weiteren Mitglied des Stiftungsrats oder zwei vom Stiftungsrat Beauftragte vertreten gemeinsam die Stiftung gegenüber dem Vorstand und,

falls der Jahresabschluss geprüft wird, gegenüber dem Abschlussprüfer.

§ 12
Einberufung des Stiftungsrats

1. Der Stiftungsrat wird von seinem Vorsitzenden oder von seinem Stellvertreter nach Bedarf, mindestens aber …… (z.B. zweimal) im Kalenderjahr einberufen.
2. Die Ladungsfrist beträgt mindestens …… (z.B. vier) Wochen. Sie kann im Einvernehmen aller Mitglieder verkürzt werden.
3. Der Stiftungsrat kann auch von einem Viertel seiner Mitglieder oder dem Stiftungsvorstand einberufen werden, wenn eine angemessene Zeit seit deren schriftlich begründetem Einberufungsantrag verstrichen ist.

§ 13
Satzungsänderung

1. Die Stiftungssatzung ist zu ändern, wenn dies nach Auffassung des Vorstandes und Stiftungsrats wegen einer wesentlichen Veränderung gegenüber den im Zeitpunkt der Entstehung der Stiftung bestehenden Verhältnissen geboten ist; sie kann geändert werden, wenn dies im Interesse der Leistungs- und Funktionsfähigkeit der Stiftung zweckmäßig ist.
2. Die Beschlüsse bedürfen der Zustimmung des Vorstandes und einer ³/₄ Mehrheit des Stiftungsrats.

§ 14
Zweckänderung, Zusammenlegung, Auflösung

1. Der Stiftungszweck ist an die veränderten Verhältnisse anzupassen, wenn die Aufgaben der Stiftung wegfallen oder deren Erfüllung nicht mehr sinnvoll ist. Der geänderte Zweck soll dem ursprünglichen Stiftungszweck möglichst nahe kommen.
2. Die Stiftung ist mit einer anderen zu einer neuen Stiftung zusammenzulegen, wenn die Erfüllung des Stiftungszweckes nur noch auf diesem Weg ganz oder teilweise möglich ist.
3. Die Stiftung kann aufgelöst werden, wenn der Stiftungszweck auf absehbare Zeit nicht erfüllt werden kann und dies auch durch eine Anpassung des Stiftungszwecks nicht möglich ist.

I. Satzungstext Variante 1 (Förderung ideeller Zwecke)

4. Die vorstehenden Maßnahmen bedürfen einer ³/₄ Mehrheit des Vorstandes und des Stiftungsrats.
5. Im Falle der Auflösung oder Aufhebung der Stiftung oder bei Wegfall ihrer steuerbegünstigten Zwecke fällt ihr Vermögen an ...... (z.B. Kommune, steuerbegünstigter Verband) mit der Auflage, es ausschließlich und unmittelbar für steuerbegünstigte Zwecke im Sinne der Stiftungszwecke zu verwenden.

II. Satzungstext Variante 2 (Gemeinschaftsstiftung)

Vorbemerkung: Dieser Variante 2 liegt die Stiftungssatzung einer steuerbegünstigten Gemeinschaftsstiftung (in Form einer Bürgerstiftung) mit den Organen Stiftungsvorstand, Stiftungsrat und Stiftungsversammlung zugrunde.

§ 1
(Name, Rechtsform und Sitz der Stiftung) wie Variante 1

§ 2
Zweck der Stiftung

1. Die Stiftung fördert und stärkt den Gemeinsinn und das Engagement der Bürger der Stadt ...... (weiter wie Variante 1)
2. wie Variante 1 Alternative 1 oder 3
3. Die Tätigkeit der Stiftung soll sich möglichst auf die Region beschränken. Sie soll keine Aufgaben übernehmen, die zu öffentlich-rechtlichen Pflichtaufgaben gehören.

§ 3 (Gemeinnützigkeit), § 4 (Grundstockvermögen, Verwendung der Stiftungsmittel), § 5 (Rechnungslegung, Jahresabschlussprüfung) wie Variante 1

§ 6
Organe der Stiftung

Organe der Stiftung sind der Vorstand, der Stiftungsrat und die Stiftungsversammlung.

§ 7 (Gemeinsame Vorschriften für Vorstand und Stiftungsrat), § 8 (Vorstand), § 9 (Aufgaben und Einberufung des Vorstandes) wie Variante 1

II. Satzungstext Variante 2 (Gemeinschaftsstiftung)

§ 10
Stiftungsrat

- Abs. 1 Alternative 1:
1. wie Variante 1, falls der Stiftungsversammlung (§ 12a) kein Berufungsrecht eingeräumt wird.
- Abs. 1 Alternative 2:
1. Der Stiftungsrat besteht aus mindestens ...... (z.B. neun) und höchstens ...... Personen, von denen ...... (z.B. ein Drittel) die Stiftungsversammlung und die übrigen von dem ...... (z.B. Unternehmen, Gemeinderat oder Verband) berufen und abberufen werden.
- Abs. 1 Alternative 3:
1. Der Stiftungsrat setzt sich zusammen aus:
   a) dem Vorstandsvorsitzenden des ...... (z.B. Verband, Unternehmen) oder einem von ihm entsandten Vertreter,
   b) ...... (z.B. drei) von ...... (z.B. Unternehmen) entsandten Personen,
   c) ...... (z.B. drei) von der Stiftungsversammlung berufenen Personen,
   d) ......,
   e) ......
   Die Zugehörigkeit der Mitglieder zum Stiftungsrat ist auf die Ausübung der jeweiligen Funktion bzw. Zugehörigkeit zur entsendenden Organisation und die der unter b) bis e) angeführten Mitglieder zusätzlich auf ...... (z.B. vier) Jahre begrenzt. (Einmalige) Wiederberufung ist zulässig.
2. wie Variante 1
3. wie Variante 1
4. wie Variante 1 Alternative 1 oder Alternative 2
5. wie Variante 1
6. wie Variante 1

- Abs. 7 Alternative 1:
7. wie Variante 1

- Abs. 7 Alternative 2:
7. Die Mitglieder des Stiftungsrats erhalten neben dem Ersatz ihrer angemessenen Auslagen ein Sitzungsgeld, wenn die Stiftungsversammlung dies sowie die weiteren Einzelheiten beschließt.

§ 11 (Aufgaben des Stiftungsrats), § 12 (Einberufung des Stiftungsrats) wie Variante 1

§ 12 a
Stiftungsversammlung

1. Der Stiftungsversammlung gehören alle Personen an, die der Stiftung im Zeitraum der letzten ...... (z. B. fünf) Jahre mehr als ...... (z. B. 1.000) EUR als Einzelspende unter Angabe ihrer vollständigen ladungsfähigen Anschrift zugewendet haben. Der Stiftungsrat kann diesen Schwellenwert für bereits erfolgte Zuwendungen nicht anheben aber jederzeit rückwirkend bis auf ...... (z. B. 500) EUR herabsetzen. Die Mitgliedschaft ist freiwillig und nicht übertragbar; sie wird bei juristischen Personen oder Gemeinschaften durch einen von diesen benannten Repräsentanten ausgeübt.
2. Die Mitglieder der Stiftungsversammlung können sich nur von anderen Mitgliedern aufgrund einer schriftlichen Vollmacht vertreten lassen.
3. Die Mitgliedschaft in der Stiftungsversammlung endet durch
   a) Tod eines Mitglieds,
   b) Verzicht/Rücktritt,
   c) ...... (z. B. drei)-jährige Nichtausübung von Mitwirkungsrechten auf Beschluss des Stiftungsrats oder
   d) Abberufung.
4. Der Stiftungsrat kann mit der Mehrheit von ¾ der Stimmen einzelne Mitglieder der Stiftungsversammlung aus wichtigem Grund abberufen. Als wichtiger Grund gilt insbesondere ein Verstoß gegen die Ziele der Stiftung.
5. Die Stiftungsversammlung ist mindestens jährlich mit einer Frist von 21 Kalendertagen schriftlich, per Fax oder e-Mail unter Angabe der Tagesordnung zu einer Sitzung durch den Stiftungsrat einzuberufen. Sie ist ferner einzuberufen, wenn 10% ihrer Mitglieder dies schriftlich beim Stiftungsrat beantragen. Die Minderheit kann die Einladung in diesem Falle nach fruchtlosem Ablauf eines Monats selbst bewirken. Im Falle einer selbst bewirkten Einladung sind die Beschlussfassungen der Versammlung selbst dann wirksam, wenn die auf der vorherigen Stiftungsversammlung anwesenden Versammlungsmitglieder eingeladen wurden.
6. Die Stiftungsversammlung entscheidet über die Berufung und Abberufung ...... (z. B. von einem Drittel, zwei Drittel) der Mitglie-

der des Stiftungsrats. Vorstand und Stiftungsrat berichten ihr über die Arbeit der Stiftung und personelle Veränderungen. Sie dient dem Stiftungsrat als Diskussionsforum in Angelegenheiten von grundsätzlicher Bedeutung und ...... (z.B. nimmt den Rechenschaftsbericht des Stiftungsrats entgegen, kann dem Stiftungsrat strategische Grundsatzentscheidungen vorgeben, entscheidet über die Höhe des Sitzungsgeldes des Stiftungsrats). Über die Ergebnisse der Sitzungen sind durch einen von der Versammlung gewählten Protokollführer Niederschriften zu fertigen, die von ihm und dem Versammlungsleiter zu unterzeichnen und allen Mitgliedern der Stiftungsorgane zuzuleiten sind.

§ 13 (Satzungsänderung), § 14 (Zweckänderung, Zusammenlegung, Auflösung) wie Variante 1

III. Satzungstext Variante 3 (Steuerbegünstigte Familienstiftung)

Vorbemerkung: Dieser Variante 3 liegt die Stiftungssatzung einer steuerbegünstigten Familienstiftung mit den Organen Stiftungsvorstand und Stiftungsrat zugrunde, die gleichzeitig eine Unterstützung der Familie des Stifters bezweckt.

§ 1 (Name, Rechtsform und Sitz der Stiftung), § 2 (Zweck der Stiftung), § 3 (Gemeinnützigkeit) wie Variante 1

§ 4
Grundstockvermögen, Verwendung der Stiftungsmittel

1. wie Variante 1
- Abs. 2 Alternative 1:
2. wie Variante 1
- Abs. 2 Alternative 2:
2. wie Variante 1
- Abs. 2 Alternative 3:
2. Das Grundstockvermögen ist ungeschmälert in seinem Wert zu erhalten. Veräußerung oder Tausch von Anteilen an der Unternehmensbeteiligung sind nur zulässig, wenn jede andere Entscheidung wirtschaftlich nicht vertretbar wäre und Vorstand sowie Stiftungsrat einstimmig zustimmen.
3. wie Variante 1
4. wie Variante 1
5. wie Variante 1
6. Die Stiftung kann den nach den einschlägigen Vorschriften zur Steuerbegünstigung zulässigen Teil ihres Jahresüberschusses dazu verwenden, um in angemessener Weise den Stifter und seine nächsten Angehörigen zu unterhalten, ihre Gräber zu pflegen und ihr Andenken zu ehren.

III. Satzungstext Variante 3 (Steuerbegünstigte Familienstiftung) 95

§ 5 (Rechnungslegung, Jahresabschlussprüfung), § 6 (Organe der Stiftung), § 7 (Gemeinsame Vorschriften für Vorstand und Stiftungsrat), § 8 (Vorstand), § 9 (Aufgaben und Einberufung des Vorstandes) wie Variante 1

§ 10
Stiftungsrat

- Abs. 1 Alternative 1:
1. Zum ersten Stiftungsrat wird der Stifter auf Lebenszeit bestellt; er kann, auch nach Niederlegung seines Amtes, Mitglieder in den Stiftungsrat berufen und aus wichtigem Grunde abberufen. § 7 Abs. 5 und der nachfolgende Abs. 6 der Satzung gelten nicht für den Stifter. Nach seinem Ableben besteht der Stiftungsrat aus mindestens ...... (z.B. drei) und höchstens ...... (z.B. neun) Personen und kann durch eine Wahl seitens der zu diesem Zeitpunkt begünstigten Abkömmlinge einmal bis auf die Höchstzahl ergänzt werden. Danach ergänzt sich der Stiftungsrat durch Zuwahl selbst.

- Abs. 1 Alternative 2:
1. wie Variante 1 Alternative 3
2. Die Mitglieder des Stiftungsrats werden auf ...... (z.B. fünf) Jahre berufen. Wiederholte Berufung ist zulässig.

- Abs. 3 Alternative 1:
3. Höchstens 2/3 und mindestens ...... (z.B. 1/3) der Mitglieder des Stiftungsrats sollen der Familie des Stifters und mindestens ein Mitglied soll den rechts- und steuerberatenden Berufen angehören. Vorstandsmitglieder und Mitarbeiter der Stiftung können dem Stiftungsrat nicht angehören.

- Abs. 3 Alternative 2:
3. Von den Mitgliedern des Stiftungsrats sollen mindestens ...... (z.B. 1/3) und dürfen höchstens ...... (z.B. 2/3) der Familie des Stifters und mindestens ein Mitglied muss den rechts- und steuerberatenden Berufen angehören. Vorstandsmitglieder und Mitarbeiter der Stiftung können dem Stiftungsrat nicht angehören.
4. wie Variante 1
5. wie Variante 1
6. wie Variante 1
7. wie Variante 1

§ 11 (Aufgaben des Stiftungsrats), § 12 (Einberufung des Stiftungsrats), § 13 (Satzungsänderung), § 14 (Zweckänderung, Zusammenlegung, Auflösung) wie Variante 1

IV. Satzungstext Variante 4 (Steuerpflichtige Familienstiftung)

Vorbemerkung: Dieser Variante 4 liegt die Stiftungssatzung einer nicht steuerbegünstigten Familienstiftung mit den Organen Stiftungsvorstand und Stiftungsrat (Familienrat) zugrunde.

§ 1 (Name, Rechtsform und Sitz der Stiftung) wie Variante 1

§ 2
Zweck der Stiftung

Zweck der Stiftung ist
a) die angemessene Versorgung der Kinder des Stifters; an deren Stelle treten nach deren Ableben jeweils deren Abkömmlinge usw.,
b) die angemessene Unterhaltung und Pflege der Familiengrabstätte,
c) die Ausübung der Beteiligungsrechte an dem Unternehmen ......, um damit für dessen wirtschaftliche Sicherung und Wachstum zu sorgen sowie den Charakter als Familienunternehmen möglichst zu erhalten,
d) ......

§ 3 (Gemeinnützigkeit) – entfällt –

§ 4
Grundstockvermögen, Verwendung der Stiftungsmittel

1. wie Variante 1
2. wie Variante 1
3. Die Stiftung wird zur Sicherung des Grundstockvermögens eine Kapitalerhaltungsrücklage in Höhe der allgemeinen Inflationsrate des Vorjahres bilden; sie kann weitere Rücklagen bilden, soweit dies erforderlich ist, um die satzungsmäßigen Zwecke nachhaltig erfüllen zu können.
4. wie Variante 1
5. entfällt

§ 5 (Rechnungslegung, Jahresabschlussprüfung), § 6 (Organe der Stiftung), § 7 (Gemeinsame Vorschriften der Stiftungsorgane) wie Variante 1

§ 8
Vorstand

1. wie Variante 1
2. wie Variante 1
3. wie Variante 1
4. Die Vorstandsmitglieder haben Anspruch auf Ersatz ihrer notwendigen Auslagen. Die Gewährung einer angemessenen Vergütung auf der Grundlage eines vom Stiftungsrat beschlossenen Dienstvertrages bleibt hiervon unberührt.

§ 9 (Aufgaben und Einberufung des Vorstandes)
wie Variante 1

§ 10
Stiftungsrat

- Abs. 1 Alternative 1:
1. wie Variante 3 Alternative 1
- Abs. 1 Alternative 2:
1. wie Variante 1 Alternative 3
2. wie Variante 3
3. wie Variante 3
4. wie Variante 1
5. wie Variante 1
6. wie Variante 1

- Abs. 7 Alternative 1:
7. wie Variante 1

- Abs. 7 Alternative 2:
7. Der Stiftungsrat kann als Entschädigung für den Zeitaufwand seiner Mitglieder neben dem Ersatz der Auslagen ein angemessenes Sitzungsgeld beschließen.

§ 11 (Aufgaben des Stiftungsrats), § 12 (Einberufung des Stiftungsrats), § 13 (Satzungsänderung) wie Variante 1

§ 14
Zweckänderung, Zusammenlegung, Auflösung

1. Der Stiftungszweck ist an die veränderten Verhältnisse anzupassen, wenn die Aufgaben der Stiftung wegfallen oder deren Erfüllung nicht mehr sinnvoll ist. Der geänderte Zweck soll dem ursprünglichen Stiftungszweck möglichst nahe kommen.
2. wie Variante 1
3. wie Variante 1
4. wie Variante 1

- Abs. 5 Alternative 1:

5. Im Falle der Auflösung der Stiftung fällt das Vermögen zu gleichen Teilen an die zu diesem Zeitpunkt nach der Satzung begünstigten Abkömmlinge.

- Abs. 5 Alternative 2:

5. Im Falle der Auflösung der Stiftung fällt das Vermögen zu einem Viertel an die Heimatstadt des Stifters mit der Auflage, es ausschließlich und unmittelbar für steuerbegünstigte Zwecke zu verwenden und im übrigen an die nach der Satzung zu diesem Zeitpunkt begünstigten Abkömmlinge zu gleichen Teilen.

C. Satzungstexte mit Erläuterungen

§ 1
Name, Rechtsform und Sitz der Stiftung

Varianten 1, 2, 3, 4

1. Die Stiftung führt den Namen ......
2. Sie ist eine rechtsfähige Stiftung des bürgerlichen Rechts und hat ihren Sitz in ......

Erläuterungen

1. Namensbildung
2. Rechtsform
3. Sitz der Stiftung

1. Namensbildung

Da der Begriff „Stiftung" nicht geschützt ist,[220] sollte auf die weiteren Namensbestandteile als wesentlichem Kommunikationsaspekt insbesondere bei spendenwerbenden Stiftungen besondere Sorgfalt verwandt werden. Auch internetspezifische Aspekte sind hierbei von Bedeutung, z.B. die Verfügbarkeit geeigneter Domains. In geeigneten Fällen kann der Name auf den Zweck der Stiftung oder die Nähe z.B. zu einem Verein oder Unternehmen hinweisen. In der Regel empfiehlt es sich, den Begriff „Stiftung" in den Namen aufzunehmen.

Zwar ist der Stifter bei der Wahl des Namens grundsätzlich frei. Eine Verletzung der Rechte Dritter oder Verwechselung mit anderen Rechtsträgern muss aber ausgeschlossen sein; außerdem gilt der Grundsatz der Namenswahrheit.[221] Der Name der Stiftung wird durch § 12 BGB geschützt.[222]

2. Rechtsform

Die Klarstellung der Rechtsform ist gesetzlich nicht vorgeschrieben, aber zur Rechtssicherheit sehr zu empfehlen. Die bloße Bezeichnung als „Stiftung" lässt nicht ohne weiteres auf die Absicht des Stifters schließen, eine rechtsfähige Stiftung errichten zu wollen. Der Mustertext weist daher auf die Rechtsform hin.

3. Sitz der Stiftung

Die Festlegung des Sitzes gehört zu den gesetzlichen Minimalanforderungen an die Satzung.[223] Zwar ist der Stifter in der Wahl des Sitzes grundsätzlich frei, ein Bezug zur Stiftungstätigkeit muss aber bestehen. In diesem Rahmen kann bei der Sitzwahl berücksichtigt werden, in welchem Bundesland die Stiftungsaufsicht nach modernen Organisationsgrundsätzen ausgerichtet ist.[224]
Ein Doppel- oder Mehrfachsitz im Rechtssinne dürfte ausgeschlossen sein.[225]
Die Sitzverlegung einer genehmigten Stiftung stellt eine seitens der Stiftungsaufsicht genehmigungspflichtige Satzungsänderung dar.

§ 2
Zweck der Stiftung

Varianten 1, 3

1. Zweck der Stiftung ist ...... (z. B. die Förderung von Wissenschaft und Forschung, Bildung und Erziehung, Kunst und Kultur, der Religion, der Völkerverständigung, der Entwicklungshilfe, des Umwelt-, Landschafts- und Denkmalschutzes, des Heimatgedankens, der Jugend- und Altenhilfe, des öffentlichen Gesundheitswesens, des Wohlfahrtswesens, des Sports, des allgemeinen demokratischen Staatswesens, der Tierzucht, der Pflanzenzucht, des traditionellen Brauchtums, die Unterstützung hilfsbedürftiger Personen).

- Abs. 2 Alternative 1:
2. Der Zweck wird insbesondere verwirklicht durch ...... (z. B. die Vergabe von Stipendien an ......, die Verleihung von Preisen für ......, die finanzielle Unterstützung von ......

- Abs. 2 Alternative 2:
2. Der Zweck wird insbesondere verwirklicht durch die finanzielle Unterstützung von satzungsmäßigen Projekten der steuerbegünstigten Organisation ......, soweit die Projekte die Förderung von ...... betreffen.

§ 2 Zweck der Stiftung

- Abs. 2 Alternative 3:
2. Der Zweck wird insbesondere verwirklicht durch
   a) ......
   b) ......
   c) ......
   Von den Stiftungszwecken wird, solange das Grundstockvermögen zum letzten Bilanzstichtag unter ...... EUR beträgt, nur der Zweck unter a) verwirklicht. Sobald das Grundstockvermögen zu einem Bilanzstichtag die vorgenannte Summe übersteigt, werden auch die weiteren vorgenannten Stiftungszwecke verfolgt.
- Abs. 2 Alternative 4:
2. Der Zweck wird insbesondere verwirklicht mit Zweckbetrieben im Sinne der Abgabenordnung, und zwar der Trägerschaft von ...... (z. B. Altenpflegeeinrichtungen, Forschungseinrichtungen, Bildungsstätten, Kindergärten, Kinder-, Jugend- und Studentenheimen, Schullandheimen, Schulen, Jugendherbergen, arbeitstherapeutischen Beschäftigungsinitiativen, Krankenhäusern, Werkstätten für behinderte Menschen, Einrichtungen für Beschäftigungs- und Arbeitstherapie zur Integration behinderter Menschen, Museen, Theater, Kunstausstellungen) und vergleichbaren dem Stiftungszweck dienenden steuerbegünstigten Einrichtungen und Diensten.

Variante 2

1. Die Stiftung fördert und stärkt den Gemeinsinn und das Engagement der Bürger der Stadt ...... (weiter wie Variante 1)
2. wie Variante 1 Alternative 1 oder 3
3. Die Tätigkeit der Stiftung soll sich möglichst auf die Region beschränken. Sie soll keine Aufgaben übernehmen, die zu öffentlich-rechtlichen Pflichtaufgaben gehören.

Variante 4

Zweck der Stiftung ist
a) die angemessene Versorgung der Kinder des Stifters; an deren Stelle treten nach deren Ableben jeweils deren Abkömmlinge usw.,
b) die angemessene Unterhaltung und Pflege der Familiengrabstätte,

c) die Ausübung der Beteiligungsrechte an dem Unternehmen, um damit für dessen wirtschaftliche Sicherung und Wachstum zu sorgen sowie den Charakter als Familienunternehmen möglichst zu erhalten,

d) ......

Erläuterungen

1. Stiftungszweck
2. Bestimmtheitsgrundsatz
3. Gestaltungsspielräume
4. Dauerhaftigkeit
5. Steuerbegünstigung
6. Formular Varianten 1 und 3
7. Formular Variante 2
8. Formular Variante 4

1. Stiftungszweck

In der Vergangenheit wurde vereinzelt die Auffassung vertreten, dass der Zweck der Stiftung auf die Förderung des Allgemeinwohls gerichtet sein müsse[226] und insbesondere die Zulässigkeit von **Familienstiftungen** angezweifelt. Das Gesetz zur Modernisierung des Stiftungsrechts vom 15. Juli 2002 hat aber der herrschenden Auffassung weiter Auftrieb gegeben.[227] Danach kann eine Stiftung zu jedem das Gemeinwohl nicht gefährdenden Zweck errichtet werden und sind auch Familienstiftungen zulässig, die auf die Förderung der Abkömmlinge der Familie ausgerichtet sind.[228]

Die Stiftungssatzung kann selbst weitgehend regeln, unter welchen Voraussetzungen und mit welchem Aufwand eine spätere Änderung der Stiftungssatzung möglich ist. Dagegen ist eine **Änderung des zentralen Stiftungszwecks** immer mit besonderem Aufwand verbunden. Daher ist es eine weit reichende Entscheidung des Stifters, welche Zielsetzungen er in den Rang des Stiftungszwecks erhebt und welche ihm zweitrangigen Ziele er z.B. im Rahmen der Verwendung der Stiftungsmittel (§ 4 der Mustersatzung) erwähnt. Ein gutes Beispiel hierfür ist die Variante 4, die den Erhalt des Familienunternehmens über seine Mittelbeschaffungsfunktion hinaus zu einem der Stiftungszwecke erhebt.

2. Bestimmtheitsgrundsatz

Der Stiftungszweck darf nicht so allgemein gefasst sein, dass er den Stiftungsgremien völlig freie Hand gibt.[229] Bei einer Stiftung von Todes wegen darf die Stiftungsbehörde diesbezügliche Mängel im Rahmen ergänzender Auslegung korrigieren. Nach Auffassung des Bundesgerichtshofs soll die Festlegung des Stiftungszwecks den Stiftungsorganen einen eindeutigen und **klar abgegrenzten Auftrag** geben, um Rechtsunsicherheit, Willkür der Stiftungsverwaltung und ein Verzetteln der Stiftungsleistungen zu vermeiden.[230] Die bei gemeinnützigen Stiftungen auch aus steuerlichen Gründen[231] erforderliche Konkretisierung birgt andererseits ein häufig übersehenes Risiko. Denn eine zu enge Fassung des Stiftungszwecks kann eine spätere Anpassung der Stiftungstätigkeit an geänderte Rahmenbedingungen ganz verhindern oder zumindest sehr erschweren. Die konkrete Formulierung des Stiftungszwecks sollte daher mit größter Sorgfalt erfolgen.

3. Gestaltungsspielräume

Um die Stiftung einerseits an die Vorstellungen des Stifters zu binden, andererseits den notwendigen Anpassungsspielraum zu belassen, stehen dem Stifter folgende Gestaltungsmöglichkeiten zu Verfügung:
- **Differenzierung** zwischen dem eigentlichen Stiftungszweck und der Mittel zum Zweck (Art und Weise der Verwirklichung). Mit dieser bei gemeinnützigen Stiftungen ohnehin erforderlichen Differenzierung kann der eigentliche Stiftungszweck klar umrissen, bei der Art und Weise der Verwirklichung dagegen den Stiftungsorganen ein weit reichendes Ermessen eingeräumt werden.
- **Festlegung mehrerer Stiftungszwecke**, die gleichgeordnet, hierarchisch oder zeitversetzt verfolgt werden – gleiches ist für die Art und Weise der Verwirklichung der Stiftungszwecke möglich.
- Die Art und Weise der Verwirklichung kann als Beispiel formuliert werden. Damit können den Stiftungsorganen **alternative Umsetzungsmöglichkeiten** eröffnet werden.
- Die Art und Weise der Verwirklichung kann **inhaltlich anstatt formal** beschrieben werden (z. B. „Präsentationsmöglichkeiten" statt „Ausstellungen" oder „Kommunikationsplattformen" statt „Kongresse").
- Ein, z. B. aus persönlicher Betroffenheit, bewusst eng formulierter Stiftungszweck kann mit einer sehr weit gefassten **Öffnungsklauseln** versehen werden (z. B. „Betreuung Tuberkulosekranker bis zur weitgehenden Beherrschung dieser Krankheit; danach unterstützt die Stiftung bedürftige unheilbar erkrankte Personen" oder „Unterstützung des Dorfschulunterrichts in X-Land bis zur flächendeckenden Umsetzung der allgemeinen Schulbildung; danach werden die Allgemeinbildung fördernde Projekte in X-Land und ggf. auch seinen Nachbarländern initiiert oder unterstützt").
- Eine Anpassung an geänderte Rahmenbedingungen kann durch einen **Kriterienkatalog** für eine künftige Änderung des Stiftungszwecks vorgegeben werden.

- In einer der Stiftungssatzung vorangestellten **Präambel** kann der Stifter seine Motive erläutern und damit das Änderungsspektrum umreißen.

4. Dauerhaftigkeit

Eine Stiftung kann nicht nur für ein ganz kurzfristig erreichbares Vorhaben errichtet werden.[232] Anerkennungsfähig sind aber Stiftungen, deren nicht kurzfristig erreichbarer Zweck sachlich beschränkt oder zeitlich befristet ist. In solchen Fällen können auch sog. **Verbrauchsstiftungen**, bei denen das Stiftungsvermögen selbst verausgabt werden darf, ausnahmsweise zulässig sein.[233]

5. Steuerbegünstigung

Der Status der Steuerbegünstigung (umgangssprachlich: Gemeinnützigkeit) ist an eine Vielzahl von Voraussetzungen geknüpft.[234] Bei der Auswahl und Ausformulierung der Satzungszwecke ist darauf zu achten, dass ausschließlich gemeinnützige, mildtätige und/oder kirchliche Zwecke[235] in die Satzung aufgenommen werden. Die Benennung von eventuellen gewerblich ausgerichteten **Mittelbeschaffungsaktivitäten** zur Finanzierung der Satzungszwecke ist zulässig,[236] kann aber zu langwierigen Diskussionen mit der Finanzverwaltung führen.

Die Art und Weise der Verwirklichung der Satzungszwecke muss in der Satzung so konkret ausgeführt werden, dass die Finanzverwaltung die Erfüllung der gemeinnützigkeitsrechtlichen Voraussetzungen bereits aufgrund dieser Beschreibung feststellen kann[237] (sog. Buchnachweis).

6. Formular Varianten 1 und 3

Das Formular unterscheidet zwischen dem Zweck der Stiftung in Absatz 1 und der Art und Weise der Fördertätigkeit (Zweckverwirklichung) in Absatz 2. Die im Formular zu Absatz 2 angeführten Alternativen stellen die verschiedenen Möglichkeiten dar, wie der Stiftungszweck verwirklicht werden kann.

Alternative 1 ist bei einer direkten finanziellen Unterstützung einschlägig. Da der gemeinnützige Charakter eines Finanzmitteltransfers sich nicht von selbst versteht, müssen die Modalitäten der fi-

§ 2 Zweck der Stiftung

nanziellen Förderung in der Stiftungssatzung genau beschrieben werden. Die in **Alternative 2** vorgesehene Unterstützung bestimmter Tätigkeitssegmente anderer steuerbegünstigter Organisationen hält den administrativen Aufwand der Stiftung gering. Denn sie muss sich nur von der Steuerbegünstigung der geförderten Organisation (z.B. durch Anforderung eines Körperschaftsteuerfreistellungsbescheides) und dem Mitteleinsatz für steuerbegünstigte Zwecke (z.B. durch Anforderung eines Verwendungsnachweises) überzeugen.

Alternative 3 zeigt beispielhaft eine **hierarchische Gliederung** mehrerer **Stiftungszwecke**. Solange das Grundstockvermögen einen bestimmten Schwellenwert nicht übersteigt, beschränkt die Stiftung ihrer Tätigkeit auf ausgewählte Teilaufgaben.

Alternative 4 ist bei einer „**Unternehmensträgerstiftung**"[238] einschlägig, die ihre Satzungszwecke mit steuerbegünstigten betrieblichen Aktivitäten (Zweckbetrieben,[239] „Zweckverwirklichungsbetrieben") verfolgt. Beispiele hierzu sind im Formular aufgeführt. Diese Stiftungen haben den üblicherweise mit der Führung von Betrieben verbundenen höheren administrativen Aufwand.

7. Formular Variante 2

Die mit **Bürgerstiftungen** angestrebte **Förderung des Gemeinsinns** und des Engagements der Bürger sollte ausdrücklich in der Satzung verankert werden, um einerseits die Bürger anzusprechen und andererseits die strategische Positionierung der Stiftung immer im Blick zu haben.

Gegen Bürgerstiftungen regt sich inzwischen das gelegentlich durchaus berechtigte Misstrauen, solche Stiftungen würden auch als zusätzliche Geldquelle zur **Finanzierung öffentlich-rechtlicher Pflichtaufgaben** gegründet. Das Formular beugt dem mit einer dagegen gerichteten Soll-Vorschrift vor. Ein weitergehender – zwingender – Ausschluss jeglicher Förderung öffentlich-rechtlicher Pflichtaufgaben in der Stiftungssatzung würde einer Substitution öffentlicher Aufgaben noch deutlicher entgegentreten, birgt aber das Risiko unbeabsichtigter Satzungsverstöße. Denn vielfach besteht erheblich Unsicherheit, ob, bzw. Unkenntnis darüber, wann es sich um eine öffentlich-rechtliche Pflichtaufgabe handelt. Ein umfänglicher Ausschluss dieses Tätigkeitssegments aus den Satzungszwecken würde sogar im Falle eines schuldlosen Verstoßes die Gemeinnützigkeit der Stiftung gefährden.[240]

8. Formular Variante 4

Der Begriff „**Familienstiftung**" wird nicht einheitlich gebraucht. Einerseits werden damit steuerbegünstigte Stiftungen bezeichnet, die durch den Einfluss einer Familie geprägt sind oder mit bis zu einem Drittel ihres Einkommens den Stifter und seine nächsten Angehörigen unterhalten.[241] Andererseits wird dieser Begriff für Stiftungen gebraucht, die ausschließlich oder primär auf die Förderung der Familie ausgerichtet und daher nicht steuerbegünstigt sind.[242] Zur steuerbegünstigten Familienstiftung wird auf die Variante 3 und dort insbesondere § 4 Absatz 6 verwiesen. Bei der Variante 4 ist dagegen der Satzungszweck primär auf die Förderung der Familie ausgerichtet[243] und wird die hierbei erbschaft-/schenkungsteuerlich günstigste Variante gewählt.

Unter c) wurde im Formular zusätzlich die bei vielen stiftenden Unternehmern beliebte **Bestandssicherung des Familienunternehmens** aufgenommen. Ergänzend hierzu enthält § 4 Absatz 2 Alternative 3 dieser Variante das Familienunternehmen betreffende Veräußerungsbeschränkungen, wie sie häufig von Stiftern gewünscht werden. Allerdings ist vor einer zu festen Verbindung eines Unternehmens mit der Rechtsform der Stiftung zu warnen. Dies könnte auch die Anerkennung der Stiftung gefährden. Zudem werden die Zukunftsperspektiven eines Unternehmens ganz wesentlich von seiner Anpassungsfähigkeit an den Markt geprägt. Dies passt nicht zu der Ewigkeitsorientierung einer Stiftung. Die Funktion eines Familienunternehmens sollte daher möglichst auf die einer schlichten **Dotationsquelle** der Stiftung beschränkt werden. Die Funktion der Stiftung für das Unternehmen ist in der **Bündelung der familiären Interessen** im Stiftungsrat und der **Vermeidung von Erbstreitigkeiten** oder den **Erhalt des Unternehmens** bei fehlenden Erben zu sehen.

§ 3
Gemeinnützigkeit

Varianten 1, 2, 3, entfällt bei Variante 4

1. Die Stiftung verfolgt ausschließlich und unmittelbar gemeinnützige/mildtätige/kirchliche Zwecke im Sinne des Abschnitts „Steuerbegünstigte Zwecke" der Abgabenordnung.
2. Die Stiftung ist selbstlos tätig. Sie verfolgt nicht in erster Linie eigenwirtschaftliche Zwecke.

§ 3 Gemeinnützigkeit

3. Mittel der Stiftung dürfen nur für die satzungsmäßigen Zwecke verwendet werden.
4. Niemand darf durch Ausgaben, die dem Stiftungszweck fremd sind, oder durch unverhältnismäßig hohe Vergütungen begünstigt werden.

Erläuterungen

1. Gemeinnützigkeit
2. Selbstlosigkeit
3. Ausschließlichkeit
4. Unmittelbarkeit
5. Geschäftsführung

1. Gemeinnützigkeit

Die Stiftung ist steuerbegünstigt (umgangssprachlich: gemeinnützig), wenn die Satzung alle gemeinnützigkeitsrechtlichen Voraussetzungen erfüllt und die tatsächliche Geschäftsführung mit der Satzung im Einklang steht.

Die Anlage zu § 60 der Abgabenordnung enthält Formulierungsvorgaben, deren wortgetreue Übernahme in die Stiftungssatzung eine gemeinnützigkeitsrechtliche Anerkennung sehr erleichtert. Diese wurden in das Formular wortgetreu übernommen. Weitere Voraussetzung der Gemeinnützigkeit ist die Auswahl eines steuerbegünstigten Stiftungszwecks aus dem Katalog des § 52 AO.

2. Selbstlosigkeit

Dieser zentrale Begriff des Gemeinnützigkeitsrechts bedeutet, dass die Stiftung zwar Gewinne erwirtschaften darf, diese aber für die in der Satzung angegebenen Stiftungszwecke einsetzen muss.[244] Zu diesem Grundsatz bestehen zwei Ausnahmen:[245]
— Die Stiftung darf zur Erhaltung ihrer Leistungsfähigkeit in einem nach den Vorschriften der Abgabenordnung genau vorgegebenen Umfang **Rücklagen** bilden.
— Bis zu einem Drittel des Stiftungseinkommens darf zum angemessenen **Unterhalt des Stifters** und seiner nächsten Angehörigen, zur Grabpflege und zur Bewahrung des Andenkens verwendet werden.[246]

Zu beiden Ausnahmen wird auf § 4 des Formulars verwiesen.

3. Ausschließlichkeit

Der Ausschließlichkeitsgrundsatz[247] bedeutet, dass die Stiftung nur die satzungsmäßigen Zwecke unterstützen darf. Jede direkte und indirekte Zuwendung (z. B. durch Zahlung überhöhter Preise oder durch Bezuschussung eines Gewerbebetriebs der Stiftung) gefährdet die Steuerbegünstigung der Stiftung.

4. Unmittelbarkeit

Die Stiftung muss ihre Satzungszwecke selbst, also durch eigene steuerbegünstigte Aktivitäten verfolgen.[248] Zu diesem Grundsatz bestehen z. B. folgende Ausnahmen:
- Die Stiftung kann sich **Hilfspersonen** bedienen.[249] Dies ist z. B. der Fall, wenn die Stiftung Personal anstellt oder Subunternehmer beauftragt und ihr deren Handeln aufgrund der rechtlichen und tatsächlichen Beziehungen wie eigenes Handeln zugerechnet werden kann.[250] Dazu muss die Stiftung die konkreten Umsetzungsmodalitäten bestimmen können. Dies ist von der eigenständigen Zweckerfüllung seitens einer gemeinnützigen Tochtergesellschaft abzugrenzen.[251]
- Wenn die in der Stiftungssatzung angeführten Stiftungszwecke es ausdrücklich vorsehen, darf die Stiftung Mittel zur **Förderung** der steuerbegünstigten Zwecke anderer steuerbegünstigter Organisationen oder einer Körperschaft des öffentlichen Rechts sammeln und in voller Höhe an diese zeitnah zur Verwendung für steuerbegünstigte Zwecke weiterreichen.[252]
- Wenn die Weiterleitung von Mitteln an eine andere steuerbegünstigte Organisation nicht ausdrücklich in der Stiftungssatzung vorgesehen ist, darf die Stiftung nach Auffassung der Finanzverwaltung jedes Jahr bis zu 50 % ihres Mittelbestandes an eine andere steuerbegünstigte Organisation oder einer Körperschaft des öffentlichen Rechts zur Verwendung zu steuerbegünstigten Zwecken zuwenden.[253]

5. Geschäftsführung

Die tatsächliche Geschäftsführung der Stiftung muss die vorgenannten Voraussetzungen einhalten und dies durch ihre Aufzeichnungen belegen können.[254] Die an die Aufzeichnungen gestellten Anforderungen können die allgemeinen **Rechnungslegungspflichten** deutlich übersteigen, z. B. muss bei der satzungsmäßigen Unterstützung einer wirtschaftlich hilfsbedürftigen Person[255] die Hilfsbedürftigkeit nach Auffassung der Finanzverwaltung detailliert belegt sein.[256]

§ 4
Grundstockvermögen, Verwendung der Stiftungsmittel

Variante 1 und 2

1. Das Grundstockvermögen der Stiftung besteht im Zeitpunkt ihrer Errichtung aus
   a) den Grundstücken ......,
   b) den Wertpapieren ......,
   c) einem Anspruch auf Übertragung von Finanzvermögen des ...... im Gesamtwert von rund ...... EUR (in Worten ...... EUR) in Form von ......,
   e) Barvermögen in Höhe von ...... EUR.
   Zustiftungen wachsen mit Zustimmung des Vorstands dem Grundstockvermögen zu, soweit diese ausdrücklich oder nach den Umständen dazu bestimmt sind.

- Abs. 2 Alternative 1:
2. Das Grundstockvermögen ist ungeschmälert in seinem realen Wert zu erhalten. Soweit wirtschaftlich sinnvoll, sind Vermögensumschichtungen zulässig.

- Abs. 2 Alternative 2:
2. Das Grundstockvermögen ist ungeschmälert in seinem realen Wert zu erhalten. Soweit wirtschaftlich sinnvoll, sind Vermögensumschichtungen zulässig. Bei dringendem Bedarf kann auf das Grundstockvermögen selbst in Höhe eines Anteils von bis zu ...... (z.B. 5%) innerhalb von ...... (z.B. fünf) Geschäftsjahren zurückgegriffen werden, wenn der Stifungsrat dies mit einer Mehrheit von 2/3 seiner Mitglieder beschliesst. Danach ist/soll das Grundstockvermögen innerhalb eines Zeitraums von ...... (z.B. fünf) Jahren wieder entsprechend aufzufüllen/aufgefüllt werden.

- Abs. 3 Alternative 1:
3. Die Stiftung darf im Rahmen der gemeinnützigkeitsrechtlichen Vorschriften Rücklagen bilden und kann freie Rücklagen dem Grundstockvermögen zuführen.

- Abs. 3 Alternative 2:
3. Die Stiftung wird zur Sicherung des Grundstockvermögens eine Kapitalerhaltungsrücklage in Höhe der allgemeinen Inflationsrate des Vorjahres bilden; sie kann weitere freie Rücklagen bilden, jeweils im Rahmen der Vorschriften zur Steuerbegünstigung.

4. Ein Rechtsanspruch auf Leistungen der Stiftung besteht nicht.
5. Die Stiftung kann die Trägerschaft von nicht rechtsfähigen Stiftungen und die Verwaltung von rechtsfähigen Stiftungen mit gleichem oder ähnlichem Zweck übernehmen.

Variante 3

1. wie Variante 1

- Abs. 2 Alternative 1:
2. wie Variante 1

- Abs. 2 Alternative 2:
2. wie Variante 1

- Abs. 2 Alternative 3:
2. Das Grundstockvermögen ist ungeschmälert in seinem Wert zu erhalten. Veräußerung oder Tausch von Anteilen an der Unternehmensbeteiligung sind nur zulässig, wenn jede andere Entscheidung wirtschaftlich nicht vertretbar wäre und Vorstand sowie Stiftungsrat einstimmig zustimmen.
3. wie Variante 1
4. wie Variante 1
5. wie Variante 1
6. Die Stiftung kann den nach den einschlägigen Vorschriften zur Steuerbegünstigung zulässigen Teil ihres Jahresüberschusses dazu verwenden, um in angemessener Weise den Stifter und seine nächsten Angehörigen zu unterhalten, ihre Gräber zu pflegen und ihr Andenken zu ehren.

Variante 4

1. wie Variante 1
2. wie Variante 1
3. Die Stiftung wird zur Sicherung des Grundstockvermögens eine Kapitalerhaltungsrücklage in Höhe der allgemeinen Inflationsrate des Vorjahres bilden; sie kann weitere Rücklagen bilden, soweit dies erforderlich ist, um die satzungsmäßigen Zwecke nachhaltig erfüllen zu können.
4. wie Variante 1
5. entfällt

§ 4 Grundstockvermögen, Verwendung der Stiftungsmittel

Erläuterungen

1. Vermögensausstattung
2. Grundstockvermögen
3. Veräußerungsbeschränkungen
4. Zustiftungen
5. Kapitalerhaltung
6. Rücklagenbildung
7. Verwaltung weiterer Stiftungen
8. Unterstützung der Angehörigen
9. Formular Varianten 1 und 2
10. Formular Variante 3
11. Formular Variante 4

1. Vermögensausstattung

Die durch das Stiftungsgeschäft der Stiftung zur Erfüllung des Stiftungszwecks zugedachten Vermögenswerte bilden das Grundstockvermögen. Ein allgemein für alle Stiftungen geltendes **Mindeststiftungsvermögen** ist gesetzlich nicht festgelegt. Die notwendige Vermögensausstattung richtet sich u.a. nach dem Stiftungszweck und der dafür erforderlichen Stiftungsorganisation:
– Anzahl und Umfang der Stiftungszwecke,
– Art des Stiftungsvermögens,
– Ertragskraft des Vermögens,
– Organisationsstruktur der Stiftung,
– Anzahl der Stiftungsmitarbeiter,
– Art und Weise der Verwirklichung der Stiftungszwecke,
– Prognose über künftige Zuwendungen oder Zustiftungen.

Das Vermögen muss so bemessen sein, dass aus seinen Erträgen im Zeitpunkt des Anerkennungsverfahrens die dauernde und nachhaltige Erfüllung des Stiftungszwecks gesichert erscheint. Hierbei sind mit einiger Sicherheit zu erwartende Zustiftungen einzubeziehen. Mithin kann bei einer Stiftung unter Lebenden die zuverlässige Aussicht genügen, dass die Stiftung die zur Zweckerfüllung erforderlichen Mittel in absehbarer Zeit erhält. Im Anerkennungsverfahren ist hierzu eine **Prognoseentscheidung** erforderlich und ausreichend.[257]

Von den Stiftungsbehörden wird nunmehr regelmäßig eine Mindestkapitalausstattung von unter € 50.000 nur bei absehbarer Aufstockung akzeptiert.[258] Gelegentlich wird empfohlen, Stiftungen mit einer absehbaren Kapitalausstattung von unter € 250.000 wegen des mit der Stiftungsorganisation verbundenen Aufwands grundsätzlich nicht als rechtsfähige Stiftungen zu errichten. Das ist in dieser Allgemeinheit eindeutig abzulehnen. Denn aus Sicht des Stifters wird sein individuelles Anliegen mit einer selbständigen Stiftung am nachhaltigsten gesichert, seine Vision am eindrücklichsten kommuniziert und zugleich die Chance auf Zustiftungen erhöht. Allerdings ist besonders bei kleinen Stiftungen auf eine möglichst effiziente Organisationsstruktur und Verwaltung zu achten.

Ein auf absehbare Zeit fehlendes Stiftungsvermögen führt zur **Aufhebung** der Stiftung (§ 87 Abs. 1 BGB).

2. Grundstockvermögen

Als Grundstockvermögen kommen Vermögenswerte aller Art – auch z. B. Unternehmensbeteiligungen und einklagbare Forderungen – in Betracht.[259] Insgesamt muss die Vermögensausstattung nachhaltig die zur Zweckerfüllung **ausreichenden Erträge** abwerfen. Dies kann bei Sammlungen, Denkmälern, Kultur- und Sporteinrichtungen problematisch sein.[260]

Das Grundstockvermögen muss grundsätzlich in seinem Wert **auf Dauer erhalten** bleiben. Dazu ist eine ständige Überprüfung der Zusammensetzung des Grundstockvermögens im Hinblick auf reale langfristige Renditen und Risiken erforderlich und müssen ggf. **Vermögensumschichtungen** vorgenommen werden.[261]

In besonderen Situationen kann ein vorübergehender **Rückgriff auf das Grundstockvermögen** zur optimalen Erfüllung der Stiftungszwecke sinnvoll sein. Die Einzelheiten kann – und sollte zur Vermeidung einer Abhängigkeit von der jeweils gerade bestehenden Rechtsauffassung – die Stiftungssatzung regeln.[262] Hierbei sind Regularien nötig, damit inkompetente oder entscheidungsschwache Gremien daran gehindert werden, anspruchsvollen Strukturänderungen auf Kosten eines stetigen Verbrauchs des Grundstockvermögens auszuweichen.

3. Veräußerungsbeschränkungen

Um die Leistungskraft der Stiftung langfristig sicherzustellen, sollte die Satzung die Zulässigkeit von Vermögensumschichtungen vorsehen. Einschränkungen sind nur sinnvoll, soweit das Vermögen selbst der Satzungszweckverwirklichung dient, wie z. B. Kunstsammlungen[263] oder Zweckbetriebe. Der vollständige Ausschluss der Veräußerungsmöglichkeit ist in seiner Zulässigkeit umstritten[264] und keinesfalls zu empfehlen. Dies gilt auch für **Zweckbetriebe**[265] („Zweckverwirklichungsbetriebe", „Anstaltsbetriebe") die ebenfalls einem gesellschaftlichen Wandel unterworfen sind, beispielhaft seien die „Heime für gefallene Mädchen" oder die gegenläufigen Entwicklungstendenzen bei ambulanten Diensten und Altenpflegeheimen genannt. Auch muss der Stiftung die **Möglichkeit zu Strukturänderungen** eingeräumt sein, z. B. solche Betriebe auf Tochtergesellschaften auszulagern. Denn die Rechtsform der Stiftung ist zur Führung größerer Betriebe in der Regel nicht geeignet.[266] Der Bestand einer Stiftung ist nur langfristig gesichert, wenn sie ausreichend flexibel an die sich ändernden wirtschaftlichen Rahmenbedingungen angepasst werden kann.

4. Zustiftungen

Das Grundstockvermögen kann durch Zustiftungen erhöht werden. Klarstellend sollte die Annahme von Zustiftungen in der Satzung ausdrücklich zugelassen sein. Der Stiftung sollte aber die Ablehnung von Zustiftungen mit ungewünschten Auflagen möglich sein. Die Zustiftungen sind dem Grundstockvermögen zuzuführen; sie können nicht in den laufenden Wirtschaftsplan eingestellt werden. Ein **Wahlrecht** besteht insoweit bei angenommenen Zustiftungen nicht. Die übrigen Zuwendungen werden in den laufenden Wirtschaftsplan eingestellt.

5. Kapitalerhaltung

Der für das Grundstockvermögen geltende Grundsatz der Kapitalerhaltung kann als Verpflichtung zur nominellen oder zur **substanziellen Kapitalerhaltung** verstanden werden.[267] Zwar ist eine weitgehende Ansammlung der Stiftungserträge unzulässig (sog. „Admassierungsverbot"),[268] nach herrschender Meinung wird aber der substanzielle Werterhalt als rechtmäßig, ja sogar geboten angesehen.[269] Zur Ermittlung des Berechnungsmaßstabs für eine substanzielle Werterhaltung werden unterschiedliche Lösungsmöglichkeiten angeboten. Vorrangig dürfte hier an einen aus dem stiftungsspezifischen „Warenkorb der Förderzwecke" berechneten Index zu denken sein.[270] Einfacher ist die Bezugnahme auf übliche Preisindices,[271] der Höhe nach bei steuerbegünstigten Stiftungen begrenzt auf die gemeinnützigkeitsrechtlichen Rücklagenvorschriften.[272] Die Satzung sollte Vorkehrungen zur substanziellen Werterhaltung enthalten, wenn dem Stifter an einer wirtschaftlich dauerhaft leistungsstarken Stiftung gelegen ist. Vorrangig ist hierbei an den Ausweis einer **Kapitalerhaltungsrücklage** zu denken.[273]

Der Grundsatz der Kapitalerhaltung zwingt zu ausreichend **risikoarmer Vermögensanlage**. Es besteht ein ständiger Zielkonflikt zwischen Rendite, Risiko und Erhaltung der Leistungsbereitschaft.[274] Zwar besteht keine Verpflichtung zur mündelsicheren Anlage der Stiftungsmittel,[275] soweit die Stiftungssatzung dies nicht entgegen aller Vernunft ausdrücklich anordnet, risikobehaftete **Spekulationsgeschäfte** mit Stiftungsmitteln sind aber unzulässig.

Eine in der Literatur gelegentlich postulierte generelle **Kapitalerhaltungspflicht** für Stiftungen besteht nicht. § 80 Abs. 2 BGB verlang zwar, dass „die dauernde und nachhaltige Erfüllung des Stiftungszwecks gesichert" ist. Dem steht jedoch nicht entgegen, dass die Satzung wie in Abs. 2 Alternative 2 eine vorübergehende Minderung des Stiftungskapitals vorsieht oder der Stiftung sogar eine von vorne herein befristete Aufgabenstellung zugedacht wird, so dass hierfür das Stiftungskapital in absehbarer Zeit zu verbrauchen ist. Diese Option ist auch gesetzlich eröffnet.[276] Ein Beispiel für eine bekannte „Verbrauchsstiftung" ist die Stiftung „Erinnerung, Verantwortung und Zukunft" (EVZ), bekannt als „Zwangsarbeiterstiftung", die über sechs Jahre Mittel an Opfer des NS-Regimes ausgezahlt hat.

6. Rücklagenbildung

Die Stiftungserträge stehen zur Förderung der Satzungszwecke zur Verfügung, soweit sie nicht zur Rücklagenbildung verwendet werden. Rücklagen werden insbesondere aus folgenden Gründen gebildet:
– Erhalt der Leistungsfähigkeit der Stiftung (**Kapitalerhaltungsrücklage**, sonstige Ergebnisrücklage)[277] und zur
– Ansammlung von Mitteln für aufwendige Vorhaben (**Projektrücklage, Baurücklage**, Reparaturrücklage, etc.).

Gemeinnützigkeitsrechtlich sind hierbei folgende Rücklagen zu unterscheiden:[278]
– **Betriebsmittelrücklage** (angemessener Mittelbedarf für periodisch wiederkehrende Ausgaben),[279]
– **Projektrücklage, Substanzerhaltungsrücklage, Baurücklage**, etc. (Mittel zur Durchführung konkret absehbarer steuerbegünstigter Maßnahmen),[280]
– **Vermögensverwaltungsrücklage** (sog. freie **Rücklage**[281] in Höhe eines Drittels der Überschüsse aus der Vermögensverwaltung und eines Zehntels der übrigen Überschüsse),[282] die Erträge aus dieser Rücklage können wiederum anteilig der Vermögensverwaltungsrücklage zugeführt werden,
– aus Umschichtungen des Vermögens entstanden sind (**Umschichtungsrücklage**).[283]
– **Abschreibungsrücklage** (angesammelte Abschreibungsmittel),[284]
– **Ansparrücklage** (alle Überschüsse einer Stiftung im Jahr der Errichtung und den beiden folgenden Kalenderjahren)[285] und die
– Rücklage zur **Aufrechterhaltung der Beteiligungsquote** an einer Gesellschaft.[286]

§ 4 Grundstockvermögen, Verwendung der Stiftungsmittel 117

Steuerbegünstigte Stiftungen sind gehalten, sich bei der Rücklagenbildung hierauf beschränken. Im Falle eines schwerwiegenden Verstoßes gegen die Rücklagenvorschriften können sie die Anerkennung der Steuerbegünstigung verlieren,[287] in anderen Fällen setzt die Finanzverwaltung eine **Frist zur Verwendung** der Mittel.[288] Die Entwicklung der Rücklagen muss im Rechnungswesen der Stiftung oder besser in einer **Nebenrechnung** nachvollziehbar abgebildet sein.[289]

7. Verwaltung weiterer Stiftungen

Die Übernahme der Verwaltung weiterer Stiftungen gegen Kostenerstattung kann, allerdings nur bei guter Verwaltungsorganisation, zu **Synergieeffekten**[290] führen und die Verwaltungskosten der einzelnen Stiftungen deutlich senken. Sie hat allerdings gleichzeitig einen Einsatz der Stiftungsinfrastruktur für satzungsfremde Zwecke und damit eine Ablenkung von den Stiftungszielen der eigenen Stiftung sowie eine **erhöhte Komplexität** der Verwaltungsstruktur zur Folge.

Steuerrechtlich handelt es sich hierbei in der Regel um sog. **steuerpflichtige wirtschaftliche Geschäftsbetriebe**,[291] wenn die Stiftung mit ihren jährlichen Einnahmen (nicht: Gewinnen) aus allen steuerpflichtigen wirtschaftlichen Geschäftsbetrieben zusammen einschließlich Umsatzsteuer die Freigrenze von zurzeit € 35.000 überschreitet.[292] Die Stiftung ist in diesem Fall mit der Tätigkeitssparte partiell **körperschaftsteuerpflichtig**.

Die Kostenerstattungen unterliegen außerdem der **Umsatzsteuer** mit einem Steuersatz von 19%,[293] wenn die umsatzsteuerpflichtigen Leistungen der Stiftung die Kleinunternehmer-Freigrenze[294] übersteigen.

8. Unterstützung der Angehörigen

Die Vorschriften zu Steuerbegünstigung gestatten der Stiftung, bis zu einem **Drittel ihres Einkommens** dafür zu verwenden, um in angemessener Weise den Stifter und seine nächsten Angehörigen zu unterhalten, ihre Gräber zu pflegen und ihr Andenken zu ehren.[295]

Unter die **nächsten Angehörigen** fallen nach Auffassung der Finanzverwaltung die Ehegatten, Eltern, Großeltern, Kinder, Enkel (auch durch Adoption), Geschwister, Pflegeeltern, Pflegekinder.[296] Richtigerweise sind hierunter alle Verwandten und Verschwägerten in gerader Linie einzubeziehen.[297] Denn Stiftungen werden in der Regel für mehrere Generationen errichtet, so dass die von der Finanzverwaltung angestrebte Begrenzung auf die Enkelgeneration dem stiftungsrechtlichen Gebot der Dauerhaftigkeit widersprechen würde. Die bei der Finanzverwaltung geradezu typische Haltung, gemeinwohlorientierte Bestrebungen des Gesetzgebers zu hintertreiben, führt hier in der Praxis häufig zur Entscheidung für eine steuerpflichtige Familienstiftung (Variante 4).

Die **Einkommensgrenze** bezieht sich auf den jeweiligen Veranlagungszeitraum, nicht auf das im Durchschnitt der Jahre erzielte Einkommen.[298] Nach Auffassung der Finanzverwaltung ist unter Einkommen die saldierte Summe der positiven und negativen steuerpflichtigen und steuerfreien Einkünfte im Sinne des § 2 Abs. 1 EStG (Einnahmen abzüglich Aufwendungen, auch Abschreibungen) zu verstehen; Verlustverrechnungsbeschränkungen nach § 2 Abs. 3 EStG sollen unbeachtlich sein.[299]

Die **Angemessenheit** der Unterstützung ist nach Auffassung der Finanzverwaltung nach dem Lebensstandard des Zuwendungsempfängers,[300] nach zutreffender Auffassung dagegen nach dem des Stifters zur Zeit der Errichtung der Stiftung zu beurteilen.[301]

9. Formular Varianten 1 und 2

Das Formular regt zur genauen **Bezeichnung des Grundstockvermögens** an, um dessen Wertentwicklung in späteren Jahren nachprüfen zu können. Dies dient gleichzeitig einer Kontrolle der Arbeit von Vorstand und Stiftungsrat.

Die beiden Alternativen zum Umgang mit dem Grundstockvermögen in Absatz 2 stellen die uneingeschränkte **Werterhaltung** der inzwischen allgemein anerkannten[302] Möglichkeit eines eventuellen Rückgriffs auf einen Teil des Grundstockvermögens gegenüber. Dem Vorteil einer größeren Flexibilität steht bei der Alternative 2 das Risiko einer **Verschleppung strategischer Entscheidungen** durch die Stiftungsorgane auf Kosten des Stiftungsvermögens gegenüber.

Absatz 3 des Formulars räumt den Stiftungsorganen in der Alternative 1 einen erheblichen Ermessensspielraum bei der **Bildung von Rücklagen** ein. Dagegen sieht Alternative 2 zwingend die substanzielle Werterhaltung des Stiftungsvermögens vor. Beide Alternativen enthalten keine eigenen quantitativen Festlegungen, um eventuelle künftige gesetzliche Änderungen einbeziehen zu können.

10. Formular Variante 3

Abweichend zu den Varianten 1 und 2 sieht Variante 3 (steuerbegünstigte Familienstiftung) die Förderung der nächsten Angehörigen des Stifters im gemeinnützigkeitsrechtlich zulässigen Umfang vor. Das Formular nimmt auf die Vorschriften zur Steuerbegünstigung

Bezug. Nach derzeitiger Auffassung der Finanzverwaltung kann die Unterstützung der Angehörigen nur die Enkelgeneration des Stifters mit umfassen.

11. Formular Variante 4

Der steuerpflichtigen Familienstiftung ist eine exzessive Rücklagenbildung nur durch das Stiftungsrecht untersagt („**Admassierungsverbot**"). Die im Stiftungsrat vertretenen Familienmitglieder verhindern in der Regel aus eigenem Interesse eine zu restriktive Zuwendungspolitik.

§ 5
Rechnungslegung, Jahresabschlussprüfung

Variante 1, 2, 3, 4

1. Geschäftsjahr ist das Kalenderjahr.
- Abs. 2 Alternative 1:
2. Die Stiftung führt ein Vermögensverzeichnis und eine nach Fördersegmenten getrennte, geordnete Zusammenstellung der Einnahmen und Ausgaben.
- Abs. 2 Alternative 2:
2. Die Stiftung gestaltet ihre Rechnungslegung in Anlehnung an die für Kapitalgesellschaften vergleichbarer Größenordnung geltenden Vorschriften.
- Abs. 2 Alternative 3:
2. Die Stiftung gestaltet ihre Rechnungslegung und die Jahresabschlussprüfung in Anlehnung an die für Kapitalgesellschaften vergleichbarer Größenordnung geltenden Vorschriften. Ist der Jahresabschluss demnach durch einen Abschlussprüfer zu prüfen, erteilt der Stiftungsrat den Prüfungsauftrag und berichtet ihm der Abschlussprüfer über die wesentlichen Ergebnisse seiner Prüfung.

Erläuterungen

1. Geschäftsjahr
2. Rechnungslegungsvorschriften
3. Steuerliche Aufzeichnungspflichten
4. Abschlussprüfung
5. Publizität
6. Formular

1. Geschäftsjahr

Stiftungen sind auf Dauer angelegt, so dass ihre laufende Geschäftstätigkeit nur anhand periodischer Abrechnungen überprüft werden kann. Das Geschäftsjahr sollte in der Stiftungssatzung zur Klarstellung genannt werden. Die Wahl eines vom Kalenderjahr abweichenden Geschäftsjahres ist grundsätzlich zulässig.[303] Gemeinnützige Stiftungen müssen aber auf das Kalenderjahr bezogene Rechenwerke aufstellen,[304] so dass diesen Stiftungen die Wahl eines abweichenden Geschäftsjahres in der Regel nicht zu empfehlen ist.

2. Rechnungslegungsvorschriften

Die Rechnungslegung der Stiftungen ist im BGB und dem jeweils einschlägigen Landesstiftungsgesetz geregelt.
– Die Rechnungslegung muss die Feststellbarkeit einer etwaigen Überschuldung gewährleisten (§§ 86 i.V.m. 42 BGB).
– Es ist eine geordnete Zusammenstellung der Einnahmen und Ausgaben und ggf. ein Bestandsverzeichnis zu führen (§§ 86 i.V.m. 27 Abs. 3, 666, 259, 260 BGB).[305]
– Nahezu alle Landesstiftungsgesetze verpflichten die Stiftungen zur Aufstellung eines Abschlusses nach Ablauf des Geschäftsjahres (in der Regel mit Jahresrechnung, Vermögensübersicht und Bericht über die Erfüllung der Stiftungszwecke).[306]

In der Stiftungssatzung können darüber hinausgehende Anforderungen an die Rechnungslegung festgelegt werden.[307] Hiervon sollte nur bei sehr kleinen Kapitalstiftungen abgesehen werden. Der Berufsstand der Wirtschaftsprüfer empfiehlt eine entsprechende Anwendung der für Kapitalgesellschaften geltenden Vorschriften[308] und hat die hierbei zu beachtenden Besonderheiten in einer Stellungnahme dargestellt.[309] Der Mustertext schwächt die entsprechende Anwendung etwas ab.

Ergänzend können weitere Anforderungen aufgenommen werden. Aus Sicht des Stifters kann zum Beispiel die ausdrückliche Verpflichtung zur Veröffentlichung der Vergütungen an Stiftungsrats- und Vorstandsmitglieder auf der Homepage oder einem vergleich-

§ 5 Rechnungslegung, Jahresabschlussprüfung

baren Kommunikationsmedium als Regulativ gegen steigende Verwaltungskosten sowie zur Darstellung der Corporate Governance von erheblichem Interesse sein.
Weitergehende Rechnungslegungsvorschriften sind bei Stiftungen mit **Bezug zu einem Unternehmen** zu beachten.

- Unternehmensverbundene Stiftungen (Beteiligungsträgerstiftungen) unterliegen den handelsrechtlichen Rechnungslegungsvorschriften (§§ 238 ff. HGB), wenn die Verwaltung des Anteilsbesitzes einen in kaufmännischer Weise eingerichteten Geschäftsbetrieb erfordert.
- Unternehmerisch selbst tätige Stiftungen müssen die handelsrechtlichen Rechnungslegungsvorschriften einhalten, soweit sie mit einem ihrer Geschäftsbetriebe Kaufmann sind. Dies gilt auch für steuerbegünstigte Stiftungen, deren Geschäftsbetrieb nach Art und Umfang ein kaufmännisches Gewerbe darstellt.[310]

Die weitergehenden Rechnungslegungspflichten bestehen nach herrschender Auffassung nur für den kaufmännischen Geschäftsbetrieb.[311] Allerdings ist zur Vermeidung von Reibungsverlusten und zusätzlicher Verwaltungskosten dringend zu empfehlen, dass Rechnungswesen der Stiftung insgesamt einheitlich zu gestalten.[312]

3. Steuerliche Aufzeichnungspflichten

Bei Überschreiten der in § 141 AO genannten Schwellenwerte besteht für steuerpflichtige Stiftungen und die steuerpflichtigen wirtschaftlichen Geschäftsbetriebe steuerbegünstigter Stiftungen eine Verpflichtung zur Buchführung und Erstellung von Abschlüssen entsprechend §§ 238, 240 bis 242 Abs. 1, 243 bis 256 HGB.[313]
Steuerbegünstigte Stiftungen müssen durch ordnungsmäßige Aufzeichnungen über ihre Einnahmen und Ausgaben nachweisen, dass ihre tatsächliche Geschäftsführung die gemeinnützigkeitsrechtlichen Voraussetzungen erfüllt.[314] Es ist Vorsorge dafür zu treffen, auf Anforderung seitens der Finanzverwaltung zu den einzelnen Stiftungssparten (ideeller Bereich, Vermögensverwaltung, Zweckbetriebe bzw. Nichtzweckbetriebe) getrennte Abrechnungen[315] vorlegen zu können. In der Regel sollte hierzu eine Kostenstellenrechnung eingesetzt werden,[316] bei der auch die einzelnen betrieblichen Tätigkeiten jeweils eigenständigen Kostenstellen zuordnet sind.

4. Abschlussprüfung

In der Regel unterliegen Stiftungen neben den regional sehr unterschiedlich intensiv ausgeübten Prüfungsrechten seitens der Stiftungsaufsichtsbehörden keiner weiteren Prüfungspflicht.[317] Die Kosten einer Jahresabschlussprüfung sind gegen deren Vorteile abzuwägen. Aus Sicht des Stifters ist die Festlegung einer Prüfungspflicht in der Satzung ab einer gewissen Größenordnung der Stiftung sehr sinnvoll. In der Regel gilt dies auch, wenn es sich bei dem Stifter um eine juristische Person handelt, die auch nach dem Stiftungsgeschäft eine ausreichende Kontrolle über die Stiftung ausüben kann sowie bei Familienstiftungen, wenn eine ausreichende Kontrolle durch ein die Begünstigten vertretendes Organ gewährleistet ist. Durch die Abschlussprüfung wird auf eine ordnungsmäßige Buchführung und Rechnungslegung, sowie – wegen der berufsrechtlichen Redepflicht[318] der Wirtschaftsprüfer bei einer Feststellung von Mängeln – auf eine ordnungsmäßige Verwaltung und Besetzung der Stiftungsorgane hingewirkt.[319]

5. Publizität

Eine Verpflichtung zur Veröffentlichung des Jahresabschlusses und weiterer Unterlagen besteht bei Stiftungen in der Regel nicht.[320] Eine Ausnahme gilt für große, ein Gewerbe betreibende Stiftungen, wenn sie die Schwellenwerte des Publizitätsgesetzes überschreiten.[321] Eine freiwillige Publizität kann zur Vertrauensbildung durchaus sinnvoll sein.[322] Aus Sicht des Stifters kann ihr eine zusätzliche Kontrollfunktion zukommen, dass sich die Stiftung auf eine effiziente Verfolgung der Stiftungszwecke konzentriert. Dies gilt auch für die Aufnahme einer Regelung in die Satzung zur Veröffentlichung der Vergütungen an Organmitglieder.

6. Formular

Absatz 2 Alternative 1 ist für kleine Stiftungen sinnvoll. Alternative 2 sieht eine analoge Anwendung der für Kapitalgesellschaften geltenden Rechnungslegungsvorschriften vor. Da diese nach Größenklassen differenzieren, ist eine weitere Ausdifferenzierung der Satzungsregelung entbehrlich. Alternative 3 bezieht zusätzlich die für Kapitalgesellschaften geltenden Prüfungsvorschriften mit ein, die gleichfalls nach Größenklassen differenzieren. Diese Alternative folgt damit der Logik einer nach Stiftungsgröße differenzierenden Rechenschaftslegungs- und Prüfungsdichte.

§ 6
Organe der Stiftung

Variante 1, 3, 4

Organe der Stiftung sind der Vorstand und der Stiftungsrat.

Variante 2

Organe der Stiftung sind der Vorstand, der Stiftungsrat und die Stiftungsversammlung

Erläuterungen

1. Funktion von Organen
2. Regelungsspielraum der Satzung
3. Effiziente Gremienstruktur
4. Anzahl der Organe

1. Funktion von Organen

Die Stiftung wird im Rechtsverkehr durch natürliche Personen vertreten. Dazu ist die Bestellung von Organen erforderlich. Unterschieden wird zwischen Außenorganen, wie dem vertretungsberechtigten Vorstand, sowie Innenorganen zur Willensbildung und Überwachung, wie dem Stiftungsrat und der Stiftungsversammlung.

2. Regelungsspielraum der Satzung

Die Stiftung muss einen Vorstand haben,[323] die Satzung kann weitere Organe vorsehen.[324] Die Bezeichnung der Organe ist in der Praxis uneinheitlich; Funktion, Aufgaben und Kompetenzen der Organe können sich daher nur aus der jeweiligen Stiftungssatzung ergeben. Einer Regelung in der Stiftungssatzung bedürfen:[325]
– Art der Organe mit Funktion und Aufgaben, z.B. Vorstand, Stiftungsrat, Stiftungsversammlung, Beirat,
– Kompetenzen der Organe,
– jeweilige Anzahl der Organmitglieder,
– Berufung, Amtsdauer und Abberufung der Organmitglieder und
– Verfahren der Beschlussfassung.

Besondere Aufmerksamkeit sollte auf eine Regelung zur **Besetzung der Organe** mit dazu qualifizierten Personen[326] und auf eine möglichst genaue **Abgrenzung der Kompetenzen** zwischen den Organen zur Vermeidung von Reibungsverlusten gelegt werden.

Die Stiftungssatzung kann neben dem Vorstand die Bestellung **besonderer Vertreter** für bestimmte Geschäftsbereiche vorsehen.[327]

3. Effiziente Gremienstrukturen

Anzahl, Größe und Funktion der Organe müssen mit der Vermögensausstattung, der Art und dem Umfang der Stiftungstätigkeit abgestimmt sein. Insbesondere bei kleineren Stiftungen ist der mit vielfältigen Gremien verbundene organisatorische und finanzielle Aufwand in der Regel nicht zu rechtfertigen. Im Zweifel sollten die Stiftungsorgane eher klein und die Stiftungsorganisation überschaubar gehalten werden. Grundsätzlich können kleine Gremien operative Aufgaben effizienter bearbeiten[328] und sollte nur bei repräsentativen oder auf Interessenausgleich ausgerichteten Gremien an eine größere Personenzahl gedacht werden.

4. Anzahl der Organe

In der Regel ist es unbeschadet der vorstehenden Ausführungen sinnvoll, neben dem Vorstand wenigstens ein weiteres Organ vorzusehen, welchem die Kontroll- und eventuell auch die strategische Entscheidungskompetenz zugeordnet werden. Denn vorrangig sind drei, häufig als unvereinbar angesehene[329] Organfunktionen zu unterscheiden:
– Strategieebene,
– Exekutive (Tagesgeschäft) und
– Kontrolle.

Insbesondere folgende **Zuordnungen der Funktionen** zu Organen sind in der Praxis anzutreffen:
– Stiftungsvorstand ist einziges Organ.
  Ihm obliegt die Verantwortung für die Strategie und das Tagesgeschäft, Kontrollfunktionen übt nur die Stiftungsaufsicht aus.
– Ein Stiftungsrat nimmt Kontrollaufgaben war.
  Dem Vorstand obliegt die Verantwortung für die Strategie und das Tagesgeschäft.
– Ein Stiftungsrat erhält Kontroll- und strategische Entscheidungskompetenz.

§ 7 Gemeinsame Vorschriften für Vorstand und Stiftungsrat

Dem Vorstand obliegt die Verantwortung für das Tagesgeschäft und eventuell die Vorbereitung der strategischen Entscheidungen des Stiftungsrats.
– Ein Stiftungsrat ist zuständig für die Strategie und ein Prüfungsgremium für die Kontrolle.
Dem Vorstand obliegt die Verantwortung für das Tagesgeschäft und eventuell die Vorbereitung der strategischen Entscheidungen des Stiftungsrats.
– Ein Stiftungsrat ist zuständig für die Kontrolle, den Erlass allgemeiner Richtlinien für die Stiftungsarbeit sowie der Geschäftsordnungen.
Dem Vorstand obliegt die Verantwortung für die Strategie und das Tagesgeschäft.

Gegen eine gleichzeitige Verantwortlichkeit für Kontrollaufgaben und strategische Entscheidungskompetenzen werden in der Fachliteratur Bedenken erhoben.[330] Besonders wichtig ist allerdings eine Trennung der (Letzt)Verantwortung für das **operative Geschäft** und für die **Strategie**.[331] Die **Kontrolle** kann auf einen **Rechnungsprüfungsausschuss** übertragen werden; sie darf nicht an das operative Geschäft angebunden werden.

Die Einzelheiten zu den Organen sind bei den nachfolgenden Vorschriften erläutert.

§ 7
Gemeinsame Vorschriften für Vorstand und Stiftungsrat

Variante 1, 2, 3, 4

1. Die Organe werden von ihren Vorsitzenden oder deren Stellvertreter(n) schriftlich unter Bezeichnung der Tagesordnung einberufen. Sie sind beschlussfähig, wenn mehr als die Hälfte ihrer Mitglieder anwesend sind.
2. Bei Stimmengleichheit gibt die Stimme des Vorsitzenden den Ausschlag; ungültige Stimmen und Stimmenthaltungen bleiben außer Betracht.
3. Über die Sitzungen sind Niederschriften zu fertigen, die von dem Versammlungsleiter und einem weiteren Organmitglied zu unterschreiben und bei den Unterlagen der Stiftung aufzubewahren sind. Jedes Organmitglied erhält eine Abschrift innerhalb von vier Wochen nach der Sitzung.
4. An Beschlussfassungen im Wege des schriftlichen Verfahrens müssen sich mindestens ²/₃ der Organmitglieder, darunter die Vorsit-

zenden oder stellvertretenden Vorsitzenden, beteiligen. Über das Ergebnis ist ein allen Organmitgliedern unverzüglich zuzuleitendes Protokoll zu fertigen.
5. Die Mitglieder der Organe können ihre Tätigkeit bis zur Vollendung des 75. Lebensjahres ausüben. Sie sind bei Vorliegen eines wichtigen Grundes abzuberufen.
6. Die Organmitglieder haften nur bei vorsätzlicher oder grob fahrlässiger Verletzung ihrer Sorgfaltspflichten.

Erläuterungen

1. Verfahrensvorschriften
2. Abberufung aus wichtigem Grund
3. Haftung der Organmitglieder

1. Verfahrensvorschriften

Üblicherweise werden Verfahrensvorschriften in **Geschäftsordnungen** der einzelnen Stiftungsorgane niedergelegt, um die Stiftungssatzung von Detailregelungen zu entlasten. Bestimmte Regelungen haben sich aber in der Praxis als so wichtig erwiesen, dass sie in der Stiftungssatzung verankert werden sollten. Hierzu gehört insbesondere der Schutz einer ausreichend abgewogenen und dokumentierten Entscheidungsfindung sowie die Verhinderung einer Überalterung.

2. Abberufung aus wichtigem Grund

Nach allgemeinen Rechtsgrundsätzen ist eine Abberufung aus wichtigem Grund, zu denken ist insbesondere an stiftungsschädigendes Verhalten, immer möglich.[332] Die Regelung in der Satzung dient daher vor allem der Klarstellung. Im Falle einer Anfechtung der Abberufung wird diese erst mit rechtskräftiger Gerichtsentscheidung wirksam, falls die Satzung keine mit § 84 Abs. 3 S. 4 AktG vergleichbare Regelung enthält. Die Aufnahme einer dahingehenden Regelung in die Satzung empfiehlt sich entgegen allgemeiner Auffassung wegen der damit verbundenen Missbrauchsgefahr nicht (z. B. Abberufung zur kurzfristigen Herstellung einer ¾-Mehrheit).

3. Haftung der Organmitglieder

Die Organmitglieder müssen ihre Tätigkeit auf die dauerhafte und nachhaltige Verwirklichung des Stiftungszwecks ausrichten. Insbesondere sind sie zur ordnungsmäßigen Verwaltung des Stiftungsvermögens verpflichtet. Organmitglieder, die ihre Obliegenheiten schuldhaft verletzen, haften der Stiftung für den daraus entstandenen Schaden.[333] Inwieweit dies nach Aufnahme einer Haftungsbegrenzung für Vorstandsmitglieder in das Gesetz (§ 31 a BGB) auch bei leicht fahrlässigen **Sorgfaltspflichtverletzungen ehrenamtlicher Organmitglieder** gilt, die nicht dem vertretungsberechtigten Vorstand angehören, wird durch die Rechtsprechung zu klären sein.

Eine hier aus Gründen der Rechtssicherheit in das Musterformular aufgenommene Haftungsbeschränkung hat keine Auswirkungen auf die den Organmitgliedern auferlegten gesetzlichen Pflichten (**Haftung im Außenverhältnis**, Dritthaftung).

§ 8
Vorstand

Variante 1, 2, 3

- Abs. 1 Alternative 1:
1. Der Vorstand besteht aus mindestens ...... (z.B. drei) und bis zu ...... (z.B. fünf) Personen.

- Abs. 1 Alternative 2:
1. Der Vorstand besteht aus
   a) dem Vorsitzenden,
   b) dem stellvertretenden Vorsitzenden,
   c) dem Schatzmeister,
   d) ......,
   e) ......
2. Scheidet ein Vorstandsmitglied während seiner Amtsdauer aus, übernimmt ein anderes Vorstandsmitglied sein Ressort bis zur Berufung eines Nachfolgers.
3. Den ersten Vorstand beruft der Stifter. Danach werden seine Mitglieder vom Stiftungsrat unter gleichzeitiger Zuordnung eines Vorstandsressorts berufen. Eine erneute Berufung ist zulässig. Nach Ablauf der Amtszeit von bis zu ...... (z.B. vier) Jahren führt der Vorstand die Geschäfte bis zur Amtsübernahme durch den neuen Vorstand fort.

- Abs. 4 Alternative 1:
4. Die Vorstandsmitglieder sind ehrenamtlich tätig. Sie haben Anspruch auf Ersatz ihrer angemessenen Auslagen.

- Abs. 4 Alternative 2:
4. Die Vorstandsmitglieder können neben dem Ersatz ihrer angemessenen Auslagen eine Vergütung beanspruchen, wenn der Stiftungsrat diese und die Bedingungen ihrer Gewährung vor Beginn des Vergütungszeitraums mit einer Mehrheit von $^2/_3$ seiner Mitglieder beschlossen hat.
- Abs. 4 Alternative 3:
4. Die Vorstandsmitglieder haben Anspruch auf Ersatz ihrer notwendigen Auslagen. Die Gewährung einer angemessenen Vergütung auf der Grundlage eines mit $^2/_3$-Mehrheit des Stiftungsrats beschlossenen Dienstvertrages bleibt hiervon unberührt.

Variante 4

1. wie Variante 1
2. wie Variante 1
3. wie Variante 1
4. Die Vorstandsmitglieder haben Anspruch auf Ersatz ihrer notwendigen Auslagen. Die Gewährung einer angemessenen Vergütung auf der Grundlage eines vom Stiftungsrat beschlossenen Dienstvertrages bleibt hiervon unberührt.

Erläuterungen

1. Zusammensetzung	4. Auftrag oder Dienstvertrag
2. Amtsdauer	5. Vergütung
3. Berufung und Abberufung	6. Musterformular

1. Zusammensetzung

Der Vorstand kann aus einer oder mehreren Personen (sog. mehrgliedriger Stiftungsvorstand) bestehen. In der Regel können die Anforderungen einer angemessenen **Corporate Governance** und **Corporate Compliance** nur mit einem **mehrgliedriger Stiftungsvorstand** erfüllt werden.[334] In diesem Fall gilt das **Mehrheitsprinzip**, wenn die Satzung keine andere Regelung enthält.[335] Mit einem mehrgliedrigen Vorstand erhöht sich die Kontrolldichte und die Stiftung bleibt handlungsfähig, wenn ein Vorstandsmitglied verhindert ist.

Die Stiftungssatzung kann die Zusammensetzung des Vorstandes einerseits über **Berufungsrechte** und andererseits über die **Vorgabe bestimmter Eigenschaften** (z.B. Zugehörigkeit zu einer Familie oder Unternehmen) regeln. Insbesondere bei Familienstiftungen sollte auf

§ 8 Vorstand

die Gestaltung der Satzungsbestimmungen zur Zusammensetzung der Organe und den notwendigen Mehrheitsverhältnissen viel Sorgfalt verwandt werden.[336]

2. Amtsdauer

Eine Begrenzung der Amtsdauer erhöht die **Flexibilität** der Stiftung, eine längere Amtsdauer dient dagegen der **Kontinuität** der Stiftungsarbeit. Eine Begrenzung auf fünf Jahre scheint sich bei den ehrenamtlichen Organmitgliedern zu bewähren.[337] Allerdings sollte die Stiftungssatzung die Möglichkeit einer wiederholten Bestellung vorsehen, um bewährte Organmitglieder über mehr als eine Amtsperiode halten zu können. Bei hauptamtlichen Vorstandsmitgliedern sind längere Amtsperioden sinnvoll; andernfalls sollte eine vorzeitige Neubestellung möglich sein, damit gute Führungskräfte nicht zu langfristig gesicherten Stellen abwandern. Auch die Möglichkeit einer unbefristeten Berufung ist bei hauptamtlichen Vorständen sinnvoll und kann in der Satzung vorgesehen werden. Bei größeren Stiftungen reduziert dies die Gehaltserwartungen, bei kleineren Stiftungen, die als Nebentätigkeit geleitet werden, senkt diese Regelung den Verwaltungsaufwand. In beiden Fällen senkt diese Alternative das Abwanderungsrisiko.

3. Berufung und Abberufung

Die Stiftungssatzung muss Vorschriften zur Bildung des Vorstandes enthalten.[338] Folgende Alternativen kommen hier in Betracht:
– Berufung durch ein anderes Organ der Stiftung (z. B. Stiftungsrat),
– Selbstergänzung (sog. Kooptation, in der Regel beim Vorstand abzulehnen),[339]
– Berufung durch Dritte (Stifter, Kommune, Verband etc.),
– Zugehörigkeit kraft Amtes,
– Berufung durch Inhaber eines Amtes und
– Bestellung durch die Stiftungsaufsicht (Sonderfall).

Der Stifter kann sich selbst zum Vorstand der Stiftung bestellen und zu seinen Lebzeiten die Position des alleinigen Vorstandes vorbehalten, womit er auf die Chance zur nachhaltigen Prägung der Organe in seinem Sinne verzichtet. Er ist allerdings bei einer Stiftung mit mehreren Organen ähnlich jedem anderen Organmitglied der Stiftungsorganisation, z. B. den Entscheidungs- und Kontrollrechten des Stiftungsrats, unterworfen. Er kann seine Organstellung nicht dazu nutzen, seinen aktuellen Vorstellungen an die Stelle seines in der Stiftungssatzung ursprünglich niedergelegten Willens Geltung zu verschaffen.[340]

Wenn der Vorstand an der Ausübung seines Amtes verhindert ist (z.B. wegen Selbstkontrahierungsverbot bei eingliedrigem Vorstand) oder das Amt unbesetzt bleibt, kann das zuständige Amtsgericht in dringenden Fällen einen Notvorstand bestellen.[341]

4. Auftrag oder Dienstvertrag

Die Organstellung des Vorstandes ist von dem seiner Tätigkeit zugrunde liegenden Rechtsverhältnis streng zu trennen. Die Vorstandsmitglieder werden entweder ehrenamtlich nach den Vorschriften des Auftragsrechts oder aufgrund eines Anstellungsvertrages tätig.[342] Angestellte Vorstandsmitglieder gelten arbeitsrechtlich als Arbeitgeber; der allgemeine Kündigungsschutz nach dem Kündigungsschutzgesetz greift bei Vorstandsmitgliedern nicht ein.[343]

5. Vergütung

Nach den einschlägigen gemeinnützigkeitsrechtlichen Vorschriften dürfen an Organmitglieder keine unverhältnismäßig hohen Vergütungen gezahlt werden.[344] Zulässig sollen nach verbreiteter, Auffassung Vergütungen sein, die für eine vergleichbare Tätigkeit üblicherweise auch von nicht steuerbegünstigten Einrichtungen gezahlt werden.[345] Wegen fehlender Bestätigung dieser These durch die Rechtsprechung ist bei der **Vergütungsbemessung** vorsorglich Zurückhaltung geboten.

Stiftungsrechtlich ist nicht geklärt, ob die Zahlung einer Vergütung einer satzungsmäßigen Grundlage bedarf;[346] bei steuerbegünstigten Stiftungen wäre dann auch die Anerkennung der Steuerbegünstigung gefährdet.[347] Eine Vergütung sollte daher nur auf satzungsmäßiger Grundlage gezahlt werden. Davon abgesehen darf die Vergütung nicht in einem auffälligen **Missverhältnis** zu dem Wert der von dem Organmitglied geschuldeten Dienstleistung stehen. Die gesellschaftsrechtlichen Vorschriften z.B. der §§ 87, 113 AktG können hierbei analog angewendet werden. Bei steuerbegünstigten Stiftungen ergibt sich die Obergrenze der Vergütung aus den gemeinnützigkeitsrechtlichen Vorschriften (siehe A.VIII.).

§ 9 Aufgaben und Einberufung des Vorstandes

6. Musterformular

Absatz 1 Alternative 1 enthält die Musterformulierung einer möglichst einfach gestalteten Führungsstruktur. Alternative 2 sieht eine Ämterzuordnung vor, mit der in gewissem Rahmen bereits eine Vorentscheidung für die Zuordnung von **Vorstandsressorts** verbunden ist.
Der Mustertext sieht die Berufung des ersten Vorstandes durch den Stifter vor. Danach werden die Vorstandsmitglieder vom Stiftungsrat berufen. Während dem Stifter die Zuweisung von Ressorts bei der Berufung von Vorstandsmitgliedern freigestellt ist, verbindet der Stiftungsrat seine Berufungen mit Ressortzuweisungen. In der Satzung ist festzulegen, ob der Vorstand nur eine Erstattung seiner Fremdauslagen oder zusätzlich eine angemessene Vergütung erhalten soll. Absatz 4 enthält hierzu Formulierungsvorschläge. In der Regel sollte die Möglichkeit einer (späteren) Vergütungszahlung in der Satzung verankert werden.

§ 9
Aufgaben und Einberufung des Vorstandes

Variante 1, 2, 3, 4

1. Der Stiftungsvorstand hat für die dauernde und nachhaltige Erfüllung des Stiftungszwecks zu sorgen. Er führt die Geschäfte der Stiftung im Rahmen der Beschlüsse des Stiftungsrats.

- Abs. 2 Alternative 1:

2. Jeweils zwei Vorstandsmitglieder gemeinsam vertreten die Stiftung gerichtlich und außergerichtlich.

- Abs. 2 Alternative 2:

2. Die Vorstandsmitglieder sind einzeln zur Vertretung der Stiftung berechtigt.

3. Der Vorstand gibt sich eine Geschäftsordnung, die seine Aufgaben in mindestens zwei Ressorts (Wirtschafts- und Fachressort) gliedert und der Genehmigung des Stiftungsrats bedarf.

4. Der Vorstand wird von seinem Vorsitzenden oder dessen Stellvertreter nach Bedarf, mindestens aber ...... (z. B. vierteljährlich),

einberufen. Die Ladungsfrist beträgt ...... (z.B. zwei) Wochen. Sie kann bei Zustimmung aller Vorstandsmitglieder verkürzt werden.

Erläuterungen

1. Rechtsstellung des Vorstandes
2. Vertretungsregelung
3. Ressortbildung
4. Musterformular

1. Rechtsstellung des Vorstandes

Die Stiftung muss einen Vorstand haben.[348] Dieser ist **organschaftlicher Vertreter** der Stiftung im Rechtsverkehr[349] und verkörpert die Umsetzung des Stifterwillens; damit ist er gleichzeitig das **Geschäftsführungsorgan** der Stiftung. Er ist an den in der Satzung niedergelegten objektivierten Willen des Stifters gebunden. Seine **Vertretungsmacht** kann in der Satzung in einem gewissen Rahmen beschränkt werden.[350] Strittig ist, ob Dritte etwaige Vertretungsbeschränkungen gegen sich gelten lassen müssen, selbst wenn sie gutgläubig waren. Der Vorstand kann die Stiftung bei Geschäften mit sich selbst nicht vertreten; das Gleiche gilt bei Geschäften mit Dritten, die der Vorstand gleichzeitig vertritt (sog. **Selbstkontrahierungsverbot**, § 181 BGB). Die Satzung kann den Vorstand vom Selbstkontrahierungsverbot befreien.[351] Eine Befreiung kann die laufende Verwaltung vereinfachen, wenn kein weiteres Stiftungsorgan in der Satzung vorgesehen ist. Gerade dann ist allerdings wegen der geringen Kontrolldichte die Gefahr eines Missbrauchs der Befreiung vom Selbstkontrahierungsverbot besonders hoch. Sinnvoll ist eine Befreiung insbesondere bei steuerbegünstigten Stiftungen auch aus Gründen einer angemessenen Corporate Governance sowie Corporate Compliance nur in seltenen Fällen.

Der Vorstand ist für die Einhaltung der gesetzlich der Stiftung auferlegten Pflichten verantwortlich. Bei **Gesetzesverstößen** z.B. gegen steuer-, sozialversicherungs-, arbeits- oder vergaberechtliche Vorschriften können die Vorstandsmitglieder persönlich haftungs- und strafrechtlich belangt werden; ehrenamtliche haften gesamtschuldnerisch zusammen mit hauptamtlichen Vorstandsmitgliedern.

2. Vertretungsregelung

Bei einem mehrgliedrigen Vorstand gilt das Mehrheitsprinzip, wenn die Satzung keine andere Regelung enthält. Die Satzung kann z.B.

Einzelvertretungsbefugnis oder die Vertretung der Stiftung durch zwei gemeinsam handelnde Vorstandsmitglieder vorsehen. In der Regel wird eine Vertretung durch zwei Vorstandsmitglieder wegen der größeren Kontrolldichte vorgezogen.

3. Ressortbildung

Bei Kollegialorganen bleibt die persönliche Verantwortung häufig intransparent. Um das Verantwortungsgefühl zu stärken, werden den Vorstandsmitgliedern konkrete Ressorts zugewiesen.

4. Musterformular

Absatz 1 ordnet die Geschäftstätigkeit des Vorstandes hierarchisch den vom Stiftungsrat getroffenen Entscheidungen unter.
Zur Vertretungsbefugnis werden die in der Praxis gängigsten Alternativen vorgestellt. Es ist sinnvoll, den Vorstand zur Verschriftlichung seine Verfahrensweise in einer Geschäftsordnung anzuhalten. Dies dient der Transparenz und stellt eine einheitliche Vorgehensweise sicher.

§ 10
Stiftungsrat

Variante 1

- Abs. 1 Alternative 1:
1. Der Stiftungsrat besteht aus mindestens ...... (z.B. fünf) und höchstens ...... Personen, die von ...... (z.B. Unternehmen, Gemeinderat oder Verband) berufen und abberufen werden.

- Abs. 1 Alternative 2:
1. Der Stiftungsrat setzt sich zusammen aus:
   a) dem Vorstandsvorsitzenden des ...... (z.B. Verband, Unternehmen) oder einem von ihm entsandten Vertreter,
   b) ...... (z.B. drei) von ...... (z.B. Unternehmen) entsandten Personen,
   c) ...... (z.B. drei) von dem ...... (z.B. Gemeinderat) gewählten Vertretern (die unterschiedlichen Fraktionen angehören),

d) ......,
e) ......

Die Zugehörigkeit der Mitglieder zum Stiftungsrat ist auf die Ausübung der jeweiligen Funktion bzw. Zugehörigkeit zur entsendenden Organisation und die der unter b) bis e) angeführten Mitglieder zusätzlich auf ...... (z.B. vier) Jahre begrenzt. (Einmalige) Wiederberufung ist zulässig.

- Abs. 1 Alternative 3:
1. Der Stiftungsrat besteht aus mindestens ...... (z.B. fünf) und höchstens ...... Personen. Der Stifter bestellt den ersten Stiftungsrat, von dem nach drei Jahren jedes Jahr zwei Mitglieder durch Rücktritt oder Losentscheid ausscheiden sollen. Der Stiftungsrat bemisst die Amtszeit der von ihm durch Zuwahl ergänzten Mitglieder so, dass jährlich in der Regel nicht mehr als ein Drittel seiner Mitglieder ausscheiden. (Einmalige) Wiederberufung ist zulässig.
2. Bis zu einer Gesamtzahl von ...... (z.B. fünf) Personen kann sich der Stiftungsrat jederzeit selbst ergänzen.
3. Vorstandsmitglieder und Mitarbeiter der Stiftung können dem Stiftungsrat nicht angehören.

- Abs. 4 Alternative 1:
4. Der Stiftungsrat wählt aus seiner Mitte einen Vorsitzenden und einen stellvertretenden Vorsitzenden.

- Abs. 4 Alternative 2:
4. Den Vorsitz führt das Mitglied, welches dem Stiftungsrat am längsten angehört und bei gleichem Zeitraum das Mitglied mit dem höheren Lebensalter.

- Abs. 4 Alternative 3:
4. Der Stiftungsrat wählt aus seiner Mitte einen Vorsitzenden und einen stellvertretenden Vorsitzenden, wenn diese Funktionen nicht bei der Berufung festgelegt wurden.

- Abs. 5 Alternative 1:
5. Der Stiftungsrat kann zur Vorbereitung seiner Sitzungen Ausschüsse bilden.

- Abs. 5 Alternative 2:
5. Der Stiftungsrat bildet Ausschüsse zur Unterstützung seiner Arbeit. Ständige Ausschüsse sind der Wirtschafts- und der Förderausschuss. Die Einzelheiten werden in der Geschäftsordnung des Stiftungsrats geregelt.

§ 10 Stiftungsrat

6. Mit ²/₃ Mehrheit kann der Stiftungsrat ein Mitglied abberufen. Dem Betroffenen ist vorher Gelegenheit zur Stellungnahme zu geben.
- Abs. 7 Alternative 1:
7. Die Mitglieder des Stiftungsrats sind ehrenamtlich tätig; Auslagen werden in angemessener Höhe ersetzt.
- Abs. 7 Alternative 2:
7. Der Stiftungsrat kann als Entschädigung für den Zeitaufwand seiner Mitglieder neben dem Ersatz angemessener Auslagen eine Pauschale festlegen.
- Abs. 7 Alternative 3:
7. Die Mitglieder des Stiftungsrats erhalten neben dem Ersatz ihrer angemessenen Auslagen ein Sitzungsgeld in Höhe der an die ehrenamtlichen Mitglieder der kommunalen Volksvertretung einer kleinen Gemeinde insgesamt gezahlten Entschädigung, soweit sie an den Sitzungen teilgenommen haben.

Variante 2

- Abs. 1 Alternative 1:
1. wie Variante 1, falls der Stiftungsversammlung (§ 12 a) kein Berufungsrecht eingeräumt wird.
- Abs. 1 Alternative 2:
1. Der Stiftungsrat besteht aus mindestens ...... (z.B. neun) und höchstens ...... Personen, von denen ...... (z.B. ein Drittel) die Stiftungsversammlung und die übrigen von dem ...... (z.B. Unternehmen, Gemeinderat oder Verband) berufen und abberufen werden.
- Abs. 1 Alternative 3:
1. Der Stiftungsrat setzt sich zusammen aus:
   a) dem Vorstandsvorsitzenden des ...... (z.B. Verband, Unternehmen) oder einem von ihm entsandten Vertreter,
   b) ...... (z.B. drei) von ...... (z.B. Unternehmen) entsandten Personen,
   c) ...... (z.B. drei) von der Stiftungsversammlung berufenen Personen,
   d) ......,
   e) ......

Die Zugehörigkeit der Mitglieder zum Stiftungsrat ist auf die Ausübung der jeweiligen Funktion bzw. Zugehörigkeit zur entsendenden Organisation und die der unter b) bis e) angeführten Mitglieder zusätzlich auf ...... (z.B. vier) Jahre begrenzt. (Einmalige) Wiederberufung ist zulässig.
2. wie Variante 1
3. wie Variante 1
4. wie Variante 1 Alternative 1 oder Alternative 2
5. wie Variante 1
6. wie Variante 1

- Abs. 7 Alternative 1:

7. wie Variante 1

- Abs. 7 Alternative 2:

7. Die Mitglieder des Stiftungsrats erhalten neben dem Ersatz ihrer angemessenen Auslagen ein Sitzungsgeld, wenn die Stiftungsversammlung dies sowie die weiteren Einzelheiten beschließt.

Variante 3

- Abs. 1 Alternative 1:

1. Zum ersten Stiftungsrat wird der Stifter auf Lebenszeit bestellt; er kann, auch nach Niederlegung seines Amtes, Mitglieder in den Stiftungsrat berufen und aus wichtigem Grunde abberufen. § 7 Abs. 5 und der nachfolgende Abs. 6 der Satzung gelten nicht für den Stifter. Nach seinem Ableben besteht der Stiftungsrat aus mindestens ...... (z.B. drei) und höchstens ...... (z.B. neun) Personen und kann durch eine Wahl seitens der zu diesem Zeitpunkt begünstigten Abkömmlinge einmal bis auf die Höchstzahl ergänzt werden. Danach ergänzt sich der Stiftungsrat durch Zuwahl selbst.

- Abs. 1 Alternative 2:

1. wie Variante 1 Alternative 3
2. Die Mitglieder des Stiftungsrats werden auf ...... (z.B. fünf) Jahre berufen. Wiederholte Berufung ist zulässig.

- Abs. 3 Alternative 1:

3. Höchstens $^2/_3$ und mindestens ...... (z.B. $^1/_3$) der Mitglieder des Stiftungsrats sollen der Familie des Stifters und mindestens ein Mitglied soll den rechts- und steuerberatenden Berufen angehören. Vorstandsmitglieder und Mitarbeiter der Stiftung können dem Stiftungsrat nicht angehören.

§ 10 Stiftungsrat

- Abs. 3 Alternative 2:
3. Von den Mitgliedern des Stiftungsrats sollen mindestens ...... (z. B. $^1/_3$) und dürfen höchstens ...... (z. B. $^2/_3$) der Familie des Stifters und mindestens ein Mitglied muss den rechts- und steuerberatenden Berufen angehören. Vorstandsmitglieder und Mitarbeiter der Stiftung können dem Stiftungsrat nicht angehören.
4. wie Variante 1
5. wie Variante 1
6. wie Variante 1
7. wie Variante 1

Variante 4

- Abs. 1 Alternative 1:
1. wie Variante 3 Alternative 1

- Abs. 1 Alternative 2:
1. wie Variante 1 Alternative 3
2. wie Variante 3
3. wie Variante 3
4. wie Variante 1
5. wie Variante 1
6. wie Variante 1

- Abs. 7 Alternative 1:
7. wie Variante 1

- Abs. 7 Alternative 2:
7. Der Stiftungsrat kann als Entschädigung für den Zeitaufwand seiner Mitglieder neben dem Ersatz der Auslagen ein angemessenes Sitzungsgeld beschließen.

Erläuterungen

1. Rechtsstellung des Stiftungsrats
2. Zusammensetzung
3. Amtsdauer
4. Berufung und Abberufung
5. Innere Ordnung
6. Corporate Governance
7. Auslagenersatz und Vergütung
8. Musterformular Variante 1
9. Musterformular Variante 2
10. Musterformular Variante 3
11. Musterformular Variante 4

1. Rechtsstellung des Stiftungsrats

Gesetzlich ist ein weiteres Organ neben dem Vorstand nicht vorgeschrieben (§ 81 Abs. 1 BGB). Im Gegensatz zum Vorstand ist der Stiftungsrat ein so genanntes Innenorgan. Besetzung, Aufgaben und Kompetenzen dieses in der Regel sinnvollen,[352] häufig auch als Kuratorium bezeichneten weiteren Organs ergeben sich ausschließlich aus der Stiftungssatzung. § 11 der Satzung enthält hierzu Festlegungen.

2. Zusammensetzung

Der Stiftungsrat beruft den Vorstand, trifft die strategischen Grundsatzentscheidungen und soll das Tagesgeschäft kritisch begleiten. Die Regelungen zur Zusammensetzung des Stiftungsrats sind daher für die zukünftige Entwicklung der Stiftung von grundlegender Bedeutung. Hiermit werden insbesondere Entscheidung getroffen über

– die **Anbindung** der Stiftung an andere Organisationen, z.B. an ein Unternehmen, eine Wohlfahrtsorganisation, eine Kommune oder eine Familie,
– die **Kompetenz** der Organmitglieder und damit die Qualität der getroffenen Entscheidungen,
– die **funktionelle Ausrichtung** des Gremiums durch die Einbindung repräsentativer Personen des öffentlichen Lebens oder die Beschränkung auf Fachleute oder Betroffene,
– die **Arbeitsstrukturen** aufgrund der Größe des Stiftungsrats,
– die **Arbeitseffizienz** aufgrund des Interesses der vorgesehenen Gremiumsmitglieder an einer kontinuierlichen inhaltlichen Arbeit,
– die **Gewissenhaftigkeit**, mit der die Stiftungszwecke verfolgt werden,
– die **Autonomie** der Stiftung gegenüber Bestrebungen zur Instrumentalisierung, z.B. gegenüber parteipolitischen, unternehmerischen oder familiären Einflüssen und
– die **Machtbalance** zwischen Vorstand und Stiftungsrat, insbesondere durch die Intensität, mit der die Stiftungsratsmitglieder die Stiftungszwecke voraussichtlich verfolgen werden.

Einige der aufgeführten Aspekte stehen in **Wechselwirkung** mit **anderen Strukturmerkmalen** der Stiftung. Insbesondere die nachfolgenden Abhängigkeiten sollten bedacht werden.

– Mit der Festlegung von **qualifizierten Mehrheitserfordernissen** bei den Abstimmungen des Stiftungsrats können die vorstehend angeführten Auswirkungen abgeschwächt oder verstärkt werden. Zum Beispiel kann die Entscheidung über die Zuwendungen an die Familienmitglieder bei einer steuerpflichtigen Familienstiftung von der Zustimmung der nicht zur Familie gehörenden Fachleute des Stiftungsrats abhängig gemacht werden.[353]
– Eine satzungsmäßige Verpflichtung zur **Prüfung** des Jahresabschlusses ist der Ausrichtung der Stiftungsratsmitglieder auf eine effiziente Verfolgung der Satzungszwecke förderlich.

- Der **Ruf der Stiftung** hat großen Einfluss auf die Bereitschaft von Personen des öffentlichen Lebens zur kontinuierlichen Mitarbeit in der Stiftung, kann aber auch zu einer Instrumentalisierung der Stiftung führen.
- **Fachleute** lassen sich eher zu einer intensiven und verantwortungsvollen (statt experimentierfreudigen) Mitarbeit gewinnen, wenn die Stiftungsratstätigkeit **vergütet** wird.
- Bei steuerpflichtigen Familienstiftungen können die in den Stiftungsrat berufenen Familienmitgliedern zu einer Verfolgung von **Partikularinteressen** neigen, so dass notwendigerweise zusätzlich Externe berufen werden sollten.
- Die Arbeitsabläufe des Stiftungsrats können bei Bedarf durch die **Bildung von Ausschüssen** verbessert oder aber auch deutlich verzögert und kompliziert werden.

Der Stifter kann die angeführten Aspekte und Abhängigkeiten bei der Gestaltung der Stiftungssatzung berücksichtigen oder deren Gewichtung dem Stiftungsrat durch Einräumung einer **Selbstergänzungsbefugnis** überlassen. Ein zur Selbstergänzung befugter Stiftungsrat kann die jeweils aktuelle Situation bei der Berufungsentscheidung einbeziehen, hierbei allerdings auch von sachfremden Erwägungen beeinflusst sein.[354]

Die in der Praxis immer noch anzutreffende **Personalunion** zwischen Vorstands- und Stiftungsratsmitgliedern ist auszuschließen, um den Bestand der Stiftung nicht zu gefährden.[355] Denn die Funktionen der genannten Gremien widersprechen sich.[356]

3. Amtsdauer

Zwischen Kontinuität (lange Amtsperioden) und **Flexibilität** (häufige Wechsel) gilt es, die richtige Balance zu finden. Häufig werden Zeiträume von vier oder fünf Jahren gewählt. Sinnvoll sind Regelungen, die im Interesse der **Kontinuität** einen gleichzeitigen Wechsel aller Stiftungsratsmitglieder vermeiden.[357] Auch sollte die Stiftungssatzung ausdrücklich die Möglichkeit einer wiederholten Bestellung vorsehen, um bewährte Organmitglieder über mehr als eine Amtsperiode halten zu können. Andererseits kann eine Beschränkung der Wiederwahl – insbesondere bei langen Amtsperioden – auf ein bis zwei Mal sinnvoll sein, um der Gefahr einer zu starken Ausrichtung der Stiftung an einzelnen Persönlichkeiten und einer zu konservativen Stiftungspolitik vorzubeugen.

4. Berufung und Abberufung

Die Stiftungssatzung muss das Verfahren zur Berufung des Stiftungsrats festlegen. Folgende Alternativen kommen hier insbesondere in Betracht:
- Selbstergänzung (sog. Kooptation), diese verbreitete Alternative ist wegen der Risiken einer zunehmend einseitigen Ausrichtung durchaus kritisch zu sehen[358]
- Berufung durch Dritte (Stifter, Kommune, Verband etc.),
- Zugehörigkeit kraft Amtes,
- Berufung durch Inhaber eines Amtes und
- Berufung durch ein anderes Organ der Stiftung, z.B. dem Vorstand (letzteres ist in der Regel schon aus Gründen der Corporate Governance abzulehnen).

Der Stifter kann sich selbst zu seinen Lebzeiten die Position des alleinigen Amtsinhabers vorbehalten. Er verliert damit allerdings die Möglichkeit, die von ihm geplante Ausrichtung der Stiftung personell in dem Gremium zu verfestigen und ist daher in der Regel nicht zu empfehlen.

Ein Stiftungsratsmitglied kann sein Amt von sich aus jederzeit durch eine dahingehende Erklärung niederlegen, kann allerdings im Falle einer **Amtsniederlegung** zu einem ungünstigen Zeitpunkt schadensersatzpflichtig sein.

Die **Abberufung** eines Organmitglieds ist außer mit Ablauf der Amtsperiode oder aus sonstigen in der Stiftungssatzung konkret festgelegten Gründen nur aus wichtigem Grund möglich. Auch der Stifter kann sich nach allgemeiner Auffassung keinen jederzeitigen Austausch von Organmitgliedern vorbehalten.

5. Innere Ordnung

Der Stifter kann und sollte aus seiner Sicht wichtige Strukturelemente zur inneren Ordnung der Stiftungsratsarbeit bei der Errichtung der Stiftung vorgeben. Die Erfahrung zeigt, dass Führungsgremien keineswegs automatisch zur eigenständigen Gestaltung optimaler Arbeitsstrukturen neigen.[359] Andererseits müssen die Strukturen den sich jeweils ändernden Erfordernissen angepasst werden können. Detailreiche Verfahrensregelungen sollten daher in (anpassungsfähige) **Geschäftsordnungen** ausgelagert werden.

§ 10 Stiftungsrat

6. Corporate Governance

Vergleichbares wie zur inneren Ordnung gilt für Vorgaben in der Stiftungssatzung zur Corporate Governance. Es kann durchaus sinnvoll sein, dem Stiftungsrat eine **Selbstevaluierung**[360] oder regelmäßige **Strategieworkshops**[361] aufzuerlegen. Allerdings müssten solche Vorgaben den sich ändernden Erkenntnissen guter Corporate Governance angepasst werden können und dürfte dies den Kreis potentieller Amtsinhaber wegen des damit verbundenen Zeitaufwands deutlich einschränken. Erst recht kann eine analoge Anwendung der für den Aufsichtsrat einer börsennotierten Aktiengesellschaft geltenden Vorgaben des Corporate Governance Kodex[362] nur in seltenen Ausnahmefällen sinnvoll sein. Gf. könnte Absatz 5 der Mustersatzung um eine entsprechende Formulierung ergänzt werden, z.B.: „Der Stiftungsrat orientiert sich bei der Gestaltung seiner Arbeit an den Erkenntnissen guter Corporate Governance."

7. Auslagenersatz und Vergütung

In der Vergangenheit war es üblich, den Stiftungsratsmitgliedern steuerbegünstigter Stiftungen nur ihre Auslagen zu ersetzen. Davon erfasst werden nur **Fremdauslagen**, wie Reise- und Bürokosten. Inzwischen besteht eine Tendenz dahin, unter dem Begriff „Auslagen" auch ein am Zeitaufwand orientiertes **Sitzungsgeld** o.ä. verstehen zu wollen. Wenn die Satzung hierzu keine eindeutige Regelung enthält, gefährden über einen Fremdauslagenersatz hinausgehende Zahlungen an die Stiftungsratsmitglieder die Steuerbegünstigung der Stiftung.[363] Hierzu wird auf die Ausführungen zur Vergütung der Vorstandsmitglieder verwiesen.

Aus praktischen Erfahrungen lässt sich nicht ableiten, dass Tätigkeitsvergütungen eine qualitativ hochwertige Stiftungsratsarbeit sicherstellen.

8. Musterformular Variante 1

Zur Berufung werden im ersten Absatz die in der Praxis typischen Alternativen vorgestellt. Alternative 1 ist bei eng an eine Institution angebundenen Stiftungen einschlägig. Die Alternative 2 öffnet den Stiftungsrat unterschiedlichen Einflüssen. Alternative 3 räumt dem Stiftungsrat einen weit reichenden Entscheidungsspielraum bei der Auswahl von Nachfolgern ein. Zu den gegen eine **Selbstergänzungsbefugnis** bestehenden Bedenken wird auf die vorstehenden Ausführungen zur Zusammensetzung des Stiftungsrats verwiesen.

Absatz 2 sieht lediglich eine subsidiäre Selbstergänzungsbefugnis vor, um eine ausreichende Besetzung des Stiftungsrats sicherzustellen. Nach Absatz 3 ist entgegen der gelegentlich noch anzutreffenden Praxis die gleichzeitige Zugehörigkeit zu Vorstand und Stiftungsrat in **Personalunion** ausgeschlossen. Absatz 4 und 5 enthalten in ihrer Intensität unterschiedlich weit reichende Regelungen zur **inneren Ordnung** des Stiftungsrats. Die Regelung zur Bildung ständiger **Ausschüsse** in Absatz 5 Alternative 2 führt zu einem bei größeren Stiftungen im Interesse der Bestandssicherung vertretbaren zusätzlichen Verwaltungsaufwand.

9. Musterformular Variante 2

Eine steuerbegünstigte Gemeinschaftsstiftung hat in der Regel mit der Stiftungsversammlung ein weiteres Stiftungsorgan. Falls diesem ein Recht zur Berufung von Stiftungsratsmitgliedern eingeräumt werden soll, ist Absatz 1 Alternative 2 oder 3 der Variante 2 einschlägig. Da die Stiftungsversammlung sich aus Spendern und Zustiftern zusammensetzt, wird sie als Garant einer sparsamen Wirtschaftsführung angesehen werden können. Daher ist es sinnvoll, ihr die Kompetenz zur Entscheidung über eine **Vergütung** der Stiftungsratsmitglieder einzuräumen (Absatz 7 Alternative 3).

10. Musterformular Variante 3

Bei einer steuerbegünstigten Familienstiftung will der Stifter in der Regel einen weit reichenden Einfluss der Familie sicherstellen. Darauf sind die Berufungsrechte der Variante 3 ausgerichtet. Wenn er sich zu Lebzeiten einen möglichst umfassenden Einfluss vorbehalten möchte, ist Absatz 1 Alternative 1 einschlägig. Hierbei ist allerdings zu berücksichtigen, dass
– auch der Stifter nach Errichtung der Stiftung an die inhaltlichen Vorgaben der Stiftungssatzung gebunden ist[364] und
– an einer Mitarbeit im Stiftungsrat interessierte Personen durch eine zu starke Einflussnahme des Stifters abgeschreckt werden können.

Absatz 3 legt den Einfluss der Familie fest. Die Vorgabe wurde in Alternative 1 als Soll-Vorschrift formuliert und lässt den Familienmitgliedern damit einen gewissen Gestaltungsspielraum. Alternative 2 schränkt diesen deutlich ein, so dass familiäre Konflikte die Arbeit der Stiftung nicht zu sehr behindern können.

§ 11 Aufgaben des Stiftungsrats

11. Musterformular Variante 4

Die steuerpflichtigen Familienstiftungen tendieren zu einer mehrheitlich familienfremden Besetzung des Stiftungsrats.[365] Dadurch wird die Gefahr verringert, dass sich familiäre Streitigkeiten existenziell auf die Stiftungsarbeit auswirken können. Gleichzeitig birgt dies aber erhebliche Gefahren.[366]

- Familienfremde Stiftungsratsmitglieder haben keinen **originären Anreiz**, die Interessen der Familienmitglieder zu berücksichtigen.
- Im Zeitablauf geht der Bezug der familienfremden Organmitglieder zum Stifter verloren, ohne dass ein anderer **Wertebezug** eine ausreichende Orientierung bietet.
- Die Organmitglieder sind keinem kontrollierendem **Anreizsystem** ausgesetzt und können daher der weit verbreiteten Neigung verfallen, mit der ihnen zur Verfügung stehenden Macht zu experimentieren. Hierbei handelt es sich um ein gelegentlich auch bei steuerbegünstigten Stiftungen anzutreffendes Phänomen.

Daher spricht viel dafür, familienfremden Organmitgliedern im Stiftungsrat nur eine Mehrheit von einer Stimme einzuräumen oder die Entscheidung über die Stiftungszuwendungen an eine $^2/_3$ Mehrheit zu binden und für Familienmitglieder eine knappe Mehrheit festzulegen. Denn dann übernehmen die familienfremden Organmitglieder die Führung, solange die Familienmitglieder sich nicht einigen können.

Eine auf die Interessen der Stifterfamilie ausgerichtete Stiftung wird Externe in der Regel nur gegen Vergütung zur Mitarbeit im Stiftungsrat gewinnen können. Absatz 7 Alternative 2 trägt dem Rechnung.

§ 11
Aufgaben des Stiftungsrats

Variante 1, 2, 3, 4

1. Der Stiftungsrat trifft die strategischen Grundsatzentscheidungen. Er begleitet und überwacht die Geschäftsführung des Vorstandes und hat insbesondere darauf zu achten, dass der Stiftungszweck dauernd und nachhaltig erfüllt wird. Er hat ein unbeschränktes Auskunfts- und Informationsrecht, das er auch durch einen Beauftragten wahrnehmen kann.
2. Der Beschlussfassung durch den Stiftungsrat unterliegen insbesondere:

a) die Berufung und Abberufung des Vorstandes sowie die diesen betreffenden Rechtsverhältnisse,
b) der Erlass von Richtlinien zur Erfüllung des Stiftungszwecks,
c) der vom Vorstand innerhalb des ersten Quartals aufgestellte Geschäftsplan, der auf der Grundlage der strategischen Grundsatzentscheidungen einen kurz-, mittel- und langfristigen operativen Rahmen einschließlich Budgetansätze beschreibt,
d) die Entgegennahme der Rechenschaftsberichte des Vorstandes,
e) die Genehmigung des Jahresabschlusses,
f) die Kontrolle der Wirtschaftsführung des Vorstandes durch vom Stiftungsrat berufene Rechnungsprüfer,
g) die Entlastung der Mitglieder des Stiftungsvorstandes.
3. Der Vorsitzende des Stiftungsrats zusammen mit einem weiteren Mitglied des Stiftungsrats oder zwei vom Stiftungsrat Beauftragte vertreten gemeinsam die Stiftung gegenüber dem Vorstand und, falls der Jahresabschluss geprüft wird, gegenüber dem Abschlussprüfer.

Erläuterungen

1. Funktion des Stiftungsrats   3. Vertretungsbefugnis
2. Kompetenzen

1. Funktion eines Stiftungsrats

Die Aufgaben und Kompetenzen des gesetzlich nicht vorgeschriebenen Stiftungsrats ergeben sich ausschließlich aus der Stiftungssatzung. Folgende Funktionen kommen in Betracht:
- **Kontrolle:**
  Eine nachgelagerte Kontrolle (Beurteilung des Jahresabschlusses etc.) wird inzwischen als unzureichend angesehen.[367] Zu denken ist an eine weitergehende vorgelagerte Kontrolle mit Zustimmungsvorbehalten,[368] die allerdings die strikte Trennung von Kontrolle und Mitwirkung an strategischen Entscheidungen durchbricht. Dies wird besonders deutlich, wenn, wie in der stiftungsrechtlichen Literatur diskutiert wird,[369] der Haushaltsplan einem Zustimmungsvorbehalt des Stiftungsrats unterliegen soll. Denn ein korrekt aufgestellter Haushaltsplan ist das zahlenmäßige Ergebnis der ihm zu Grunde liegenden strategischen Entscheidungen. Damit wird der Stiftungsrat in die Willensbildung über die strategischen Ziele der Stiftung eingebunden. Häufig sind Stiftungsräte in dieser Weise konzipiert.

§ 11 Aufgaben des Stiftungsrats

- **Beratung:**
  Die Inanspruchnahme von Beratung durch den Vorstand ist von großer Unverbindlichkeit geprägt. Die dem Vorstand nach dem Stiftungsrecht eingeräumte Machtfülle wird durch ein Beratungsgremium nicht sinnvoll ausbalanciert.
- **Strategie:**
  Dem Stiftungsrat kann die (Letzt-)Verantwortung für die strategischen Grundsatzentscheidungen zugewiesen werden. Der Vorstand übernimmt die Verantwortung für das Tagesgeschäft und wirkt in der Regel an der Vorbereitung der strategischen Entscheidungen mit. Damit wird die für die Erfolgschancen äußerst wichtige Trennung zwischen Festlegung und Messung der Organisationsziele einerseits und der Umsetzung dieser Ziele andererseits erreicht.[370] Erforderliche Kontrollaufgaben können einem Rechnungsprüfungsausschuss zugewiesen werden.

Die Aufgaben der Organe sollten in der Stiftungssatzung möglichst eindeutig geregelt sein, um spätere Kompetenzkonflikte zu vermeiden.

2. Kompetenzen

Der Mustertext spricht die Verantwortung des Stiftungsrats für die strategischen Grundsatzentscheidungen ausdrücklich an. Ausfluss dieser Verantwortung ist die Beschlussfassung des Stiftungsrats über den **Geschäftsplan**, der auf der Grundlage der konkret formulierten strategischen Grundsatzentscheidungen einen kurz-, mittel- und langfristigen operativen Rahmen einschließlich Budgetansätze beschreibt (s. unter D. VII.). In gleicher Weise ist seine unter Absatz 2 b) des Mustertextes angeführte **Richtlinienkompetenz** zu sehen. In Anlehnung an die zwischenzeitlichen Erkenntnisse zu guter Corporate Governance[371] wird ihm die Kommunikation mit dem Abschlussprüfer zugewiesen.

3. Vertretungsbefugnis

Die Vertretungsbefugnis des Stiftungsrats gegenüber dem Vorstand ist in der Satzung ausdrücklich festzulegen. In Anlehnung an das Gesetz zur Kontrolle und Transparenz im Unternehmensbereich (KonTraG) erhält der Stiftungsrat diese Befugnis auch gegenüber dem Abschlussprüfer.

§ 12
Einberufung des Stiftungsrats

Variante 1, 2, 3, 4

1. Der Stiftungsrat wird von seinem Vorsitzenden oder von seinem Stellvertreter nach Bedarf, mindestens aber ...... (z. B. zweimal) im Kalenderjahr einberufen.
2. Die Ladungsfrist beträgt mindestens ...... (z. B. vier) Wochen. Sie kann im Einvernehmen aller Mitglieder verkürzt werden.
3. Der Stiftungsrat kann auch von einem Viertel seiner Mitglieder oder dem Stiftungsvorstand einberufen werden, wenn eine angemessene Zeit seit deren schriftlich begründetem Einberufungsantrag verstrichen ist.

Erläuterungen

Die Stiftungssatzung muss keine Bestimmungen zur Einberufung seiner Organe enthalten.[372] Allerdings ist bei vielen Stiftungen eine mit der Zeit nachlassende **Gremienaktivität** zu beobachten. Eine Satzungsregelung zur Einberufung des Stiftungsrats wirkt dem entgegen und dient damit gleichzeitig der Bestandssicherung der Stiftung. Um eine personelle Unabhängigkeit zu erreichen sieht das Muster auch die Einberufungskompetenz einer Minderheit und des Stiftungsvorstandes vor.

Dies dient auch guter Corporate Governance.

§ 12 a
Stiftungsversammlung

Nur Variante 2

1. Der Stiftungsversammlung gehören alle Personen an, die der Stiftung im Zeitraum der letzten ...... (z. B. fünf) Jahre mehr als ...... (z. B. 1.000) EUR als Einzelspende unter Angabe ihrer vollständigen ladungsfähigen Anschrift zugewendet haben. Der Stiftungsrat kann diesen Schwellenwert für bereits erfolgte Zuwendungen nicht anheben aber jederzeit rückwirkend bis auf

§ 12 a Stiftungsversammlung

...... (z.B. 500) EUR herabsetzen. Die Mitgliedschaft ist freiwillig und nicht übertragbar; sie wird bei juristischen Personen oder Gemeinschaften durch einen von diesen benannten Repräsentanten ausgeübt.

2. Die Mitglieder der Stiftungsversammlung können sich nur von anderen Mitgliedern aufgrund einer schriftlichen Vollmacht vertreten lassen.
3. Die Mitgliedschaft in der Stiftungsversammlung endet durch
   a) Tod eines Mitglieds,
   b) Verzicht/Rücktritt,
   c) ...... (z.B. drei)-jährige Nichtausübung von Mitwirkungsrechten auf Beschluss des Stiftungsrats oder
   d) Abberufung.
4. Der Stiftungsrat kann mit der Mehrheit von ¾ der Stimmen einzelne Mitglieder der Stiftungsversammlung aus wichtigem Grund abberufen. Als wichtiger Grund gilt insbesondere ein Verstoß gegen die Ziele der Stiftung.
5. Die Stiftungsversammlung ist mindestens jährlich mit einer Frist von 21 Kalendertagen schriftlich, per Fax oder e-Mail unter Angabe der Tagesordnung zu einer Sitzung durch den Stiftungsrat einzuberufen. Sie ist ferner einzuberufen, wenn 10% ihrer Mitglieder dies schriftlich beim Stiftungsrat beantragen. Die Minderheit kann die Einladung in diesem Falle nach fruchtlosem Ablauf eines Monats selbst bewirken. Im Falle einer selbst bewirkten Einladung sind die Beschlussfassungen der Versammlung selbst dann wirksam, wenn die auf der vorherigen Stiftungsversammlung anwesenden Versammlungsmitglieder eingeladen wurden.
6. Die Stiftungsversammlung entscheidet über die Berufung und Abberufung ...... (z.B. von einem Drittel, zwei Drittel) der Mitglieder des Stiftungsrats. Vorstand und Stiftungsrat berichten ihr über die Arbeit der Stiftung und personelle Veränderungen. Sie dient dem Stiftungsrat als Diskussionsforum in Angelegenheiten von grundsätzlicher Bedeutung und ...... (z.B. nimmt den Rechenschaftsbericht des Stiftungsrats entgegen, kann dem Stiftungsrat strategische Grundsatzentscheidungen vorgeben, entscheidet über die Höhe des Sitzungsgeldes des Stiftungsrats). Über die Ergebnisse der Sitzungen sind durch einen von der Versammlung gewählten Protokollführer Niederschriften zu fertigen, die von ihm und dem Versammlungsleiter zu unterzeichnen und allen Mitgliedern der Stiftungsorgane zuzuleiten sind.

Erläuterungen

1. Rechtstellung der Stiftungsversammlung
2. Funktion des Gremiums
3. Kompetenzen
4. Innere Ordnung

1. Rechtsstellung der Stiftungsversammlung

Als ein gesetzlich nicht vorgeschriebenes Innenorgan ergibt sich seine Rechtsstellung ausschließlich aus der Stiftungssatzung. Die Satzung muss außerdem die notwendigen Vorschriften zur Zusammensetzung des Organs sowie zu Form und Verfahren enthalten.

2. Funktion des Gremiums

Gemeinschaftsstiftungen sind auf die Einbeziehung der Zustifter und Spender in die Stiftungsaktivitäten ausgerichtet. Das Gremium dient als **Bindeglied** zwischen diesen Personen und der Stiftungsleitung. Es kann
– die Interessen der Stifter und Spender bündeln,
– das Gemeinschaftsgefühl stärken,
– die Stifter und Spender an die Stiftung binden,
– die Ankoppelung der Stiftung an die „Basis" fördern,
– der Stiftungsleitung wichtige Beratungsimpulse geben
– je nach eingeräumten Kompetenzen Entscheidungen zur Stiftungsarbeit treffen und
– allgemein als Diskussionsplattform dienen.

Aufgrund der Größe des Gremiums ist es zur Mitwirkung an Entscheidungen über das operative Geschäft nicht geeignet.

3. Kompetenzen

Grundsätzlich könnten der Stiftungsversammlung Entscheidungsbefugnisse eingeräumt werden, wie z.B.
– Wahl und Abberufung von Mitgliedern des Vorstands und Stiftungsrats,
– Berufung eines Rechnungsprüfungsausschusses,
– Entgegennahme des Berichts der Rechnungsprüfer,
– Entlastung von Vorstand und Stiftungsrat,
– Beschlussfassung über die Jahresrechnung,
– Genehmigung des Geschäftsplans,
– Beschlussfassung über die Grundlagen der Förderpolitik,
– Erlass von Förderrichtlinien.

§ 13 Satzungsänderung

Bei vielen der angeführten Beschlussgegenstände wären die Versammlungsteilnehmer zu einer fundierten Entscheidungsvorbereitung jedoch aufgrund der stark verdichteten Informationsgrundlagen nicht in der Lage. Die Folge wären Zufallsentscheidungen außerhalb personalisierter Verantwortungsstrukturen. Davor ist sehr eindringlich zu warnen.[373] Daher sollte die Entscheidungskompetenz der Stiftungsversammlung auf die Wahl von (einzelnen) Mitgliedern des Stiftungsrats und ggf. des Vorstandes sowie die Berufung eines Rechnungsprüfungsausschusses begrenzt werden, falls der Stiftungsversammlung überhaupt eine Entscheidungskompetenz eingeräumt werden soll. Die ggf. vorgesehenen Kompetenzen müssen in der Satzung sehr genau beschrieben werden. Sie dürfen sich mit den Aufgaben und Kompetenzen anderer Organe nicht überdecken.

4. Innere Ordnung

Zur Vermeidung von Unsicherheiten und Streitigkeiten muss die innere Ordnung der Stiftungsversammlung in der Satzung möglichst exakt festgelegt werden. Sinnvoll sind insbesondere Regelungen zu:
- Einberufungsintervall und -verfahren,
- Form der Einberufung,
- Minderheitsbegehren,
- Protokollierung der Versammlungen,
- Zugang zu den Versammlungsprotokollen.

Wenn der Stiftungsversammlung Entscheidungsbefugnisse eingeräumt werden sollen, muss die Einberufung aller zur Teilnahme an der Versammlung berechtigten Personen gewährleistet sein. Dies stellt erhebliche organisatorische Anforderungen an die Stiftungsverwaltung. Der Mustertext schlägt hierzu vor, dass nur ausreichend hohe Einzelspenden unter Mitteilung der vollständigen ladungsfähiger Anschrift berücksichtigt werden.

§ 13
Satzungsänderung

Variante 1, 2, 3, 4

1. Die Stiftungssatzung ist zu ändern, wenn dies nach Auffassung des Vorstandes und Stiftungsrats wegen einer wesentlichen Veränderung gegenüber den im Zeitpunkt der Entstehung der Stif-

tung bestehenden Verhältnissen geboten ist; sie kann geändert werden, wenn dies im Interesse der Leistungs- und Funktionsfähigkeit der Stiftung zweckmäßig ist.
2. Die Beschlüsse bedürfen der Zustimmung des Vorstandes und einer 3/4 Mehrheit des Stiftungsrats.

Erläuterungen

1. Regelungsbedarf
2. Genehmigungsvorbehalt
3. Zustimmungsquorum

1. Regelungsbedarf

Die wirtschaftlichen, gesellschaftlichen und rechtlichen Rahmenbedingungen sind einem ständigen Wechsel unterworfen. Die Stiftungssatzung sollte daran mit vertretbarem Aufwand angepasst werden können, soweit es sich nicht um aus Sicht des Stifters essentielle Satzungsregelungen handelt. **Typischer Anpassungsbedarf** besteht derzeit zum Beispiel bei älteren Stiftungssatzungen hinsichtlich:
– Umstellung der ehrenamtlichen auf eine hauptamtliche Vorstandstätigkeit,
– Einführung eines Vergütungsanspruchs der Stiftungsratsmitglieder,
– Auslagerung von Betrieben in Tochtergesellschaften,
– Änderung der Größe von Gremien, z.B. deutliche Verkleinerung des operativ tätigen Vorstandes,
– Einführung klarer Kompetenzabgrenzungen
– Änderung der Kompetenzen, z.B. von Zustimmungsvorbehalten,
– Aufhebung der Personalunion einzelner Organmitglieder in mehreren Gremien,
– Änderung der Verwaltungsabläufe, z.B. Einführung von Berichtspflichten des Vorstandes,
– Anpassung an gute Corporate Compliance,
– Anpassung an geänderte gemeinnützigkeitsrechtliche Vorschriften.

Einige der aufgeführten Änderungen hätten die Stifter sicher abgelehnt oder sie haben sich sogar seinerzeit bei der Satzungsgestaltung bewusst anders entschieden, z.B. zur Vergütung der Organtätigkeit. Eine deutliche Zunahme der jeweiligen Organtätigkeit, komplexere Rahmenbedingungen mit einer Zunahme der Haftungsrisiken, gestiegene Anforderungen an die Professionalität der Führungsarbeit[374] und eine geänderte Bewusstseinshaltung haben die Einführung einer Vergütung der Organtätigkeit bei vielen Stiftungen erfor-

§ 13 Satzungsänderung

derlich gemacht. Solche Änderungen sichern die weitere Entwicklung der jeweiligen Stiftung. In diesen Fällen darf die Verschiebung des Wertesystems gegenüber dem Erfahrungshorizont zur Zeit der Stiftungserrichtung nicht ignoriert werden, wenn die Stiftung eine Zukunftsperspektive haben soll.

2. Genehmigungsvorbehalt

Änderungen der Stiftungssatzung bedürfen derzeit in der Regel der Genehmigung der Stiftungsaufsicht. „Nicht wesentliche" Veränderungen müssen nach zwischenzeitlicher Rechtsentwicklung je nach Bundesland der Stiftungsaufsicht nur innerhalb eines Monats nach der Beschlussfassung angezeigt werden.[375] Dies zeigt deutlich, dass die von den Stiftungsaufsichtsbehörden regelmäßig gewünschte Aufnahme einzelner Vorschriften zum Genehmigungsverfahren in die Satzung nicht sinnvoll ist.

Bei genehmigungspflichtigen Satzungsänderungen werden die vom Stifter in der Satzung festgelegten Maßstäbe herangezogen. Zur Vereinfachung des Verfahrens sollte die Satzung die Zulässigkeit von Satzungsänderungen auf jeden Fall ausdrücklich vorsehen.

3. Zustimmungsquorum

Mit qualifizierten Mehrheitserfordernissen kann der Stifter die Änderungen von einem breiten Konsens abhängig machen. Abzulehnen ist aber das Erfordernis einer **einstimmigen Beschlussfassung**; hierzu wird auf die Erläuterungen zur nachfolgenden Satzungsbestimmung verwiesen.

Es ist gründlich abzuwägen, ob und mit welchem Mehrheitsquorum der Vorstand an Entscheidungen zur Satzungsänderung mitwirken soll. Denn viele Satzungsänderungen greifen in die Rechtsposition der Organe, insbesondere des Vorstandes, ein. Der Mustertext sieht eine einfache Mehrheitsentscheidung des Vorstandes vor und räumt ihm damit eine begrenzte Kontrollfunktion gegenüber vom Stiftungsrat initiierten Satzungsänderungen ein. Damit kann der Vorstand zwar ihm nicht genehme, zum Beispiel die Kontrollstruktur verbessernde Satzungsänderungen blockieren, riskiert aber in letzter Konsequenz seine Abberufung durch den Stiftungsrat.

§ 14
Zweckänderung, Zusammenlegung, Auflösung

Variante 1, 2, 3

1. Der Stiftungszweck ist an die veränderten Verhältnisse anzupassen, wenn die Aufgaben der Stiftung wegfallen oder deren Erfüllung nicht mehr sinnvoll ist. Der geänderte Zweck soll dem ursprünglichen Stiftungszweck möglichst nahe kommen.
2. Die Stiftung ist mit einer anderen zu einer neuen Stiftung zusammenzulegen, wenn die Erfüllung des Stiftungszweckes nur noch auf diesem Weg ganz oder teilweise möglich ist.
3. Die Stiftung kann aufgelöst werden, wenn der Stiftungszweck auf absehbare Zeit nicht erfüllt werden kann und dies auch durch eine Anpassung des Stiftungszwecks nicht möglich ist.
4. Die vorstehenden Maßnahmen bedürfen einer ³/₄ Mehrheit des Vorstandes und des Stiftungsrats.
5. Im Falle der Auflösung oder Aufhebung der Stiftung oder bei Wegfall ihrer steuerbegünstigten Zwecke fällt ihr Vermögen an ...... (z.B. Kommune, steuerbegünstigter Verband) mit der Auflage, es ausschließlich und unmittelbar für steuerbegünstigte Zwecke im Sinne der Stiftungszwecke zu verwenden.

Variante 4

1. Der Stiftungszweck ist an die veränderten Verhältnisse anzupassen, wenn die Aufgaben der Stiftung wegfallen oder deren Erfüllung nicht mehr sinnvoll ist. Der geänderte Zweck soll dem ursprünglichen Stiftungszweck möglichst nahe kommen.
2. wie Variante 1
3. wie Variante 1
4. wie Variante 1

- Abs. 5 Alternative 1:
5. Im Falle der Auflösung der Stiftung fällt das Vermögen zu gleichen Teilen an die zu diesem Zeitpunkt nach der Satzung begünstigten Abkömmlinge.

- Abs. 5 Alternative 2:
5. Im Falle der Auflösung der Stiftung fällt das Vermögen zu einem Viertel an die Heimatstadt des Stifters mit der Auflage, es ausschließlich und unmittelbar für steuerbegünstigte Zwecke zu

§ 14 Zweckänderung, Zusammenlegung, Auflösung

verwenden und im übrigen an die nach der Satzung zu diesem Zeitpunkt begünstigten Abkömmlinge zu gleichen Teilen.

Erläuterungen

1. Regelungsbedarf
2. Genehmigungsvorbehalt
3. Zustimmungsquorum
4. Anfallberechtigung

1. Regelungsbedarf

Regelungen zur Zweckänderung, Zusammenlegung und Auflösung widersprechen der auf Dauer angelegten Rechtsnatur der Stiftung. Sie nehmen dem Stifter die Sicherheit, dass sich seine Vision dauerhaft gegen fremde Interessen und Auffassungen durchsetzen kann. Andererseits sind die wirtschaftlichen, gesellschaftlichen und rechtlichen Rahmenbedingungen einem ständigen Wandel[376] unterworfen. Es bleibt nicht aus, dass dadurch auch der Stiftungszweck oder sogar der Bestand der Stiftung tangiert werden kann. Der Stifter kann und sollte diese Situation durch Aufnahme entsprechender Regelungen in die Satzung nach seinen Vorstellungen beeinflussen. Sein Regelungsspielraum umfasst insbesondere:
– **Erleichterungen** von ihm genehmen Änderungen,
– **Vorgaben** zu dem möglichen Änderungsrahmen,
– Sicherstellung einer integeren Motivation durch hohes **Zustimmungsquorum** und
– **Ausschluss** bestimmter Änderungskonsequenzen, um ein interessengesteuertes Handeln der Stiftungsorgane zu vermeiden (z. B. Zerschlagung einer Familienstiftung wegen attraktivem Liquidationserlös).

2. Genehmigungsvorbehalt

Die in § 14 geregelten Änderungen bedürfen einer Genehmigung seitens der Stiftungsaufsicht. Diese prüft das Änderungsbegehren anhand der vom Stifter in der Satzung niedergelegten Vorgaben. Die Berücksichtigung des Stifterwillens ist daher in dem Maße sichergestellt, wie er sich im Satzungstext – einschließlich seiner eventuellen Präambel – niedergeschlagen hat.

3. Zustimmungsquorum

Über Verfahrensvorschriften (z.B. Mehrheitserfordernisse) wird der Stifter seine Interessen absichern wollen. Bei der Entscheidung der Stiftungsorgane über Zweckänderung, Zusammenlegung und Auflösung der Stiftung sind eventuelle **sachfremde Erwägungen** und **persönliche Interessen** einzelner Organmitglieder bei steuerbegünstigten wie steuerpflichtigen Stiftungen einzukalkulieren, z.B.:
- Verlust eines repräsentativen Amtes,
- Verlust von Macht und Einfluss,
- Wegfall einer sinnstiftenden Aufgabe,
- Verlust einer Verdienstquelle,
- Interesse am Liquidationserlös,
- Missgunst gegenüber dem Stifter, anderen Organ- und/oder Familienmitgliedern,
- Interesse an der persönlichen Übernahme des Unternehmens,
- Entlastung der öffentlichen Haushalte/Sozialkassen durch Verringerung des wohlfahrtpflegerischen Angebots,
- Sicherung des eigenen Arbeitsplatzes,
- Verlust eines Kunden, Mandanten oder Auftragnehmers,
- Vertuschung mitverschuldeter Misswirtschaft und daraus resultierender Regressansprüche,
- Verlust des Zugangs zu einem Kommunikationsnetzwerk,
- Forcierung wirtschaftlicher Schwierigkeiten zum Zwecke eines preiswerten Erwerbs lukrativer Stiftungsteile aus der Insolvenzmasse,
- Auskosten des persönlichen Bedeutungsgewinns als einzige, aber entscheidende Gegenstimme.

Die beispielhaft angeführten Aspekte sprechen gegen eine verbreitete Praxis, die Entscheidung über Zweckänderung, Zusammenlegung und Auflösung der Stiftung an eine **einstimmige Entscheidung** von Vorstand und Stiftungsrat zu knüpfen. Auf jeden Fall sollte die Satzung nur eine qualifizierte Mehrheit vorsehen.

4. Anfallberechtigung

Im Falle der Auflösung/Liquidation der Stiftung ist das **Restvermögen** zu verteilen. Bei steuerbegünstigten Stiftungen gilt der Grundsatz der Vermögensbindung für steuerbegünstigte Zwecke.[377] Davon sind nur mit einem **Rückforderungsvorbehalt** versehene Einlagen befreit (zum Verkehrswert im Einbringungszeitpunkt). Das gemeinnützigkeitsrechtlich gebundene Vermögen ist anderweitigen steuerbegünstigten Zwecken zuzuführen. Dies führt bei einer steuerbegünstigten

§ 14 Zweckänderung, Zusammenlegung, Auflösung 155

Familienstiftung zum endgültigen **Einflussverlust** der Stifterfamilie auf die weitere Mittelverwendung. Es sei denn, die Familie nimmt eine rückwirkende zehnjährige Nachversteuerung in Kauf[378] oder sie hat Einfluss auf die steuerbegünstigte Empfängerkörperschaft (z. B. einem von ihr beherrschten Verein).

Bei steuerpflichtigen Familienstiftungen kann der Stifter vorsehen, dass ein Teil des Restvermögens für steuerbegünstigte Zwecke verwendet wird. Dies verringert zwar den Anreiz der Familienmitglieder, auf eine Zerschlagung der Stiftung hinzuwirken, bedeutet aber andererseits neben den ohnehin anfallenden Steuerbelastungen einen zusätzlichen erheblichen Vermögensverlust für die Familie.

D. Übersichten und weitere Mustertexte

I. Stiftungsgeschäft unter Lebenden

1. Errichtung der Stiftung

Hiermit errichte ich ......
die ......-Stiftung als rechtsfähige Stiftung des bürgerlichen Rechts gemäß anliegender Stiftungssatzung, die Bestandteil dieses Stiftungsgeschäfts ist.

2. Zweck der Stiftung

Zweck der Stiftung ist ......

3. Vermögensausstattung

Ich verpflichte mich hiermit rechtsverbindlich, der Stiftung zur Erfüllung ihres Zwecks folgende Vermögensgegenstände zu übertragen:
......
......

4. Berufung der Organmitglieder

Organe der Stiftung sind als gesetzlicher Vertreter der Stiftungsvorstand und als weiteres Verwaltungsorgan der Stiftungsrat.

Als Vorstandsmitglieder des ersten Stiftungsvorstandes berufe ich:
......
......

Als Mitglieder des ersten Stiftungsrats berufe ich:
......
......

......
......

....
Ort, Datum   Unterschrift(en)

Anlage: Stiftungssatzung

Erläuterungen

Das Stiftungsgeschäft bedarf der Schriftform, nicht selten wird aber eine notarielle Beurkundung vorgesehen. Bei den meist hohen Vermögenswerten soll dies der Rechtssicherheit dienen. Allerdings ist nach der Rechtsprechung im Gegensatz zu einer verbreiteten Auffassung in der Literatur[379] auch bei einem Stiftungsgeschäft über ein Grundstück keine notarielle Beurkundung erforderlich.[380]

Mit der Anerkennung der Stiftung durch die Stiftungsaufsicht wird der Stifter unwiderruflich zur Übertragung der unter Vermögensausstattung aufgeführten Vermögensgegenstände verpflichtet.[381]

II. Testamentarisches Stiftungsgeschäft

Hiermit errichte ich mein Testament. Gleichzeitig widerrufe ich hiermit alle etwa früher von mir errichteten testamentarischen Verfügungen.

1. Erbeinsetzung der Stiftung

Hiermit setze ich die ......-Stiftung als rechtsfähige Stiftung des bürgerlichen Rechts gemäß anliegender Stiftungssatzung als Alleinerbin ein.

2. Bestimmung der Organmitglieder

Organe der Stiftung sind als gesetzlicher Vertreter der Stiftungsvorstand und als weiteres Verwaltungsorgan der Stiftungsrat.

Als Vorstandsmitglieder des ersten Stiftungsvorstandes bestimme ich:
......
......

Als Mitglieder des ersten Stiftungsrats bestimme ich:
......
......
......
......

3. Anordnung der Testamentsvollstreckung

Zum Testamentsvollstrecker ernenne ich ......, ersatzweise .... Dem Testamentsvollstrecker obliegt die Begleitung des Anerkennungsverfahrens. Er ist zur Änderung der Stiftungssatzung befugt, soweit dies zur Anerkennung der Stiftung (und zu deren Steuerbegünstigung) nach Auffassung der zuständigen Behörden erforderlich ist.

Der Testamentsvollstrecker bestimmt erforderlichenfalls Ersatzmitglieder für die Organe.

......
Ort, Datum

......
Unterschrift(en)

Anlage: Stiftungssatzung

Erläuterungen

Wenn die Stiftung zur Alleinerbin eingesetzt wird, haben übergangene Miterben einen Pflichtteilsanspruch.[382]

Mit der Anordnung einer Testamentsvollstreckung beugt der Stifter möglichen Problemen bei der Errichtung der Stiftung vor.[383]

Auf die Einhaltung der erbrechtlichen Formvorschriften ist zu achten (§ 2247 BGB).

In diesem Fall ist eine notarielle Beurkundung zu empfehlen.

III. Einfache Stiftungssatzung

Vorbemerkung: Die nachfolgende Stiftungssatzung ist vorrangig auf einfache Strukturen, anstatt einer für die Stiftungsperspektiven optimale Organisation ausgerichtet. Der Stiftungssatzung kann eine Präambel zur Verdeutlichung der Ziele des Stifters vorangestellt werden. Zur Erläuterung der Satzungsbestimmungen wird auf den Abschnitt C verwiesen.

§ 1
Name, Rechtsform und Sitz der Stiftung

1. Die Stiftung führt den Namen ......
2. Sie ist eine rechtsfähige Stiftung des bürgerlichen Rechts und hat ihren Sitz in ......

§ 2
Zweck der Stiftung

1. Zweck der Stiftung ist ......
2. Der Zweck wird insbesondere verwirklicht durch ......

§ 3
Gemeinnützigkeit

1. Die Stiftung verfolgt ausschließlich und unmittelbar gemeinnützige/mildtätige Zwecke im Sinne des Abschnitts „Steuerbegünstigte Zwecke" der Abgabenordnung.
2. Die Stiftung ist selbstlos tätig. Sie verfolgt nicht in erster Linie eigenwirtschaftliche Zwecke.
3. Mittel der Stiftung dürfen nur für die satzungsmäßigen Zwecke verwendet werden.
4. Niemand darf durch Ausgaben, die dem Stiftungszweck fremd sind, oder durch unverhältnismäßig hohe Vergütungen begünstigt werden.

§ 4
Grundstockvermögen, Verwendung der Stiftungsmittel

1. Das Grundstockvermögen der Stiftung besteht im Zeitpunkt ihrer Errichtung aus
   a) ......,
   b) ......,
   c) ......,
   Zustiftungen wachsen mit Zustimmung des Vorstands dem Grundstockvermögen zu, soweit diese ausdrücklich oder nach den Umständen dazu bestimmt sind.
2. Das Grundstockvermögen ist ungeschmälert in seinem realen Wert zu erhalten. Soweit wirtschaftlich sinnvoll, sind Vermögensumschichtungen zulässig.
3. Die Stiftung darf im Rahmen der gemeinnützigkeitsrechtlichen Vorschriften Rücklagen bilden und kann freie Rücklagen dem Grundstockvermögen zuführen.
4. Ein Rechtsanspruch auf Leistungen der Stiftung besteht nicht.

§ 5
Rechnungslegung, Jahresabschlussprüfung

1. Geschäftsjahr ist das Kalenderjahr.
2. Die Stiftung führt ein Vermögensverzeichnis und eine nach Fördersegmenten getrennte, geordnete Zusammenstellung der Einnahmen und Ausgaben.

§ 6
Organe der Stiftung

Organe der Stiftung sind der Vorstand und der Stiftungsrat.

§ 7
Gemeinsame Vorschriften für Vorstand und Stiftungsrat

1. Die Organe werden von ihren Vorsitzenden oder deren Stellvertreter(n) schriftlich unter Bezeichnung der Tagesordnung einberufen. Sie sind beschlussfähig, wenn mehr als die Hälfte ihrer Mitglieder anwesend sind.
2. Über die Sitzungen sind Niederschriften zu fertigen, die von dem Versammlungsleiter und einem weiteren Organmitglied zu unter-

III. Einfache Stiftungssatzung 163

schreiben und bei den Unterlagen der Stiftung aufzubewahren sind. Jedes Organmitglied erhält eine Abschrift.
3. Die Organmitglieder haften nur bei vorsätzlicher oder grob fahrlässiger Verletzung ihrer Sorgfaltspflichten.

§ 8
Vorstand

1. Der Vorstand besteht aus mindestens zwei und bis zu ...... (z.B. fünf) Personen.
2. Den ersten Vorstand beruft der Stifter. Danach werden seine Mitglieder vom Stiftungsrat unter gleichzeitiger Zuordnung eines Vorstandsressorts berufen. Eine erneute Berufung ist zulässig. Nach Ablauf der Amtszeit von bis zu ...... (z.B. vier) Jahren führt der Vorstand die Geschäfte bis zur Amtsübernahme durch den neuen Vorstand fort.
3. Die Vorstandsmitglieder sind ehrenamtlich tätig. Sie haben Anspruch auf Ersatz ihrer angemessenen Auslagen.

§ 9
Aufgaben und Einberufung des Vorstandes

1. Der Stiftungsvorstand hat für die dauernde und nachhaltige Erfüllung des Stiftungszwecks zu sorgen. Er führt die Geschäfte der Stiftung im Rahmen der Beschlüsse des Stiftungsrats.
2. Die Vorstandsmitglieder sind einzeln zur Vertretung der Stiftung berechtigt.
3. Der Vorstand wird von seinem Vorsitzenden oder dessen Stellvertreter nach Bedarf, mindestens aber ...... (z.B. vierteljährlich), einberufen. Die Ladungsfrist beträgt ...... (z.B. zwei) Wochen. Sie kann bei Zustimmung aller Vorstandsmitglieder verkürzt werden.

§ 10
Stiftungsrat

1. Der Stiftungsrat besteht aus mindestens ...... (z.B. fünf) und höchstens ...... Personen. Der Stifter bestellt den ersten Stiftungsrat, von dem nach drei Jahren jedes Jahr zwei Mitglieder durch Rücktritt oder Losentscheid ausscheiden sollen. Der Stiftungsrat bemisst die Amtszeit der von ihm durch Zuwahl ergänz-

ten Mitglieder so, dass jährlich in der Regel nicht mehr als ein Drittel seiner Mitglieder ausscheiden. (Einmalige) Wiederberufung ist zulässig.
2. Bis zu einer Gesamtzahl von ...... (z. B. fünf) Personen kann sich der Stiftungsrat jederzeit selbst ergänzen.
3. Vorstandsmitglieder und Mitarbeiter der Stiftung können dem Stiftungsrat nicht angehören.
4. Der Stiftungsrat wählt aus seiner Mitte einen Vorsitzenden und einen stellvertretenden Vorsitzenden.
5. Die Mitglieder des Stiftungsrats sind ehrenamtlich tätig; Auslagen werden in angemessener Höhe ersetzt.

§ 11
Aufgaben des Stiftungsrats

1. Der Stiftungsrat trifft die strategischen Grundsatzentscheidungen. Er begleitet und überwacht die Geschäftsführung des Vorstandes und hat insbesondere darauf zu achten, dass der Stiftungszweck dauernd und nachhaltig erfüllt wird. Er hat ein unbeschränktes Auskunfts- und Informationsrecht, das er auch durch einen Beauftragten wahrnehmen kann.
2. Der Beschlussfassung durch der Stiftungsrat unterliegen insbesondere:
   a) die Berufung und Abberufung des Vorstandes sowie die diesen betreffenden Rechtsverhältnisse,
   b) der Erlass von Richtlinien zur Erfüllung des Stiftungszwecks,
   c) der vom Vorstand innerhalb des ersten Quartals aufgestellte Geschäftsplan, der auf der Grundlage der strategische Grundsatzentscheidungen einen kurz-, mittel- und langfristigen operativen Rahmen einschließlich Budgetansätze beschreibt,
   d) die Entgegennahme der Rechenschaftsberichte des Vorstandes,
   e) die Genehmigung des Jahresabschlusses,
   f) die Kontrolle der Wirtschaftsführung des Vorstandes durch vom Stiftungsrat berufene Rechnungsprüfer,
   g) die Entlastung der Mitglieder des Stiftungsvorstandes.
3. Der Vorsitzende des Stiftungsrats zusammen mit einem weiteren Mitglied des Stiftungsrats oder zwei vom Stiftungsrat Beauftragte vertreten gemeinsam die Stiftung gegenüber dem Vorstand und, falls der Jahresabschluss geprüft wird, gegenüber dem Abschlussprüfer.

III. Einfache Stiftungssatzung

§ 12
Einberufung des Stiftungsrats

1. Der Stiftungsrat wird von seinem Vorsitzenden oder von seinem Stellvertreter nach Bedarf, mindestens aber ...... (z.B. zweimal) im Kalenderjahr einberufen.
2. Die Ladungsfrist beträgt mindestens ...... (z.B. vier) Wochen. Sie kann im Einvernehmen aller Mitglieder verkürzt werden.
3. Der Stiftungsrat kann auch von einem Viertel seiner Mitglieder oder dem Stiftungsvorstand einberufen werden, wenn eine angemessene Zeit seit deren schriftlich begründetem Einberufungsantrag verstrichen ist.

§ 13
Satzungsänderung

1. Die Stiftungssatzung ist zu ändern, wenn dies nach Auffassung des Vorstandes und Stiftungsrats wegen einer wesentlichen Veränderung gegenüber den im Zeitpunkt der Entstehung der Stiftung bestehenden Verhältnissen geboten ist; sie kann geändert werden, wenn dies im Interesse der Leistungs- und Funktionsfähigkeit der Stiftung zweckmäßig ist.
2. Die Beschlüsse bedürfen der Zustimmung des Vorstandes und einer ¾ Mehrheit des Stiftungsrats.

§ 14
Zweckänderung, Zusammenlegung, Auflösung

1. Der Stiftungszweck ist an die veränderten Verhältnisse anzupassen, wenn die Aufgaben der Stiftung wegfallen oder deren Erfüllung nicht mehr sinnvoll ist. Der geänderte Zweck soll dem ursprünglichen Stiftungszweck möglichst nahe kommen.
2. Die Stiftung ist mit einer anderen zu einer neuen Stiftung zusammenzulegen, wenn die Erfüllung des Stiftungszweckes nur noch auf diesem Weg ganz oder teilweise möglich ist.
3. Die Stiftung kann aufgelöst werden, wenn der Stiftungszweck auf absehbare Zeit nicht erfüllt werden kann und dies auch durch eine Anpassung des Stiftungszwecks nicht möglich ist.
4. Die vorstehenden Maßnahmen bedürfen einer ¾-Mehrheit der Zustimmung des Stiftungsvorstandes und des Stiftungsrats.

5. Im Falle der Auflösung oder Aufhebung der Stiftung oder bei Wegfall ihrer steuerbegünstigten Zwecke fällt ihr Vermögen an ...... (z. B. Kommune, steuerbegünstigter Verband) mit der Auflage, es ausschließlich und unmittelbar für steuerbegünstigte Zwecke im Sinne der Stiftungszwecke zu verwenden.

IV. Satzung einer unselbständigen Stiftung

Vorbemerkung: Rechtsträger einer unselbständigen (nicht rechtsfähigen) Stiftung ist ein Treuhänder, der auf der Grundlage eines Treuhandvertrages, ggf. in Verbindung mit einer Schenkung unter Auflage, die Stiftungsgeschäfte führt. Der Stiftungssatzung kann eine Präambel zur Verdeutlichung der Ziele des Stifters vorangestellt werden.

§ 1
Name, Rechtsform und Sitz der Stiftung

1. Die Stiftung führt den Namen ......
2. Sie ist eine nicht rechtsfähige Stiftung des bürgerlichen Rechts in Verwaltung der ...... (Stiftungsträger) mit Sitz in ...... und wird von dieser im Rechtsverkehr vertreten.

§ 2
Zweck der Stiftung

1. Zweck der Stiftung ist ......
2. Der Zweck wird insbesondere verwirklicht durch ......

§ 3
Gemeinnützigkeit

1. Die Stiftung verfolgt ausschließlich und unmittelbar gemeinnützige/mildtätige/kirchliche Zwecke im Sinne des Abschnitts „Steuerbegünstigte Zwecke" der Abgabenordnung.
2. Die Stiftung ist selbstlos tätig. Sie verfolgt nicht in erster Linie eigenwirtschaftliche Zwecke.
3. Mittel der Stiftung dürfen nur für die satzungsmäßigen Zwecke verwendet werden.
4. Niemand darf durch Ausgaben, die dem Stiftungszweck fremd sind, oder durch unverhältnismäßig hohe Vergütungen begünstigt werden.

§ 4
Grundstockvermögen, Verwendung der Stiftungsmittel

1. Der Stiftungsträger ist verpflichtet, das Stiftungsvermögen getrennt von seinem übrigen Vermögen deklariert als Treuhandvermögen zu verwalten.
2. Das Grundstockvermögen der Stiftung besteht im Zeitpunkt ihrer Errichtung aus
   a) ......,
   b) ......,
   c) ......,
   Der Träger ist berechtigt, Zuwendungen anzunehmen. Zustiftungen sind dem Grundstockvermögen zuzuführen, soweit diese ausdrücklich oder nach den Umständen dazu bestimmt sind.
3. Das Grundstockvermögen ist ungeschmälert in seinem Wert zu erhalten. Soweit wirtschaftlich sinnvoll, sind Vermögensumschichtungen zulässig.
4. Die Stiftung darf im Rahmen der gemeinnützigkeitsrechtlichen Vorschriften Rücklagen bilden und kann freie Rücklagen dem Grundstockvermögen zuführen.
5. Die Verwendung der Stiftungsmittel richtet sich nach dem vom Träger dem Stiftungsrat bis zum Jahresbeginn vorgelegten und von diesem genehmigten Geschäftsplan.
6. Ein Rechtsanspruch auf Leistungen der Stiftung besteht nicht.

§ 5
Rechnungslegung, Rechnungsprüfung

1. Der Träger der Stiftung legt dem Stiftungsrat innerhalb von sechs Monaten nach Abschluss des Geschäftsjahres einen ausführlichen Rechenschaftsbericht vor. Dieser enthält insbesondere detaillierte Angaben über den Stand und die Anlage des Stiftungsvermögens und eine nach Fördersegmenten getrennte, geordnete Zusammenstellung der Einnahmen und Ausgaben.
2. Die Beauftragung eines Wirtschaftsprüfers zur Prüfung der Ordnungsmäßigkeit der Stiftungsverwaltung obliegt dem Stiftungsrat, der hierbei von seinem Vorsitzenden vertreten wird.

IV. Satzung einer unselbständigen Stiftung

§ 6
Stiftungsrat

1. Der Stiftungsrat besteht aus mindestens ...... (z. B. fünf) und höchstens ...... Personen. Der Stifter bestellt den ersten Stiftungsrat. Der Stiftungsrat ergänzt sich bei Bedarf durch ¾-Mehrheitsbeschluss selbst. Zu Lebzeiten des Stifters ist dieser vor der Beschlussfassung anzuhören.
2. Spätestens mit Vollendung des ...... (z. B. fünfundsiebzigsten) Lebensjahres scheidet ein Mitglied aus dem Stiftungsrat aus. Davon abgesehen ist eine Abberufung nur aus wichtigem Grund zulässig.
3. Personen des Stiftungsträgers können dem Stiftungsrat nicht angehören.
4. Der Stiftungsrat wählt aus seiner Mitte einen Vorsitzenden und einen stellvertretenden Vorsitzenden.
5. Die Mitglieder des Stiftungsrats erhalten neben dem Ersatz ihrer angemessenen Auslagen ein Sitzungsgeld in Höhe der an die ehrenamtlichen Mitglieder der kommunalen Volksvertretung einer kleinen Gemeinde insgesamt gezahlten Entschädigung, soweit sie an den Sitzungen teilgenommen haben. Die Einzelheiten beschließt der Stiftungsrat.
6. Der Stiftungsrat gibt sich eine Geschäftsordnung mit ¾-Mehrheitsbeschluss.

§ 7
Aufgaben des Stiftungsrats, Geschäftsführung

1. Der Stiftungsrat trifft die strategischen Grundsatzentscheidungen und hat insbesondere darauf zu achten, dass der Stiftungszweck dauernd und nachhaltig erfüllt wird. Er darf dem Stiftungsträger keine Weisungen in Geschäften der laufenden Verwaltung erteilen. Er begleitet und überwacht die Geschäftsführung des Trägers und kann jederzeit Auskunft über alle die Stiftung betreffenden Vorgänge und Einsicht in alle Unterlagen der Stiftungsverwaltung verlangen.
2. Der Beschlussfassung durch den Stiftungsrat unterliegen insbesondere:
   a) der Erlass von Richtlinien zur Erfüllung des Stiftungszwecks,
   b) die Genehmigung des Geschäftsplans,
   c) die Entgegennahme und Prüfung der Rechenschaftsberichte,

d) die Genehmigung des Jahresabschlusses,
e) die laufende Überwachung der Stiftungsverwaltung,
f) die Festlegung der Treuhandentschädigung,
g) die Entlastung des Trägers der Stiftung,
h) die Zustimmung zur Veräußerung von Stiftungsvermögen.
3. Jedes Mitglied des Stiftungsrats ist berechtigt und verpflichtet, eine pflichtgemäße Geschäftsführung des Trägers und den Ersatz eines etwaigen Schadens zu Gunsten der Stiftung zu verlangen.
4. Der Stiftungsträger erhält die notwendigen und angemessenen Kosten der Stiftungsgeschäftsführung auf der Berechnungsbasis einer preiswerten Verwaltung aus den Stiftungsmitteln erstattet (Treuhandentschädigung). Allgemeine Kostenumlagen des Stiftungsträgers dürfen nicht abgerechnet werden.

§ 8
Einberufung und Beschlussfassung des Stiftungsrats

1. Der Stiftungsrat wird von seinem Vorsitzenden, seinem Stellvertreter oder dem Stiftungsträger nach Bedarf, mindestens aber ...... (z. B. zweimal) im Kalenderjahr einberufen und gleichzeitig der Stiftungsträger informiert.
2. Die Ladungsfrist beträgt mindestens ...... (z. B. vier) Wochen. Sie kann im Einvernehmen aller Mitglieder verkürzt werden. Der Stiftungsrat kann auch von einem ein Viertel seiner Mitglieder einberufen werden, wenn eine angemessene Zeit seit deren schriftlich begründetem Einberufungsantrag verstrichen ist.
3. Der Stiftungsrat ist beschlussfähig, wenn die Hälfte seiner Mitglieder einschließlich des Vorsitzenden oder stellvertretenden Vorsitzenden anwesend sind oder an einer schriftlichen Abstimmung teilnehmen und dieser kein Mitglied in angemessener Frist widerspricht. Der Stiftungsträger ist zur Teilnahme an den Sitzungen ohne Stimmrecht verpflichtet, soweit der Stiftungsrat im Einzelfall nicht anders beschließt.

§ 9
Satzungsänderung

1. Die Stiftungssatzung kann geändert werden, wenn dies wegen einer wesentlichen Veränderung gegenüber den im Zeitpunkt der Entstehung der Stiftung bestehenden Verhältnissen oder im Interesse der Leistungs- und Funktionsfähigkeit der Stiftung geboten ist.

IV. Satzung einer unselbständigen Stiftung

2. Der Stiftungszweck ist an die veränderten Verhältnisse anzupassen, wenn die Aufgaben der Stiftung wegfallen oder deren Erfüllung nicht mehr sinnvoll ist. Der geänderte Zweck soll dem ursprünglichen Stiftungszweck möglichst nahe kommen.
3. Beschlüsse zur Satzungsänderung bedürfen der Zustimmung einer ¾-Mehrheit des Stiftungsrats, zu Lebzeiten des Stifters dessen Zustimmung sowie der Zustimmung des Stiftungsträgers, die dieser nur aus wichtigem Grund verweigern kann.

§ 14
Auflösung, Trägerwechsel

1. Die Stiftung kann aufgelöst werden, wenn der Stiftungszweck auf absehbare Zeit nicht erfüllt werden kann und dies auch durch eine Anpassung des Stiftungszwecks nicht möglich ist.
2. Im Falle der Auflösung, des Wegfalls oder einer schwerwiegenden Pflichtverletzung des Stiftungsträgers oder überhöhter Geschäftsführungskosten kann der Stiftungsrat die Fortsetzung der Stiftung bei einem anderen Träger oder als selbständige gemeinnützige Stiftung beschließen.
3. Im Falle der Auflösung oder Aufhebung der Stiftung oder bei Wegfall ihrer steuerbegünstigten Zwecke fällt ihr Vermögen an ...... (z. B. Kommune, steuerbegünstigter Verein, Stiftung) mit der Auflage, es ausschließlich und unmittelbar für steuerbegünstigte Zwecke im Sinne der Stiftungszwecke zu verwenden.
4. Zu Entscheidungen nach dieser Vorschrift ist die Zustimmung einer ¾-Mehrheit des Stiftungsrats erforderlich.

Erläuterungen

Die Satzung der unselbständigen Stiftung ist keine Satzung im Rechtssinne, sondern Bestandteil des schuldrechtlichen Treuhandverhältnisses.

Ob sich das mit dem Stifter vereinbarte Treuhandverhältnis auf etwaige Zustiftungen weiterer Stifter erstreckt oder eigenständige Treuhandverhältnisse mit den Zustiftern begründet werden, ist durch Auslegung der Zustiftungserklärungen und des (jeweiligen) Treuhandvertrages zu ermitteln.

In die Stiftungssatzung können bei Bedarf auch detaillierte Regelungen zum Gegenstand der Stiftungstätigkeit aufgenommen werden.

V. Treuhandvertrag für unselbständige Stiftung

1. Präambel

Der Stifter ...... möchte ...... fördern und gründet zu diesem Zweck hiermit eine unselbständige Stiftung.

2. Vermögensausstattung

Der Stifter verpflichtet sich zur unentgeltlichen Übertragung der folgenden Vermögensgegenstände an ......, vertreten durch ...... als Stiftungstreuhänder/Träger der Stiftung:
a) ...... Übergabe durch ......
b) ...... Übergabe durch ......
c) ...... Übergabe durch ......
Die Übergabe erfolgt am/bis zum ......

- Alternative Schenkung unter Auflage:
Die Übergabe erfolgt am/bis zum ...... als Schenkung unter Auflage.

3. Stiftungstreuhänder

Der Stiftungstreuhänder verwaltet das Stiftungsvermögen nach Maßgabe der anliegenden Stiftungssatzung unter dem Namen ......-Stiftung getrennt von seinem übrigen Vermögen. Er darf die Vermögensverwaltung nur mit vorheriger Zustimmung des Stiftungsrats auf Dritte übertragen.

Der Stiftungstreuhänder führt die Geschäfte der Stiftung mit kaufmännischer und treuhändischer Sorgfalt im Rahmen und nach näherer Bestimmung der anliegenden Stiftungssatzung und der Beschlüsse des Stiftungsrats.

Dem Stiftungsvermögen darf der Treuhänder jeweils zum Jahresende eine Vergütung in Höhe von ......% zzgl. gesetzlicher MwSt. der aus dem Stiftungsvermögen erzielten Bruttojahreseinnahmen entnehmen. Damit sind alle Ansprüche, auch auf Auslagenersatz etc., abgegolten.

4. Stiftungsrat

Dem ersten Stiftungsrat gehören an ......

- Nur bei Treuhandvertrag ohne Schenkung unter Auflage:

5. Widerruf und Rechtsnachfolge

Der Stifter hat zu seinen Lebzeiten das Recht, diese Treuhandvereinbarung zu widerrufen und das noch vorhandene Stiftungsvermögen zurückzufordern, wenn der Treuhänder die ihm aus diesem Vertrag obliegenden Verpflichtungen unzureichend erfüllt. Davon abgesehen ist ein Widerruf oder eine Kündigung nur aus wichtigem Grund zulässig.
Die Rechte und Pflichten des Stifters aus dieser Treuhandvereinbarung sind vererblich.

....
Ort, Datum   Unterschrift(en)

Anlage: Stiftungssatzung

Erläuterungen

Der Treuhandvertrag einer unselbständigen Stiftung kann gestaltet[384] werden als
- reines Treuhandverhältnis mit Rückforderungsanspruch nach Kündigung oder anderweitiger Beendigung des Treuhandvertrages[385] oder
- als wesentlich rechtssicherere Schenkung unter Auflage, bei der keine Widerrufs-, aber Schadensersatzansprüche im Falle eines fehlerhaften Umgangs mit der Auflage bestehen.[386]

Der Treuhandvertrag bedarf zusammen mit der Satzung der unselbständigen Stiftung auf jeden Fall der notariellen Beurkundung, wenn mit dem „Stiftungsgeschäft" Grundstücke oder Gesellschaftsanteile übertragen werden sollen.

Die Einzelheiten des Treuhandverhältnisses ergeben sich aus der dem Treuhandvertrag als Anlage beigefügten Stiftungssatzung.

VI. Ablaufplan zur Stiftungsgründung

- Herausarbeitung der konkreten Ziele
- Chancen/Risiken der Zielerreichung abwägen
  z. B. Analyse des Spender- und Stiftungsmarktes
- Zusammenstellung der Verbündeten/potentiellen Interessenten
- Rechtsformwahl
  (unselbständige) Stiftung, Verein (Förderverein), gGmbH[387] – auch als ergänzende Organisation?
- Formulierung der Stiftungszwecke
- Erarbeitung der Organisationsstruktur
  Anzahl und Art der Organe
  Zusammensetzung
  Kompetenzen
- Entwurf der Satzung
- Diskussion im Kreis der Gründungsstifter
- Abstimmung der Satzung mit der Finanzverwaltung und der Stiftungsaufsicht
- Berufung eines Treuhänders/Gründung eines Fördervereins?
  Verlagerung des Gründungsrisikos auf einen größeren Unterstützerkreis
- **Stiftergeschäft**
  Schriftform[388] – häufig wird die notarielle Beurkundung gewählt
- **Beantragung der Anerkennung bei der Stiftungsaufsicht**
- **Anerkennung**
  Anspruch der Stiftung auf Übertragung des Gründungsstocks
- **Aufbau der Organisation**
- **Strategische Planung zur weiteren Entwicklung**[389]

VII. Struktur eines Geschäftsplans

- Satzungsmäßige Zielsetzung/Geschäftsidee
- Beschreibung der Rahmenbedingungen
  Stärken/Schwächen und Chancen/Risiken-Analyse
  Auseinandersetzung mit den Kernkompetenzen und der Umfeldentwicklung
- **Zusammenstellung der strategischen Ziele**[390]
  Ideelle, fachlich/inhaltliche und wirtschaftliche Zielsetzungen
  Gesamtziel
  Teilziele
- **Grundaussagen zum Geschäftsplan**
  Ideelle, fachlich/inhaltliche und wirtschaftliche Grundaussagen
- **Übersicht zum Umsetzungsstand**
  Soll-Ist-Vergleiche
  Abweichungsanalysen
- **Wirtschaftlicher Teil des Geschäftsplans**
  Langfristige Planung (5-Jahreszeitraum)
  Jahresplanung
  Planprämissen und Planverwirklichungsrisiken
  Auswirkungen auf die Planansätze, Alternativszenarien
  Wenn-dann-Korrelationen
- **Anlagen**
  zum Beispiel Vorjahresvergleich zur Kostenstellenentwicklung
  Zeitplan zum Organisationsentwicklungskonzept

Erläuterungen

Der Geschäftsplan dient folgenden Zielsetzungen:
- Internes Planungs- und Kontrollinstrument,
- Kommunikationsgrundlage nach außen sowie als
- Grundlage der Finanzierung.

VIII. Hinweise zu Rechnungswesen und Controlling

Diese Checkliste soll praktische Hilfe bei der Planung und Beurteilung des eigenen Rechnungswesens bieten. Zu den rechtlichen Grundlagen siehe die Kommentierung von § 5 der Mustersatzung. Bei der Gestaltung des Rechnungswesens einer Stiftung besteht relativ großer Spielraum, da

– rechtsformspezifische Vorschriften nur in geringem Umfang bestehen (Landesstiftungsgesetze, Auftragsrecht aus dem BGB),
– branchenspezifische Vorschriften nur für entsprechende Unternehmensträgerstiftungen gelten, z. B. die Pflege-Buchführungsverordnung für den Träger von ambulanten oder stationären Altenpflegeeinrichtungen sowie
– weitere fachliche Standards (z. B. DZI, IDW) nur vereinzelt von Belang sind.

Die an den praktischen Bedarf von Stiftungen orientierte Gestaltung von Rechnungswesen und Controlling sollte folgendes ermöglichen:

– dem Vorstand bzw. einer angestellten Geschäftsführung die am Stiftungszweck orientierte und alle rechtlichen Vorgaben berücksichtigende Führung der Geschäfte,
– dem Stiftungsrat eine ausreichende Grundlage für seine Meinungsbildung zu strategischen Grundlagenentscheidungen und zur Kontrolle der operativen Tätigkeit des Vorstandes,
– allen Organen der Stiftung die rechtzeitige Erkennung von Risiken und den Umfang der wirtschaftlichen sowie ideellen Zielerreichung sowie
– der Öffentlichkeit einen Einblick in die Arbeit der Stiftung, die dem gesellschaftlichen Auftrag der Stiftung und ihrem Kommunikationsbedürfnis, z. B. in Bezug auf Zustiftungen, entspricht.

Aus diesen Rahmenbedingungen lassen sich folgende Empfehlungen ableiten, auf deren Umsetzung die Stiftungsorgane, außer ggf. bei sehr kleinen Förderstiftungen, Wert legen sollten:

- Die **Bilanzierung** ist gegenüber der Einnahmen-Ausgaben-Rechnung unbedingt vorzuziehen. Nur im Rahmen der Bilanzierung (kaufmännischen oder doppelten Buchführung nach HGB) werden Zahlungen den zugehörigen Geschäftsjahren zugeordnet, so dass ein zutreffender Einblick in die Vermögens-, Finanz- und Ertragslage erzielt werden kann.
- Die **Gliederung des Kontenplans** und die Bildung von Abschlussposten der Bilanz bzw. Gewinn- und Verlustrechnung sollte auf die

VIII. Hinweise zu Rechnungswesen und Controlling

spezifischen Bedingungen von Stiftungen allgemein und die Aufgabenstruktur der einzelnen Stiftung Rücksicht nehmen. In der Bilanz sind neben den üblichen Posten zwingend das Stiftungskapital laut Stiftungsgeschäft (wg. der Kapitalerhaltungspflicht), Zustiftungen (aus gleichem Grund, kann auch dem Stiftungskapital zugeschrieben werden), Kapitalerhaltungsrücklagen (sofern eine reale Kapitalerhaltung in der Satzung vorgeschrieben ist oder freiwillig angestrebt wird), sonstige zweckgebundene Rücklagen und Ergebnisvortrag getrennt auszuweisen. Sofern Spenden gesammelt werden, sind für Anlagegüter verwendete Spenden zu passivieren (Sonderposten für spendenfinanzierte Investitionen) und über die Nutzungsdauer des Anlagegutes jährlich anteilig als Spendenertrag aufzulösen. Noch nicht verwendete, meist zweckgebundene Spenden sind als Verbindlichkeit aus noch nicht verwendeten Spendenmitteln zu passivieren und soweit zutreffend im Kontenplan nach verschiedenen Spendenzwecken zu differenzieren. Aus der Annahme von Spenden und Erbschaften resultieren häufig langjährige Verpflichtungen, die dann als Rückstellung auszuweisen sind, z. B. für die Grabpflege eines Erblassers.

- Eine Kostenstellenrechnung sollte eingeführt werden und neben den vier steuerlichen Sparten (Siehe A.VIII. Steuerbegünstigung) bei einer steuerbegünstigten Stiftung die Ergebnisse wesentlicher Bereiche aufgliedern. Dies können in der Praxis z. B. die Vermögensverwaltung (bereits aus steuerlichen Gründen), die Mittelbeschaffungsaktivitäten (= Fundraising), die Förderaktivitäten (gegliedert in wesentliche Förderbereiche), die operative Tätigkeit (ebenfalls in wesentliche Bereiche gegliedert) und zentrale Leistungen (Geschäftsführung, Verwaltung, übergreifend genutzte Immobilien, Stabsstellen wie z. B. Öffentlichkeitsarbeit) sein.
- Bei einer ausgeprägten Projektorganisation sollte die Einführung einer Kostenträgerrechnung erwogen werden. Damit können neben Projektebereichen (über Kostenstellen) auch einzelne Projekte (über Kostenträger) in ihrem wirtschaftlichen Ergebnis verfolgt werden.
- In der Regel sind die Ziele von Stiftungen nicht auf eine Gewinnerzielung beschränkt, sondern im Gegensatz zu Unternehmen vielschichtiger. Operative (steuerbegünstigte) Stiftungen verfolgen primär ideell motivierte Sachziele. Auch Förderstiftungen streben neben der Maximierung bereitgestellter Fördergelder in der Regel auch eine maximale Wirksamkeit der eingesetzten Mittel an. Familien- und steuerpflichtige Unternehmensträgerstiftungen verfolgen häufig neben den ökonomischen Zielen weitere soziale, kulturelle oder gesellschaftspolitische Ziele. Daher sollten diese Stiftungen auch Kriterien für die Wirksamkeit ihrer Arbeit entwi-

ckeln und diese evaluieren. Dazu wird vorrangig die Entwicklung von Kennzahlen erforderlich sein. Zur koordinierten Verfolgung finanzieller und inhaltlicher Ziele eignet sich z. B. die Einführung einer individuell gestalteten Balanced Scorecard.[391] Dieses Instrument lässt sich so anpassen, dass die Erreichung von Sachzielen, der erfolgreiche Umgang mit spezifischen Anspruchsgruppen, die Prozessqualität der Arbeit und die langfristige Erhaltung von Innovationspotentialen mit konkreten Kennzahlen gesteuert werden können.

- Als Datenbasis für das Kennzahlengerüst der Balanced Scorecard kann die Entwicklung individueller Evaluationsverfahren von einfachen Kennzahlen zur Reichweite von Aktionen über Befragungen bis zu sozialempirischen Untersuchungen angemessen sein. Als Grundsatz für eine verantwortungsbewusst geführte Stiftung sollte gelten:
Keine Maßnahmenplanung ohne klar definierte Ziele, keine Umsetzung ohne vorab fest eingeplante Evaluation.

Hinweise zu den Regelungen des Deutschen Zentralinstituts für soziale Fragen, des Deutschen Spendenrates sowie der Stellungnahme des Instituts der Wirtschaftsprüfer für die Rechnungslegung von Stiftungen und spendensammelnden Organisationen:

Die Regelungen des Deutschen Zentralinstituts für soziale Fragen, DZI, und des Deutschen Spendenrates richten sich nur an ihre spendensammelnden Mitglieder. Die Stellungnahmen des Instituts der Wirtschaftsprüfer, IDW, für die Rechnungslegung von Stiftungen und für spendensammelnde Organisationen sind für die rechnungslegenden Organisationen nicht verbindlich und haben sich in der Vergangenheit nur eingeschränkt als praxisrelevant erwiesen. So wurde z. B. die Forderung, noch nicht eingesetzte Spendenmittel mit einem sog. „Zweckhinweis", d. h. einer sehr allgemeinen Zweckbindung, nicht als Verbindlichkeit aus noch nicht verwendeten Spendenmitteln, sondern als Rücklage aus noch nicht verwendeten Spendenmitteln mit Zweckhinweis auszuweisen, in der allgemeinen Praxis nicht aufgegriffen und in einer späteren Fassung der Stellungnahme IDW-RS-HFA-21 (Stand 11. 3. 2010) aufgegeben. Kritisch zu sehen sind in der vorgenannten Stellungnahme u. a. die gewagte These, ein vorgedruckter Verwendungszweck auf einem Überweisungsträger würde den Spendenempfänger nicht zur entsprechenden Verwendung der Spende verpflichten (Tz. 3), die vage und damit praktisch nicht hilfreiche Formulierung, dass eine ausdrückliche Zuweisungen zum Eigenkapital *ggf.* auch bei Erbschaften etc. erforderlich sei ohne Nennung der entsprechenden Bedingungen (Tz. 23) oder die fehlende rechtliche Begründung, warum Zinserträge aus noch nicht verwendeten zweckgebundenen Spenden nur bei ausdrücklicher Vereinbarung mit dem Spender der gleichen Zweckbindung unterliegen sollen (Tz. 33).

IX. Maßnahmen zur Reduzierung der Haftungsrisiken von Organmitgliedern

Auch Stiftungen blieben in der Vergangenheit von wirtschaftlichen Verlusten und Krisen nicht verschont. Ursachen waren z.B. Missmanagement, Finanzkrise, verstärkter Wettbewerb in der Sozialwirtschaft, Rückgang öffentlicher Förderungen oder kriminelle Handlungen. Zunehmend werden Stimmen laut, dass auch bei Nonprofit-Organisationen die Organmitglieder für ihr Fehlverhalten in Anspruch genommen werden sollen. Die rechtlichen Voraussetzungen dafür bestehen schon seit langem.[392] Häufig wird übersehen, dass die persönliche Haftung weitgehend unabhängig davon besteht, über welche Kenntnisse das Organmitglied verfügt, welche zeitlichen Ressourcen es zur Verfügung hat und ob es weitere Organmitglieder gibt. Nachfolgend werden einige besonders wichtige Maßnahmen zur Vermeidung oder Verringerung der persönlichen Risiken von Mitgliedern des Stiftungsrates, des Stiftungsvorstandes und anderer Organe aufgeführt:

1. Beachtung der Grundsätze einer guten Corporate/Nonprofit Governance in der Satzung (Trennung von Kontrolle und Geschäftsführung, ausgewogene Machtbalance, etc.)
2. klare Aufgaben- und Kompetenzverteilung zwischen den Gremien und bei entsprechender Ressortzuordnung innerhalb der Gremien
3. Auswahl von qualifizierten Organmitgliedern bzw. Geschäftsführung
4. qualifizierte Ausübung von Kontrollaufgaben, auch unter Hinzuziehung von externen Experten, z.B. Wirtschaftsprüfer
5. regelmäßige Selbstevaluation der Organtätigkeit, z.B. zur Hälfte der Amtszeit oder mindestens alle drei Jahre
6. strategisches Controlling, um sich frühzeitig auf relevante Veränderungen im Umfeld der Stiftung einstellen zu können
7. operatives Controlling für Finanz- und Sachziele, um Fehlentwicklungen als Soll-Ist-Abweichungen zeitnah erkennen zu können
8. Risikomanagement (systematische Sammlung von Risiken und Sicherstellung geeigneter Maßnahmen)[393] inkl. Corporate Compliance (Zusammenstellung aller wesentlichen gesetzlichen, vertraglichen und sonstigen rechtlichen Bestimmungen und Absicherung ihrer angemessenen Beachtung)

IX. Maßnahmen zur Reduzierung der Haftungsrisiken

9. als Ergebnis einer systematischen Risikoanalyse: sachgerechte, laufend aktualisierte und in der Anwendung überwachte Regelungen in allen kritischen Bereichen, z. B. Richtlinien zur Vermögensverwaltung, zur Vergabe von Fördermitteln, zur Ausstellung von Zuwendungsbestätigungen, in einzelnen Geschäftsfeldern etc.
10. dto. (als Ergebnis der Analyse): Einführung und laufende Pflege spezifischer Risikomanagementsysteme, z. B. Innenrevision zum Schutz vor Unterschlagungen und anderen Formen der Mittelfehlverwendung, Datenschutzkonzepte, Notfallplanungen, etc.
11. dto.: schriftlich geregelte klare Delegation von Verantwortlichkeiten an ausreichend qualifizierte und laufend überwachte Fachkräfte, z. B. Bereichsleitungen, aber auch Datenschutzbeauftragter, Beauftragter für Arbeitssicherheit etc.
12. dto.: systematische, regelmäßige externe Beratung in Spezialgebieten, in denen kein ausreichendes eigenes Know-how, sondern nur laufend aktualisiertes Basiswissen vorgehalten werden kann, z. B. Steuerberatung, arbeitsrechtliche Beratung, Beratung zum Versicherungsschutz etc.
13. Abschluss der notwendigen Versicherungen, insbesondere Vermögensschadenshaftpflicht einschließlich Versicherung von Schäden auf Grund wissentlicher Pflichtverletzungen der Organmitglieder,[394] Betriebshaftpflichtversicherung, Sachversicherungen, usw. (z. B. Betriebsunterbrechungs-, Unfall-, Dienstreise-, Rechtsschutz- und Vertrauensschadenversicherung) mit ausreichenden Deckungssummen
14. Haftungsausschluss- und Haftungsfreistellungsklauseln in der Satzung, die allerdings zu einer reinen Risikoverlagerung auf die Stiftung führen

Zur erfolgreichen Führung einer Stiftung gehört auch die Bereitschaft, vorher sorgfältig abgewogene Risiken einzugehen. Eine reine Risikovermeidung führt zur Arbeitsunfähigkeit jeder Organisation.

X. Checkliste Geschäftsordnung für den Stiftungsrat

Im Stiftungsrat kommen häufig Personen zusammen, die sonst nicht in einer regelmäßigen Arbeitsbeziehung stehen. Innerhalb kürzester Zeit müssen sie zu einer guten Zusammenarbeit finden und mit wenigen Treffen im Jahr über die Entwicklung der Stiftung wachen sowie positive Impulse beisteuern. Durch eine Geschäftsordnung kann das Zusammenspiel über die Stiftungssatzung hinaus geregelt werden, damit möglichst wenig Zeit durch die Diskussion von Verfahrensfragen verloren geht und neue Gremienmitglieder schnell in den Arbeitsablauf hineinfinden. Die Geschäftsordnung kann zugleich als Arbeitsanleitung dienen. Die folgenden Stichworte liefern Anregungen zu möglicherweise sinnvollen Regelungsbereichen.

- Präambel
  - Funktion der Geschäftsordnung
  - Wertorientierung, z.B. an den Zielen und Werten des Stifters, am Leitbild der Stiftung und aus § 2 der Mustersatzung
  - Verbundorientierung, Verpflichtung zum Interessenausgleich zwischen Verbund und Stiftung, sofern die Stiftung in eine Verbandsstruktur eingebunden ist oder als Mutter einer Holdingstruktur dient
  - Grundsätze der Arbeitsweise, z.B. transparent, klar und konsequent[395]
  - Verpflichtung zur vertrauensvollen Zusammenarbeit innerhalb des Stiftungsrats und mit anderen Organen der Gesellschaft, insbesondere dem Vorstand, sowie ggf. des Verbundes
- Aufgaben des Stiftungsrats
  - Verweis auf Stiftungssatzung bezüglich der Organfunktion, nachrichtliche Auflistung um in der Geschäftsordnung einen vollständigen Überblick über die Aufgaben zu erhalten
  - Ziele und konkrete Aufgaben als vertiefende Ausführung, z.B. Beschreibung der Funktionen Beratung, Kontrolle und Vertretung der Stiftung gegenüber dem Vorstand
  - Grundsätze, wie z.B. langfristige Orientierung der Entscheidungen, transparente Abwägung ideeller und wirtschaftlicher Ziele, Ausrichtung allen Handelns am wohlverstandenen Stifterwillen
- Erwartungen an die Gremienmitglieder
  - fachliche Qualifikation
  - zeitlicher Einsatz
  - Vor-, Nachbereitung von Sitzungen

X. Checkliste Geschäftsordnung für den Stiftungsrat

- besondere Aufgaben des Vorsitzenden, z. B. Einladung, Vorbereitung, Abstimmung mit dem Vorstand, Sicherstellung der Dokumentation
- Umgang mit Interessenkollisionen
- Ausschüsse und externe Unterstützung
  - Zielsetzung von Ausschüssen
  - Bildung und Auflösung von Ausschüssen
  - Arbeitsweise in den Ausschüssen
  - Zusammenspiel zwischen Stiftungsrat und Ausschuss
  - Nutzung von externer Unterstützung, z. B. Voraussetzungen, Kosten, Verschwiegenheit, Umgang mit den Ergebnissen
- Qualität der Stiftungsratstätigkeit
  - Mitgestaltung der strategischen Planung und eines Frühwarnsystems als Teil des Chancen- und Risikomanagementsystems
  - Beurteilung des internem Überwachungssystem der Stiftung bzw. des Verbundes
  - Zusammenarbeit mit der Innenrevision und dem Wirtschaftsprüfer
  - Steuerung mittels differenziertem Geschäftsplan und unterjährig einer Balanced Scorecard[396]
  - Beurteilung von Qualitätsmanagement und Organisationshandbuch
  - Dokumentation von Entscheidungen (Protokollierung, Grundsatz der Schriftlichkeit)
  - Nutzung von elektronischer Kommunikation (E-Mail, Intranet) und ggf. Managementtools der Stiftung, z. B. lesender Zugriff auf die Projektplanung und das Berichtswesen
- Zusammenarbeit mit Gremien
  - allgemeine Grundsätze
  - Hinweise zu einzelnen Gremien (Vorstand, Stiftungsversammlung), jeweils mit Verweis auf Stiftungsvertrag, vertiefender Erläuterung, Informationsrechte und -pflichten, Zustimmungsvorbehalten
- Zusammenarbeit innerhalb des Stiftungsrats
  - Ressortabgrenzung
  - Gesamtverantwortung
  - Form und Verfahren der Information, Beschlussfassung und Dokumentation
  - Vertretungsregelung bezüglich der Ressorts
  - Evaluation der Zusammenarbeit

XI. Checkliste Geschäftsordnung für den Vorstand (Geschäftsführung)

Die Geschäftsordnung dient der praxisorientierten Konkretisierung der Aufgaben, Pflichte und Rechte des Stiftungsvorstandes als Geschäftsführungsorgan der Stiftung. Dazu verweist sie auf die Stiftungssatzung, Leitbild der Stiftung und ggf. weitere Dokumente. Sie regelt insbesondere die Zusammenarbeit bei mehreren Vorstandsmitgliedern und mit den anderen Stiftungsorganen. Über die Stiftungssatzung und/oder den Dienstvertrag und/oder eine gesonderte Unterzeichnung wird sie zur verbindlichen Grundlage der Vorstandsarbeit/Geschäftsführung. Bereits in der Stiftungssatzung getroffene Regelungen können durch die Geschäftsordnung nicht verändert, sondern nur konkretisiert werden. Die Checkliste liefert Anregungen für ggf. regelungsbedürftige Fragestellungen.

- Präambel
  - Funktion der Geschäftsordnung
  - Wertorientierung, z.B. an den Zielen und Werten des Stifters, am Leitbild der Stiftung und aus § 2 der Mustersatzung
  - Verbundorientierung, Verpflichtung zum Interessenausgleich zwischen Verbund und Stiftung, sofern die Stiftung in eine Verbandsstruktur eingebunden ist oder als Mutter einer Holdingstruktur dient
  - Hervorhebung von Führungsgrundsätzen (aus dem Leitbild oder als gesonderte Führungsrichtlinien der Stiftung), z.B. Transparenz, Delegation, Führung durch Ziele
  - Verpflichtung zur vertrauensvollen Zusammenarbeit innerhalb des Vorstands und mit anderen Organen der Stiftung sowie ggf. des Verbundes, Umgang mit Interessenkollisionen
- Aufgaben des Vorstands
  - Verweis auf Stiftungssatzung bezüglich der Organfunktion, nachrichtliche Auflistung um in der Geschäftsordnung einen vollständigen Überblick über die Aufgaben zu erhalten
  - Ziele und konkrete Aufgaben, ggf. in Verbindung mit einem Verweis auf den Anstellungsvertrag
  - Grundsätze, wie Wirtschaftlichkeit, transparente Abwägung ideeller und wirtschaftlicher Ziele
- Qualität der Geschäftsführung
  - Errichtung eines Chancen- und Risikomanagementsystems[397] einschließlich strategischem und operativen Controlling, Frühwarnsystem und internem Überwachungssystem, Corporate Compliance

XI. Checkliste Geschäftsordnung für den Vorstand 185

- Steuerung mittels Balanced Scorecard[398]
- Qualitätsmanagement
- Dokumentation von Entscheidungen (Protokollierung, Grundsatz der Schriftlichkeit)
- Nutzung von gemeinsamen Tools, z. B. im Intranet[399]
• Zusammenarbeit im Verbund, sofern die Stiftung in weitergehende Strukturen eingebunden ist
  - Verweis auf Verbundrichtlinie
  - personelle und sachliche Zusammenarbeit
  - verbindliche Leistungsabnahme
  - Einhaltung von Standards (EDV, Controlling[400] und MIS[401], QM, ...)
• Zusammenarbeit mit Gremien
  - allgemeine Grundsätze, z. b. zur Zusammenarbeit mit den Aufsichtsgremien[402] oder der Stiftungsversammlung
  - Verweise auf Stiftungssatzung mit vertiefender Erläuterung
  - Informationsrechte und -pflichten
  - Zustimmungsvorbehalte
  - Rückversicherung in Zweifelsfällen
  - Behandlung von Eilfällen
• Zusammenarbeit innerhalb des Vorstandes
  - Ressortabgrenzung
  - Gesamtverantwortung
  - wechselseitige laufende Unterrichtung
  - Form und Verfahren der Information, Beschlussfassung und Dokumentation
  - Vertretungsregelung
  - Evaluation der Zusammenarbeit

XII. Checkliste Nonprofit Governance

Nicht nur bei der Gründung, sondern auch im Rahmen einer Evaluation alle ein bis zwei Jahre sollte die Qualität der Unternehmensleitung auf den Prüfstand kommen. Die für die **laufende Überprüfung** wichtigsten Aspekte aus A. III. 3. werden in dieser Checkliste als Kontrollfragen für die Selbstevaluation zusammengestellt. Eine Checkliste speziell für den Stiftungsrat siehe D. XIII.

1. **Ideelle Orientierung:** Gibt es eine strategische Planung, die sich erkennbar an den ideellen Werten der Stiftung orientiert?
2. **Strategische Planung:** Gibt es eine systematische strategische Planung, die gemeinsam von Stiftungsrat und Vorstand entwickelt und schriftlich dokumentiert wird?
3. **Kommunikation mit Anspruchsgruppen:** Werden die Wertorientierung, strategische Unternehmensentscheidungen und die Entwicklung der Stiftung gegenüber wesentlichen Anspruchsgruppen differenziert kommuniziert, z. B. durch Veröffentlichung von Jahresabschluss und Geschäftsbericht?
4. **Dokumentation:** Dokumentiert ein Organisationshandbuch (oder entsprechender Bereich im Intranet) wesentliche Zuständigkeiten, Arbeitsabläufe und Regelungen in aktueller, verständlicher und ausreichend umfassender Form?
5. **Unternehmensverbund:** Werden, z. B. bei einer Holding oder verbandsnahen Stiftung, durch das Organisationshandbuch und das Controllingsystem alle verbundenen Unternehmen nahtlos und transparent integriert, ohne dass „blinde Flecken" für Aufsicht und Steuerung entstehen?[403]
6. **Trennung Aufsicht/Kontrolle und Geschäftsführung:** Bleiben in der tatsächlichen Ausfüllung der Funktionen Aufsicht und Kontrolle getrennt von der Geschäftsführung, d. h. beschränkt sich das Aufsichtsorgan auf die ihm zugewiesenen Aspekte der Aufsicht (Kontrolle, Beratung und im vorgesehenen Umfang Mitwirkung bei der strategischen Planung) oder entwickelt es sich faktisch zur operativen Geschäftsführung?
7. **Zusammenwirken von Stiftungsrat und Vorstand:** Stimmt zwischen Stiftungsrat und Vorstand die Balance zwischen harmonischer, produktiver Zusammenarbeit einerseits und kritischem Hinterfragen der Planungen und Führungsergebnisse andererseits?
8. **Gremiensitzungen:** Stehen notwendige Unterlagen und Protokolle zeitnah und komfortabel zur Verfügung? Finden die Gre-

XII. Checkliste Nonprofit Governance 187

miensitzungen satzungskonform statt und zeichnen sich auf der Basis guter Vorbereitung, regelmäßiger Teilnahme der Mitglieder und sachkundiger Moderation durch produktive Arbeitsergebnisse aus oder gibt es irgendwelche Arbeitshemmnisse struktureller oder personeller Art?

9. **Besetzungen:** Werden die Organe im Rahmen einer weitsichtigen Nachfolgeplanung, ohne direkten Wechsel aus dem Vorstand/der Geschäftsführung in das Aufsichtsgremium und entsprechend sachlich begründeter Kompetenzprofile besetzt, so dass ideelle, wirtschaftliche und fachliche Aspekte jederzeit ausreichend berücksichtigt sind?

10. **Überprüfung „kritischer" Regelungen:** Sind folgende Regelungen, soweit gegeben, zutreffend gestaltet und wird ihre Praxis angemessen kontrolliert: bestehende Interessenkollisionen bei Organmitgliedern, gewährte Alleinvertretungsberechtigungen, Gestattung von In-Sich-Geschäften, Geschäfte zwischen der Stiftung und Organmitgliedern sowie deren Angehörigen?

11. **Wirtschaftsprüfung:** Wird ein branchenerfahrener Wirtschaftsprüfer direkt durch den Stiftungsrat/die Stifterversammlung beauftragt und mit ihm ausreichend ausführlich persönlich kommuniziert? Werden Interessenkollisionen – z.B. durch die Verbindung mit umfangreichen Beratungsaufträgen oder persönlichen Beziehungen zur Geschäftsführung – vermieden und wird durch regelmäßige Rotation im Prüferteam[404] einer Betriebsblindheit vorgebeugt?

12. **Operatives Controlling:** Erhalten die Organe zeitnahe, verständliche und ausreichend differenzierte Berichte zur wirtschaftlichen und fachlichen Entwicklung, z.B. als Soll-Ist-Vergleiche auf Kostenstellenebene und als Balanced Scorecard?

13. **Geschäftsführung:** Funktioniert bei einem mehrköpfigen Vorstand die klare Aufgabenabgrenzung, kooperative Zusammenarbeit und kritische Einsicht in die Bereiche des jeweils anderen? Gilt Entsprechendes bei einem einköpfigen Vorstand in Verbindung mit seiner Stellvertretung durch einen Mitarbeiter ohne Organstellung/besonderen Vertreter?[405]

XIII. Checkliste Selbstevaluation des Stiftungsrates

Der Stiftungsrat sollte alle ein bis zwei Jahre seine Arbeitsweise kritisch überprüfen. Dies kann als Selbstevaluation oder durch externe Begleitung erfolgen. Der Fragenkatalog führt die wichtigsten Aspekte auf.[406]

- Entspricht die Zusammensetzung des Stiftungsrates den Vorschriften der Stiftungssatzung und den tatsächlichen Anforderungen an seine Funktion?
- Handelt es sich um einen ausreichen kleinen (bis höchstens sieben Personen) oder durch Ausschüsse strukturierten Stiftungsrat, so dass er auch in Krisensituationen praktisch arbeits- und entscheidungsfähig ist?
- Finden genügend und ausreichend vorbereitete Sitzungen statt, um das Aufgabenpensum zu bewältigen?
- Nehmen die Stiftungsratsmitglieder ausreichend regelmäßig und vorbereitet an den Sitzungen teil?
- Werden die Sitzungen gut strukturiert, ergebnisorientiert moderiert, zeitnah dokumentiert und findet eine Beschlusskontrolle statt?
- Wird der Stiftungsrat frühzeitig, umfassend und sachgerecht durch die Geschäftsführung (= den Stiftungsvorstand) und den Vorsitzenden des Stiftungsrats unterrichtet?
- Wird insbesondere fristgerecht ein ausreichend detaillierter und fundierter Geschäftsplan vorgelegt?
- Werden bei der Arbeit wirtschaftliche und ideelle Ziele ausbalanciert?
- Besteht ein ausreichendes Chancen- und Risikomanagement/ Corporate Compliance?
- Besteht eine vertrauensvolle Zusammenarbeit
  - innerhalb des Stiftungsrats,
  - mit dem Vorstand/der Geschäftsführung und
  - ggf. weiteren Organen der Stiftung, z. B. Stiftungsversammlung?
- Nimmt der Stiftungsrat seine Führungs- und Kontrollfunktion gegenüber dem Vorstand bzw. der Geschäftsführung wahr,
  - indem er sich kritisch mit Vorschlägen der Geschäftsführung auseinandersetzt,
  - Engagement und Erfolge deutlich positiv würdigt und
  - bei unbefriedigenden Ergebnissen und Verhaltensweisen ausreichend deutlich und konsequent reagiert?
- Ist die Zusammenarbeit mit dem Wirtschaftsprüfer sachgerecht, insbesondere

XIII. Checkliste Selbstevaluation des Stiftungsrates

- wird ein branchenerfahrener Wirtschaftsprüfer ausgewählt, beauftragt und wechselt die personelle Besetzung des Prüfungsteams in angemessenem Umfang,[407]
- erfolgt eine unmittelbare, regelmäßige, mindestens jährliche Aussprache mit dem Wirtschaftsprüfer
- gibt es die Gelegenheit zum Austausch mit dem Wirtschaftprüfer auch in Abwesenheit des Vorstands/der Geschäftsführung
- wird der Wirtschaftsprüfer bei Bedarf über die Pflichtprüfung hinaus prüfend (nicht: beratend) für Fragestellungen zur Qualität der Verwaltung und Geschäftsführung in Anspruch genommen?
- verzichtet der Wirtschaftsprüfer auf aggressives Cross-Selling (auf nachfolgende Beratungsaufträge ausgerichtete Prüfungshandlungen) und werden für die Beratungen statt dessen Spezialisten eingesetzt?[408]
- wird die Tätigkeit des Wirtschaftsprüfers vor dem Hintergrund der in der Öffentlichkeit geübten Kritik[409] regelmäßig kritisch gewürdigt?

• Bestehen Interessenkollisionen oder können solche in nächster Zeit auftreten
- z. B. durch Wechsel aus dem Vorstand/der Geschäftsführung in den Stiftungsrat
- persönliche Beziehungen zum Vorstand/zur Geschäftsführung oder Mitarbeitern der Gesellschaft
- Tätigkeiten für oder Beziehungen zu konkurrierenden Organisationen, wichtigen Geschäftspartnern oder Aufsichtsbehörden?

• Besteht eine vollständige Trennung zwischen Geschäftsführung und operativer Kontrolle, auch unter Berücksichtigung von verwandtschaftlichen und wirtschaftlichen Beziehungen oder Abhängigkeiten anderer Art?

• Werden alle Geschäfte zwischen der Gesellschaft und Mitgliedern des Stiftungsrats dargestellt?

XIV. Checkliste Balanced Scorecard in Nonprofit-Organisationen

Eine gemeinnützige Organisation muss die konsequente Verfolgung ihrer ideellen Ziele sicherstellen, um die Steuerbegünstigung zu gewährleisten und sich vor allem auch die Unterstützung wichtiger Anspruchsgruppen – Mitglieder, Spender, Kooperationspartner, Zuwendungsgeber etc. – zu sichern. Gleichzeitig muss sie wie jedes Unternehmen eine Insolvenz vermeiden, Kundenbeziehungen pflegen, die Qualität der Arbeit sichern und für stetige Weiterentwicklung ihres Angebotes sorgen. Zur parallelen Verfolgung dieser zentralen Erfolgsfaktoren bürgert sich immer mehr der Einsatz einer Balanced Scorecard (BSC) ein.[410]

Die folgende Checkliste beschreibt den Aufbau einer BSC für Nonprofit-Organisationen und dient zugleich der Überprüfung einer angemessenen operativen Steuerung, ob nun mit oder ohne BSC, in der Stiftung.

1. Liegen schriftlich formulierte strategische Ziele als Vorgabe für das operative Controlling vor?
2. Handelt es sich um bis zu vier konkrete Ziele, bei denen eindeutig festgestellt werden kann, ob sie erreicht wurden?
3. Werden für das operative Controlling, also mit einem Zeithorizont von einem Jahr, messbare wirtschaftliche Ziele und inhaltliche Ergebnisse vorgegeben?
Beispiel: Eigenkapitalverzinsung größer 4% und Versorgung aller Interessenten mit Plätzen in einer Kindertagesstätte, nach Wunsch halb- oder ganztags.
4. Werden operative Ziele zu den wichtigsten Anspruchsgruppen formuliert, z. B. zu Zustiftern, Kunden, Kostenträgern oder Zuwendungsgebern?
Beispiel: Ausweitung der Stifterversammlung um 5% je Jahr bei einer Bürgerstiftung, Gewinnung von 50 Erstspendern, Verbesserung der Kundenzufriedenheit in einer standardisierten Befragung, Wiederbelegung durch neu gewonnene Kostenträger bei einer sozialen Unternehmensträgerstiftung.
5. Gibt es messbare Qualitätsziele, insbesondere zur Prozessqualität?
Beispiel: Verbesserung des Punktewertes der EFQM-Selbstevaluation um 20 Punkte, Beantwortung von 95% aller Anfragen innerhalb von 2 Werktagen.
6. Werden in Bezug auf MitarbeiterInnen und Innovation als Basis für die künftige Qualität Ziele vorgegeben?

Beispiel: Anzahl der an der strategischen Planung orientierten Weiterbildungstage, Umsatz mit in den letzten drei Jahren neu entwickelten Förderangeboten einer Förderstiftung.
7. Werden im Rahmen der Planung sachliche Zusammenhänge zwischen Innovation, Qualität, Befriedigung der Anspruchsgruppen und Erreichung der Organisationsziele diskutiert und veranschaulicht?
8. Werden alle Ziele durch Kennzahlen messbar gemacht?
9. Werden für die Kennzahlen Sollwerte anstatt nur vage Verbesserungen geplant?
10. Gibt es zu allen Teilzielen – die BSC nennt dies Perspektiven – konkrete Aktionen, mit denen die Ziele erreicht werden sollen?
11. Werden alle strategischen Ziele durch wenigstens eine Aktion direkt unterstützt?
12. Stehen alle Aktionen mit wenigstens einem der strategischen Ziele im Zusammenhang?
13. Wird über die Zielerreichung in allen Perspektiven wenigstens quartalsweise, bei den finanziellen Zielen monatlich berichtet?

XV. Checkliste Corporate Compliance

Gemeinnützige Organisationen müssen in besonderem Maße auf die aktuelle Diskussion zum Umgang mit Rechtsrisiken achten. Denn nach einer in der Finanzverwaltung[411] und der Rechtsprechung[412] vertretenen Auffassung sollen bereits geringfügige Rechtsverstöße, wie die Nichtbefolgung polizeilicher Anordnung, eine Aberkennung der Gemeinnützigkeit rechtfertigen. Obwohl dies offensichtlich verfassungsrechtlich bedenklich ist[413] und daher von der Finanzverwaltung in der Praxis sehr zurückhaltend gehandhabt wird, sollten gemeinnützige Stiftungen eine ausreichende Compliance-Organisation anstreben. Ziel ist die

- Vorbeugung gegen Schadensfälle,
- eine Schadensbegrenzung durch frühzeitige Aufdeckung von Rechtsverstößen sowie
- die Absicherung schadensträchtiger Organisationspflichten.

Bei der Entscheidung über die Berufung eines so genannten Compliance Officers ist zu beachten, dass die neuere Rechtsprechung anscheinend dazu neigt, diesem eine strafrechtliche Mitverantwortung bei innerbetrieblichen strafbewehrten Rechtsverstößen aufzuerlegen.[414] Solange hierzu und den daraus zu ziehenden Folgerungen keine Rechtssicherheit besteht, wird daher häufig auf eine solche Berufung verzichtet werden.

Die folgende Checkliste enthält die wichtigsten Segmente bei einer Nonprofit-Organisation. Sie bedarf einer Anpassung an die individuellen Verhältnisse der Organisation sowie der regelmäßigen Überprüfung und Fortentwicklung.

1. Arbeits-/Sozialversicherungsrecht
- Arbeitszeit
  - Höchstarbeitszeiten
  - Ruhepausen/Mindestruhezeiten
  - Sonn-/Feiertag-/Nachtarbeit
  - Anzeige-/Nachweispflichten
- Arbeitsentgelt
  - Rechtmäßigkeit der Entgeltgrundlagen
  - Angemessenheit
  - Altersversorgung
- Statusbezogene Vorschriften
  - Altersteilzeit
  - Arbeitnehmerüberlassung/-entsendung
  - Berufsausbildung

XV. Checkliste Corporate Compliance

- Beschäftigung von Ausländern
- Eltern-/Erziehungsgeld
- Kinder-/Jugendarbeitsschutz
- Mutterschutz
• Lohnsteuer-/Sozialversicherungsrecht
- Scheinselbständigkeit
- Abrechnungssicherheit
- Eingruppierungsrisiken
- Ermittlung des Steuerabzugs
- Künstlersozialkasse
• Arbeitsschutz
- Arbeitsschutzgesetz
- Arbeitssicherheitsgesetz
- Arbeitsstättenverordnung
- Unfallverhütungsvorschriften
• Persönlichkeitsschutz
- Diskriminierung
- Belästigung
- Arbeitnehmer-Datenschutz
• Mitarbeitervertretung, Betriebs-, Personalrat
- Behinderungs-/störungsfreie Gründung/Betrieb
- Aufklärungs-/Auskunfts-/Berichtspflichten
2. Organisationsrecht/-gestaltung
• Außenkommunikation
- Rechtsformzusätze
- Pflichtangaben auf Geschäftsbriefen, e-Mails (insbesondere Mailings)
- Unterschriftsregelungen (i. A., i. V.)
- Internetauftritt (z. B. Impressumspflicht, Urheber-/Markenrechte)
• Rechtsformspezifische Pflichten
- Gremieninformation/-einladung
- Pflichtenkatalog/Geschäftsordnung für Gremien
- Anzeige- und Veröffentlichungspflichten
• Strukturtransparenz
- Aufgabenzuordnung > Vertretungsregelungen vorsehen!
- Informations- und Berichtswege
- Kontrollstrukturen
• Vertragsmanagement
- Vertragsprüfung
- Vertragsgestaltung
• Versicherungsschutz
3. Informationstechnologie
• Datenschutz

- Datenschutzbeauftragter bei mehr als neun Beschäftigten
- Technische und organisatorische Schutzmaßnahmen
• Lizenzmanagement
- Planung und Beschaffung der Lizenzen
- Etablierung einer Software- und Lizenzdatenbank
• Zugangsberechtigungen
• Virenschutz
• Internet und e-Mail
• Archivierungspflichten
4. Verhaltensrichtlinien/Code of Conduct
• Beachtung der Unternehmensgrundsätze
• Verhalten bei Beschwerden
• Annahme von Geschenken
• Einwirkung auf Geschäftspartner („Bestechung")
• Dienstreisen
- Wirtschaftlichkeit
- Private Mitveranlassung
• Sonstige Interessenkonflikte, z.B. Stornokosten einer Familienreise aus dienstlichem Anlass
• Vertraulichkeit
• Meldepflicht bei verdächtigem Verhalten
• Anforderungen an Geschäftspartner, z.B. Vermögensanlage in Aktien eines Konzerns mit gegenläufigen Zielsetzungen
5. Steuerrecht
• Gemeinnützigkeitsrecht
- Satzungsgestaltung
- Satzungsmäßige Betriebsführung
- Mittelansammlung/-verwendung
- Vorsorge bei ungewöhnlichen Gestaltungen
• Umsatzsteuerrecht
- Abgrenzung der nichtunternehmerischen Sphäre
- Anteilige Vorsteuerermittlung/jährliche Fortschreibung
- Erfassung der Nichtzweckbetriebsbereiche (Steuersatz 19%)
• Spendenrecht
- Tatbestandsvoraussetzungen
- Ausschluss bei verdeckten Leistungsentgelten
- Sachspendenbewertung
- Dokumentation
6. Betriebsrisiken
• Betriebsgenehmigungen
- Erteilung, Bestand, Definition des Umfangs
- Anpassungsbedarf an geänderte Gegebenheiten
- Anzeigepflichten
• Betriebsmittelrisiken

XV. Checkliste Corporate Compliance

  - Infrastruktur-Verkehrssicherungspflichten, z. B. Streupflicht, Glättewarnung im Gebäude, Beleuchtung, Wartung, Brandschutzvorschriften, Versammlungsstätten-VO
  - Eignung der Betriebsmittel, z. B. Zustand der Geräte/medizinische Apparaturen, Tauglichkeit der Hilfs-/Reinigungsmittel, Vermeidung des Einsatzes von Gefahrstoffen
- Betriebsabläufe
  - Hygieneschutz, HACCP (Hazard Analysis Critical Control Point-Konzept)
  - Infektionsschutz-VO
  - Behandlungs-/Betreuungsvorschriften
  - Medikamentengabe
  - Datenschutz
  - Beachtung der Vorgaben des PsychKG
- Notfallpläne
- Zuordnung von Verantwortlichkeiten

7. Einnahmerisiken
- Auftragseinwerbung/-abwicklung
  - Klärung der Leistungsfähigkeit
  - Dokumentation von Leistungsabsprachen
  - Vergaberecht
  - Einholung von unwiderruflichen Kostenübernahmeerklärungen, z. B. Zusagen von Sozialleistungsträgern
  - Beachtung der Leistungszusagen
- Vertragsgestaltung (Leistungsverträge)
  - Präzise Beschreibung des Leistungsgegenstandes
  - Verbraucherschutz
  - Keine Diskriminierung
  - Regelung von Ersatz- und Haftungsansprüchen
  - Zulässigkeit der AGB (Allgemeine Geschäftsbedingungen)
- Leistungs-/Produktionsrisiken
  - Sicherstellung der Leistungsfähigkeit
  - Verkehrssicherungspflichten
  - Produkthaftpflicht
- Abrechnungsrisiken
  - Erfassung der Leistungsbestandteile
  - Vorgaben zur Rechnungsstellung/Datenübermittlung
  - Dokumentationspflichten
- Erfolgsrisiken
  - Ergebnisvereinbarungen z. B. DRG, Outcome-Vereinbarungen
  - Regress-/Rückforderungsrisiken
- Zahlungsrisiken
  - Verjährung, Ausschlussfristen

- Garantien, Gewährleistungsrisiken
8. Zuwendungs-/Kostenrisiken
- Einhaltung der Zuwendungsvorgaben
  - Aufzeichnungspflichten
    z. B. GoB, Werkstätten-VO
  - Maßnahmendokumentation
  - Verwendungsnachweisvorgaben
- Kostenmanagement
  - Bedarfsgerechte Beschaffungsverträge
    - Mengen-/Preisgerüst
    - Lieferungs-/Leistungsgarantien
    - Qualitätskriterien
  - Angemessenheit der AGB
  - Angemessenheit der Kündigungs-/Stornierungsklauseln

XVI. Checkliste Code of Conduct

Zur Unterstützung der Compliance-Organisation ist die Einführung von Verhaltensrichtlinien/Arbeitsanweisungen zu kritischen Situationen für die Mitarbeiter sinnvoll.[415] Nachfolgend werden die wichtigsten Aspekte aufgelistet. Mit der Veröffentlichung von dazu aus Sicht der Organisation geeigneten Teilen des Code of Conduct kann die Integrität der Organisation gegenüber wichtigen Geschäftspartnern, der Öffentlichkeit, potenziellen Spendern, etc. kommuniziert werden.

- Beachtung der Unternehmensgrundsätze
- Verhalten bei Beschwerden
- Annahme von Geschenken
- Einwirkung auf Geschäftspartner (Abgrenzung zur „Bestechung")
- Dienstreisen
  - Notwendigkeit, Angemessenheit
  - Wirtschaftlichkeit
  - Private Mitveranlassung
- Sonstige Interessenkonflikte
  z. B. Stornokosten einer Familienreise aus dienstlichem Anlass
- Verschwiegenheitsverpflichtung
- Meldepflicht bei verdächtigem Verhalten
  Einführung einer Whistleblower-Hotline oder Bestellung eines externen Ombudsmanns?[416]
- Anforderungen an Geschäftspartner
  z. B. Tariftreue, Mindestlohn, öffentliches Auftreten, Vermögensanlage in Aktien kritisierter Unternehmen

XVII. Checkliste Vorstandsanstellungsvertrag

Wenn Vorstandsmitglieder der Stiftung nicht ehrenamtlich, sondern aufgrund eines entgeltlichen Vorstandsanstellungsvertrages tätig werden, handelt es sich dabei nicht um Arbeits-, sondern Dienstverträge,[417] auf die wesentliche arbeitsrechtliche Schutzvorschriften keine Anwendung finden.[418] Ein solcher Anstellungsvertrag kann mit dem Risiko einer erheblichen Rechtsunsicherheit formlos geschlossen werden.[419] Im Allgemeinen schließen die Parteien einen schriftlichen Vertrag, der die wichtigsten Fragen regelt.

Satzungsbestimmungen können durch den Anstellungsvertrag nicht außer Kraft gesetzt werden. Daher geht im Falle eines Widerspruchs zwischen der Satzung und dem Vorstandsanstellungsvertrag, z. B. über die Begrenzung von Weisungsrechten, grundsätzlich die Regelung in der Satzung vor.[420]

Mit einer Abfindungsvereinbarung kann der Verlust des Kündigungsschutzes ausgeglichen werden. Bei der Bemessung der Abfindung sind die gemeinnützigkeitsrechtlichen Schranken zu beachten.[421]

Wenn die Vergütung der Vorstandsmitglieder die der Arbeitnehmer der Stiftung nicht sehr deutlich übersteigt, ist die Vereinbarung einer – eventuell um einen Freistellungsanspruch ergänzte – Haftungsbegrenzung angemessen. Dann ist es allerdings im Interesse der Stiftung unverzichtbar, dem Vorstand dienstvertraglich Ausbau und Nutzung geeigneter Kontrollinstrumentarien (z. B. Chancen- und Risikomanagementsystem[422]) aufzuerlegen.

Der organisationsrechtliche Akt der Bestellung zum Vorstand ist von den vertraglichen Beziehungen zwischen dem Vorstand und der Stiftung zu unterscheiden.[423] Bei einer unentgeltlichen Tätigkeit des Vorstands liegt ein Auftragsvertrag (§§ 662 ff. BGB) vor.[424] Auf eine entgeltliche Tätigkeit sind die Vorschriften des Dienstvertrages anzuwenden.

1. Vorstandsbestellung
- Zeitpunkt der Bestellung und Aufnahme der Tätigkeit
- Berechtigung der Stiftung zur Bestellung weiterer Vorstandsmitglieder

2. Geschäftsführungs- und Vertretungsbefugnis
- Gesamt-, Einzelvertretung
- Geschäftsverteilung
- Zustimmungsvorbehalte

XVII. Checkliste Vorstandsanstellungsvertrag

3. Pflichten und Verantwortlichkeit
- Aufgabenumfang, Ideelle Zielvorgaben
- Dienstzeit, Regelung etwaiger weiterer Tätigkeiten ist zwingend erforderlich
- Verpflichtung zur Zusammenarbeit mit dem Stiftungsrat, nahe stehenden Unternehmen
- Sorgfaltsmaßstab (Haftungsbegrenzung[425] auf vorsätzliche und grob fahrlässige Sorgfaltspflichtverletzungen[426])
- Versicherungsdeckung (einschließlich wissentlicher Pflichtverletzungen)
- Verschwiegenheitsverpflichtung
- Integritätsvorgaben[427]

4. Nebentätigkeit, Wettbewerb
- Nebentätigkeits-/Wettbewerbsverbot mit Erlaubnisvorbehalt
- Zuordnung von Geschäftschancen
- Vertragsstrafe

5. Bezüge des Vorstands
- Festgehalt
- Bemessungsgrundlagen für variable Gehaltsbestandteile[428]
- Auszahlungsmodus
- Zuschuss zur Sozialversicherung
- Zusatzversorgung
- Entgeltfortzahlung
- Forderungsübergang bei Dritthaftung

6. Sonstige Leistungen, Spesen, Aufwendungsersatz

7. Jahresurlaub
- Urlaubsumfang
- Übertragungsmöglichkeit in das Folgejahr

8. Vertragsdauer, Kündigung
- Kündigungsfristen
- Gründe für außerordentliche Kündigung
- Ansprüche bei Vertragsbeendigung, Abfindungsklausel

9. Schlussbestimmungen
- Schriftformklausel
- Heilende Klausel[429]
- Ausschlussfristen
- Auswirkungen des Anstellungsvertrages auf weitere/frühere Verträge

E. Weiterführende Hinweise zu Literatur und Rechtsprechung

1. Angaben aus Maecenata Stiftungsführer, 3. Auflage 1998, Seite 52 und 43.
2. Wegweiser Stifter 2009, Land Sachsen-Anhalt.
3. Landtag von Sachsen-Anhalt, Drucksache 5/2651 vom 9. 6. 2010, § 5 StiftG LSA.
4. Ebenda, § 5 Abs. 6.
5. In der (unvollständigen) Maecenata Stiftungsdatenbank sind rund 13.000 Stiftungen (Stand Dezember 2008) erfasst. Rupert Graf Strachwitz geht von rund 18.000 Stiftungen ohne kirchliche Stiftungen, mit diesen von rund 120.000 Stiftungen aus; Rupert Graf Strachwitz, Bürgerengagement und Zivilgesellschaft in Deutschland, 2. Auflage März 2006.
6. Bei operativen Stiftungen mit Tätigkeitsfeldern, die dem Wettbewerb ausgesetzt sind, ist künftig mit einer deutlich gestiegenen Insolvenzgefahr zu rechnen, insbesondere wenn die Vermögenswerte nicht als Wertpapiere bester Bonität sondern in riskanteren Anlageformen oder als beliehene Immobilien vorliegen oder die Kontrollstrukturen kriminelle Manipulationen ermöglichen.
7. Gesetz zur weiteren steuerlichen Förderung von Stiftungen vom 26. Juli 2002, BGBl I S. 1034 ff.
8. Die Bertelsmann Stiftung hat 2004 in Deutschland eine umfassende Untersuchung zu Stiftungsmotiven durchgeführt: *Karsten Timmer*. Stiften in Deutschland. Die Ergebnisse der StifterStudie. 2. Auflage 2006. Verlag Bertelsmann-Stiftung.
9. § 10b Abs. 1 EStG.
10. § 2210 BGB.
11. Zur Vertiefung mit dem Schwerpunkt auf Verein und GmbH siehe *Koch/von Holt*, Verein oder GmbH? Zur Ansiedlung wirtschaftlicher Aktivitäten bei Verbänden. in NDV (Nachrichtendienst des Deutschen Vereins für öffentliche und private Fürsorge), Frankfurt 2002, S. 315–325.
12. Zu den Motiven siehe vertiefend bei *Jens Marquardt*: Corporate Foundation. Ausdruck bürgerlichen Engagements von Unternehmen, in Stiftung & Sponsoring, Heft 3/2003, Seite 25–28.
13. § 80 Abs. 2 BGB; zum Versagungsgrund der Allgemeinwohlgefährdung BVerwG DVBl 98, 966.
14. Zur Diskussion s. *Hof* in *Seifart/v. Campenhausen*, Handbuch des Stiftungsrechts, 3. Auflage 2009, § 6 Rn. 319.
15. Auslassungen und Anführungszeichen wie in der Originalsatzung, Quelle http://www.stiftung-liebenau.de/stiftung-liebenau, satzungstiftungliebenau/index.html, Zugriff am 27. August 2010.
16. Quelle http://www.stiftung-ueberleben.de, Zugriff am 27. August 2010.
17. Da die zulässigen Stiftungszwecke nicht auf steuerbegünstigte Zwecke beschränkt sind, kann das nichtwirtschaftliche Anliegen der Stiftung z. B. auch Förderung der Nachkommen des Stifters oder jeder andere, nicht allgemeinwohlschädliche Zweck sein.
18. Ausführlich zu Aspekten der Trennung am Beispiel Verein und GmbH siehe *Koch/von Holt*, Verein oder GmbH? Zur Ansiedlung wirtschaftlicher Aktivitäten bei Verbänden. in NDV (Nachrichtendienst des Deutschen Vereins für öffentli-

che und private Fürsorge), Frankfurt 2002, S. 315–325 und v. Holt/Koch, Nonprofit Governance in der Wohlfahrtspflege am Beispiel der gemeinnützigen GmbH, DStR 2010, S. 2492–2495.
19. Vertiefend z. B. *Eberhard Scheffler* (Hrsg.): Corporate Governance. Schriften zur Unternehmensführung, Band 56, Wiesbaden 1995.
20. Siehe www.corporate-governance-code.de.
21. Zu Nonprofit Governance-Modellen im angloamerikanischen Raum, insbesondere New Work Model, Total Activities Analysis und Policy Governance Model siehe *Axel Schuhen*: Nonprofit Governance in der Freien Wohlfahrtspflege, Baden-Baden 2002, Seite 98–109. Eine Einigung auf einen gemeinsamen Standard erfolgte dagegen z. B. in der Schweiz: *Konferenz der Präsidentinnen und Präsidenten grosser Hilfswerke*, Swiss NPO–Code, Corporate Governance-Richtlinien für Nonprofit-Organisationen in der Schweiz vom 31. März 2006. Ab 2008 wurden die Rechte dem Verein Swiss NPO-Code übertragen.
22. Die wesentlichen Aspekte der „Leitlinien zur Selbstverpflichtung überregional spendensammelnder Organisationen" unter www.dzi.de/hinweise.htm, Zugriff am 24. 8. 2003.
23. Caritas: Deutsche Bischofskonferenz (Hrsg.): Soziale Einrichtungen in katholischer Trägerschaft und wirtschaftlicher Aufsicht. vom 2. Februar 2004. Diakonie: Corporate Governance Kodexes für die Diakonie, beschlossen als Empfehlung zur Selbstverpflichtung auf der Diakonischen Konferenz Oktober 2005. Der Paritätische Landesverband Berlin empfiehlt seinen Mitgliedern die Beachtung von Christian Koch: Nonprofit Governance Codex, http://www.social net.de/materialien/4.php, in Paritätischer Rundbrief Berlin, August/September 2008, Seite 6.
24. Im Vordergrund stehen Transparenz der Arbeit und Vermeidung von Interessenkollisionen. *Bundesverband Deutscher Stiftungen*, Grundsätze Guter Stiftungspraxis. Verabschiedet von der Mitgliederversammlung am 11.05.2006 in Dresden.
25. Ausführlich v. *Holt/Koch*, Nonprofit Governance in der Wohlfahrtspflege am Beispiel der gemeinnützigen GmbH, DStR 2010, S. 2492–2495.
26. Eine vertiefende, kritische Betrachtung liefert *Seibel, Wolfgang*: Funktionaler Dilettantismus. Erfolgreich scheiternde Organisationen im „Dritten Sektor" zwischen Markt und Staat. Baden-Baden, 1994, 2. Auflage.
Einen Überblick über die Forschung vermittelt Arbeitskreis Nonprofit-Organisationen (Hrsg.): Nonprofit-Organisationen im Wandel. Ende der Besonderheiten oder Besonderheiten ohne Ende. Frankfurt am Main, 1998.
27. Siehe Mustersatzung § 5 Abs. 2 Alternative 3 in Verbindung mit § 11 Abs. 3.
28. *Koch/von Holt*, Überlegungen zur verantwortungsvollen Führung von Stiftungen, Stiftung & Sponsoring, Rote Seiten 1/2005 S. 3 f.
29. Zu einigen wesentlichen Aspekten der Nonprofit Governance bei Stiftungen siehe *Bundesverband Deutscher Stiftungen*, StiftungsStudie Führung, Steuerung und Kontrolle in der Stiftungspraxis. Bestandsaufnahme zur Anwendung der Grundsätze Guter Stiftungspraxis. Ergebnisse einer repräsentativen Befragung vom Frühjahr 2010.
30. § 86 in Verbindung mit § 26 Abs. 1 BGB.
31. In diesem Zusammenhang wird der Begriff Gremien statt Organ verwendet, um nicht nur die nach Gesetz oder Stiftungssatzung vorgesehenen Institutionen, insbesondere der Außenvertretung, zu umfassen.
32. Satzung der Umweltstiftung Greenpeace in der Fassung vom 14. November 2006.
33. Rechtsfähige Stiftung des bürgerlichen Rechts zur Unterstützung bedürftiger Seefahrer, deren Witwen und Waisen.

E. Weiterführende Hinweise zu Literatur und Rechtsprechung

34. Zur Ineffizienz großer Gremien s. z. B. *Thümmel*, Persönliche Haftung von Managern und Aufsichtsräten, 2. Auflage 1998, Rn. 231; sehr eindrucksvoll hierzu *Malik*, Wirksame Unternehmensaufsicht, 2. Auflage 1999, S. 162 ff.; *Koch/von Holt*, Verein oder GmbH? Zur Ansiedlung wirtschaftlicher Aktivitäten bei Verbänden. in NDV (Nachrichtendienst des Deutschen Vereins für öffentliche und private Fürsorge), Frankfurt 2002, S. 315–325 (321); zur Diskussion s. *Baums* (Hrsg.), Bericht der Regierungskommission Corporate Governance, 2001, Rz. 49.
35. Empirische Untersuchungen belegen, dass bei Unfällen oder anderen Notsituationen die Wahrscheinlichkeit der Hilfeleistung deutlich mit steigender Zahl der Passanten oder potentiellen Helfer zurückgeht. Eine kurze kritische Darstellung des Forschungsstandes bei *Helmut Lück*: Hilfeverhalten in *Frey/Greif*: Sozialpsychologie, Weinheim 1994.
36. *Baums* (Hrsg.), Bericht der Regierungskommission Corporate Governance, 2001, Rz. 312 ff.
37. § 86 in Verbindung mit § 30 BGB.
38. *Schwarz/Beckert* in *Bamberger/Roth*, Kommentar zum BGB, 2. Auflage 2007, § 86 Rn. 5; *Berndt*, Stiftung und Unternehmen, 8. Auflage 2009, Rn. 324; ausführlich zur Vorstandshaftung des Vereins bei *von Holt*: Persönliche Haftungsrisiken von Vorstandsmitgliedern und Vereinsgeschäftsführern unter www.socialnet.de/materialien/29.php, Zugriff 14. 8. 2010.
39. Zum Beispiel im New Work Model von Chait, Holland und Taylor, dargestellt in *Schuhen*, Nonprofit Governance in der Freien Wohlfahrtspflege, Schriften zur öffentlichen Verwaltung und öffentlichen Wirtschaft, Bd. 181, 2002, S. 98 ff.
40. vgl. *Baums* (Hrsg.), Bericht der Regierungskommission Corporate Governance, 2001, Rz. 34 ff.
41. *Malik*, Wirksame Unternehmensaufsicht, 2. Auflage 1999, S. 91 f.
42. Ausführlich beschrieben in *Koch/von Holt*: Konzeptheft Chancen- und Risikomanagement, Köln, 2. Auflage 2005.
43. S. BGH NJW 1994, 184.
44. Vgl. *Schwarz/Beckert* in *Bamberger/Roth*, Kommentar zum BGB, 2. Auflage 2007, § 81 Rn. 9.
45. Davon zu unterscheiden sind eventuelle Ansprüche auf (Teile der) *Erträge* einer Familienstiftung.
46. Zum Vergleich der Stiftungstypen siehe Abschnitt A V. „Die Grundtypen der Stiftung".
47. Die mit Abstand meisten Vereine sind Sportvereine.
48. Z. B. Parteien, Gewerkschaften und andere Berufsverbände, Interessenverbände.
49. § 51 Abs. 1 AO i. V. m. § 1 Abs. 1 KStG.
50. § 58 Nr. 1, 2 AO.
51. § 10 b Abs. 1 a EStG.
52. § 58 Nr. 12 AO.
53. § 10 b EStG.
54. Alle Angaben beziehen sich auf das Stiftungsgesetz für das Land Nordrhein-Westfalen vom 15. Februar 2005 mit letzter Änderung vom 9. Februar 2010.
55. § 15 StiftG NW.
56. Eine Übersicht der Stiftungsaufsichtsbehörden bietet www.socialnet.de/branchenbuch/2228.php.
57. § 2 StiftG NW.
58. § 7 Abs. 1 StiftG NW.
59. § 7 Abs. 3 StiftG NW.
60. § 5 StiftG NW.
61. § 7 Abs. 2 StiftG NW.

204 E. Weiterführende Hinweise zu Literatur und Rechtsprechung

62. § 8 StiftG NW.
63. § 9 StiftG NW.
64. § 12 StiftG NW.
65. § 81 Abs. 1 BGB.
66. Siehe Muster unter D. I.
67. Siehe Muster unter D. II.
68. § 83 BGB.
69. § 81 Abs. 1 BGB.
70. § 5 Abs. 1 StiftG NW.
71. *Schwarz/Beckert* in *Bamberger/Roth*, Kommentar zum BGB, 2. Auflage 2007, § 81 Rn. 10.
72. VolkswagenStiftung, Jahresbericht 2009, S. 85, 97.
73. §§ 64–68 AO.
74. Von IDW-RS-HFA-5, Stellungnahme zur Rechnungslegung von Stiftungen, Tz. 11 entgegen dem allgemeinen Sprachgebrauch als unternehmensbezogene Stiftung bezeichnet.
75. Von IDW-RS-HFA-5, Stellungnahme zur Rechnungslegung von Stiftungen, Tz. 11 als unternehmensverbundene Stiftung bezeichnet.
76. Wortlaut des § 58 Nr. 5 AO.
77. AE Nr. 5 zu § 58 AO.
78. RGBl. 1 S.825.
79. www.buergerstiftungen.info, Zugriff am 29. 8. 2003.
80. Aktive Bürgerschaft e. V. (Hrsg.). Länderspiegel Bürgerstiftungen. Fakten und Trends 2009. Seite 4.
81. Siehe dazu Mustersatzung Variante 2.
82. Beispiel Hertiestiftung.
83. §§ 161–177 HGB.
84. OLG Oldenburg. Urteil vom 18. November 2003 – 12 U 60/03.
85. Muster für einen Treuhandvertrag siehe unter D. V.
86. ¹VG Münster, Urteil vom 21. Mai 2010 – 1 K 1405/09.
87. Z. B. § 4 Abs. 2 StiftG NW.
88. EuGH, Urteil vom 14. September 2006 – C 386/04.
89. Z. B. Übernahme der Mustersatzung als Anlage zu § 60 AO.
90. v.*Hoerner*, Die Formulierungsfreiheit des Stifter, ZStW, 2010, 13–18 (15).
91. FG Schleswig-Holstein, Urteil vom 4. Juni 2009 – 1 K 156/04.
92. Nachweise bei *Hof* in Münchener Vertragshandbuch, Band 1, Gesellschaftsrecht, 6. Auflage 2005, VIII.1 (S. 1199).
93. OLG Schleswig-Holstein, Beschluss vom 1. August 1995 – 9 W 50/95.
94. *Hof* in *Seifart/v. Campenhausen*, Handbuch des Stiftungsrechts, 3. Auflage 2009, § 6 Rn. 35 ff.
95. Dies ergibt sich bereits aus der Körperschaftsteuerbefreiung der steuerbegünstigten Organisationen. Denn eine Befreiung wäre nicht nötig, wenn kein Gewinn entstehen dürfte. Die Zulässigkeit der Gewinnwirtschaftung steht auch im Einklang mit der Rechtsprechung des EuGH, Urteil vom 21. März 2002 – C 174/00.
96. Beispielhaft *Koch*, Grundsätze der Kapitalanlage. Muster für gemeinnützige Organisationen, http://www.socialnet.de/materialien/2.php, Datum des Zugriffs 16. 8. 2010.
97. S. zum Ganzen *Helsper* (Ministerialrat an der Bundesakademie der Finanzen), Wege für Beweger im Steuerwesen, 2001; *Crezelius*, Vom Zustand des gegenwärtigen Steuerrechts, Stbg 2002, 558–563; Pressemitteilung des BMF vom 20. November 2002, DB 2002 Heft 48 S. XIV; zum Fehlverständnis in der Richterschaft s. das Beispiel *Weber-Grellet*, Die Funktion des Rechts in der

E. Weiterführende Hinweise zu Literatur und Rechtsprechung 205

fragmentierten modernen Gesellschaft – am Beispiel des Steuerrechts, DB 2002, 9–13.
98. Z. B. *Kessler/Spengel*, Checkliste potenziell EG-rechtswidriger Normen des deutschen Steuerrechts – Update 2010, DB, Beilage 1/2010 zu Heft 4.
99. § 89 AO; hierzu AE zu § 89 AO.
100. *Kirchhof*, Der verfassungsrechtliche Auftrag zur Erneuerung des Steuerrechts; DSWR 2002, 250–254; *Crezelius*, Vom Zustand des gegenwärtigen Steuerrechts, Stbg 2002, 558–563; *Kirchhoff/Raupach*, Die Unzulässigkeit einer rückwirkenden gesetzlichen Änderung der der Mehrmütterorganschaft, DB, Beilage 3/2001; *Risto/Julius*, Die Verfassungswidrigkeit der Zinsbesteuerung, DB Beilage 4/2002; *Jebens*, Ist die Unsitte, Gesetzesreparaturen als rückgreifende Klarstellung zu deklarieren, mit dem Bestimmtheitsgebot zu vereinbaren?, DB 2005. 1240–1244.
101. § 1 Abs.1 Nr. 4 ErbStG.
102. S. § 58 Nr. 5 AO.
103. In der Begründung zur Neufassung des § 68 Nr. 3 AO (BStBl. I 2004, 474) wird die seinerzeit deutlich großzügigere Rechtsprechung, s. BFH, Urteil vom 4. Juni 2003 – I R 25/02 unterschlagen.
104. Erst anlässlich einer Sitzung der Körperschaftsteuerreferenten Anfang 2002 wurde die gleichzeitige Steuerbegünstigung von Holding und Tochtergesellschaft befürwortet, OFD Hannover, Verfügung (koordinierter Ländererlass) vom 12. Juli 2002 – S-0176 – 2 – StO 215 / S-2729 – 326 – StH 233; OFD Frankfurt a. M., Verfügung vom 16. Mai 2002 – S 0176 A – 1 – St II 12, DB 2002, 1531; OFD Nürnberg, Verfügung vom 16. August 2002 – S-0176 – 3/St 31 und von der Fachöffentlichkeit aufgegriffen, *Schick*, Holding: Erleichterung durch neue Verwaltungsauffassung, in Sozialwirtschaft aktuell 12/2002 S. 4.
105. Jetzt AE Nr. 2 zu § 57 AO, s. BMF-Schreiben vom 21. Januar 2003 – IV C 4 – S 0171 – 6/03, DB 2003, 313; Begründung: „Was nicht sein kann, das nicht sein darf"; s. *Eversberg*, Der steuerpflichtige wirtschaftliche Geschäftsbetrieb – besondere Problemstellungen, in Stiftung&Sponsoring, 5/2001 Rote Seiten S. 6.
106. Z. B. Burghausener Erklärung der bayerischen Finanzämter auf der Jahrestagung April 2002, abgedruckt in DB 2002 Heft 18 S. XIV; Gemeinsame Erklärung der Präsidenten der Steuerberaterkammern und Oberfinanzpräsidenten in Baden-Württemberg, abgedruckt in DB 2002 Heft 38 S. XII; *Habammer*, Werbung für das Steuerzahlen?, Stbg 2001, 612–619; einzelne Finanzverwaltung agieren aber auch gezielt gegen einen effizienten Vollzug, wie das Beispiel des Vorstehers des Finanzamts Bonn-Außenstadt zeigt, s. Stbg. 2003, 45 f.
107. Vorsicht Finanzamt – Ein erstmaliger Vergleich aller 572 Ämter offenbart vielerorts erhebliche Defizite bei Service und Know-how, Capital 11/2004, S. 86–104; z. b. belegt das im gemeinnützigkeitsrechtlichen Umfeld durch besonders merkwürdige Argumente negativ auffallende Finanzamt Kiel-Nord dort Platz 491.
108. Z. B. die Analyse von *Korekzij*, Verfassungsmäßigkeit der Mindestbesteuerung nach § 2 Abs. 3 EStG a. F., DStR, 2005, 111–1116.
109. *Lange* (RiaBFH), Bundesregierung rechtfertigt Nichtanwendungserlass im Steuerrecht, DB, 2005, 354–358.
110. Die Nichtanwendungserlasse ursprünglich rechtfertigende Vereinfachung der Steuererhebung wurde dem rechtswidrigen Bestreben der Aufkommensmaximierung (s. Helsper, Wege für Beweger im Steuerwesen, 2001, 3) geopfert, s. *Lange* (RiaBFH), Bundesregierung rechtfertigt Nichtanwendungserlass im Steuerrecht, DB, 2005, 354–358.
111. World Economic Forum, The Global Competitiveness Report 2004–2005, S. 281.

206 E. Weiterführende Hinweise zu Literatur und Rechtsprechung

112. Zum Grundsatz „in dubeo pro fisco" s. z. B. BFH, Beschluss vom 15. Juni 2000 – IV B 6/99; zum fehlenden Rechtsstaatsverständnis s. auch BFH, Urteil vom 19. März 2002 – VIII R 57/99 unter 5. a); BFH, Beschluss vom 6. August 2001 – IV B 133/00; BFH, Beschluss vom 1. August 2001 – VII S 5/01; BFH, Beschluss vom 18. September 2001 – V B 205/00; zur völlig unzureichenden verfassungsrechtlichen Bewältigung des Problems durch das BVerfG s. FG Niedersachsen, Vorlagebeschluss vom 21. April 2004 – 4 K 317/91.
113. Eichhorn, Freie Wohlfahrtspflege in Europa aus betriebswirtschaftlicher Sicht I, 1996, S. 82 f.
114. Ebenda, 1996, S. 142 f.
115. Ebenda, 1996, S. 211 ff.
116. Eichhorn, Freie Wohlfahrtspflege in Europa aus betriebswirtschaftlicher Sicht II, 1998, S. 78 ff.
117. Ebenda, 1998, S. 151 f.
118. Ebenda, 1998, S. 245 ff.
119. Ebenda, 1998, S. 362 ff.
120. Art. 133 lit. a), b) MwStSystRL.
121. Anhang III Ziff. 15 zu Art. 98 MwStSystRL.
122. Eichhorn, Freie Wohlfahrtspflege in Europa aus betriebswirtschaftlicher Sicht I, 1996, S. 252 ff.
123. *Hüttemann*, Steuervergünstigungen wegen Gemeinnützigkeit und europäisches Beihilfeverbot, DB 2006, 914–921.
124. *Heger* in *Gosch*, Kommentar zum Körperschaftsteuergesetz, 2. Auflage 2009, § 5 Rn. 257.
125. § 51 S. 2 AO.
126. § 1 Abs. 1 Nr. 6 KStG i. V. m. § 51 S. 2 AO.
127. Katalog des § 52 sowie § 53 AO.
128. § 55 AO.
129. Andernfalls liefe die Körperschaftsteuerbefreiung ins Leere, so aber fälschlich *Wallenhorst* in *Troll/Wallenhorst/Halaczinsky*, Die Besteuerung gemeinnütziger Vereine, Stiftungen und der juristischen Personen des öffentlichen Rechts, 5. Auflage 2004, Kapitel C Rn. 61; instruktiv EuGH, Urteil vom 21. März 2002 – C 174/00.
130. § 55 Abs. 1 Nr. 5 S. 3 AO.
131. § 55 Abs. 1 Nr. 5 S. 1 AO.
132. Hüttche, Zur Rechnungslegung der gemeinnützigen GmbH, GmbHR, 1997, 1095–1100.
133. s. auch AE Nr. 28 zu § 55 AO.
134. § 55 Abs. 1 Nr. 5 S. 2 AO.
135. vgl. die Beispiele von *Thiel*, Die zeitnahe Mittelverwendung – Aufgabe und Bürde gemeinnütziger Körperschaften. DB 1992, 1900–1907 unter VII.
136. § 270 HGB; § 29 GmbHG.
137. § 58 Nr. 6 f. AO; s. Begriff „Zufluss" in § 55 Abs. 1 Nr. 5 AO.
138. *Reiffs*, Vermögensbildung der gemeinnützigen Vereine, DB 1991, 1247–1252 unter III. 1. a).
139. AE Nr. 10 zu § 58 Nr. 6 AO.
140. *Uterhark* in *Schwarz*, Kommentar zur Abgabenordnung, Rn. 16 zu § 58 AO; *Fischer* in *Hübschmann/Hepp/Spitaler*, Kommentar zur AO und FGO, Rn. 96 zu § 58 AO.
141. BFH BStBl 1989 II S. 670, 672 unter 4.a); *Thiel*, Die zeitnahe Mittelverwendung – Aufgabe und Bürde gemeinnütziger Körperschaften. DB 1992, 1900–1907 unter V. 4.; *Schauhoff* in *Schauhoff*, Handbuch der Gemeinnützigkeit, 2. Auflage 2005, § 8 Rn. 84. Die Finanzverwaltung vermeidet eine Auseinan-

E. Weiterführende Hinweise zu Literatur und Rechtsprechung 207

dersetzung damit, dass der BFH die Rücklage anerkannt hat, s. *Buchna*, Gemeinnützigkeit im Steuerrecht, 9. Auflage 2008, S. 198.
142. AE Nr. 10 zu § 58 Nr. 6 AO.
143. *Uterhark* in *Schwarz*, Kommentar zur Abgabenordnung, Rn. 12 zu § 58 AO.
144. § 58 Nr. 7 a) AO.
145. § 58 Nr. 11 AO.
146. § 58 Nr. 12 AO.
147. § 58 Nr. 7 b) AO.
148. AE Nr. 27 zu § 55 AO.
149. *Thiel*, Die zeitnahe Mittelverwendung – Aufgabe und Bürde gemeinnütziger Körperschaften. DB 1992, 1900–1907 unter VI. und VII.; *Hüttche*, Zur Rechnungslegung der gemeinnützigen GmbH, GmbHR, 1997, 1095–1100.
150. § 63 Abs. 3 AO; AE Nr. 18 zu § 58 AO; *Fischer* in *Hübschmann/Hepp/Spitaler*, Kommentar zur AO und FGO, Rn. 93 zu § 58 AO.
151. BFH, Urteil vom 18. Dezember 2002 – I R 60/01.
152. *Heger* in *Gosch*, Kommentar zum Körperschaftsteuergesetz, 2. Auflage 2009, § 5 Rn. 233 unter Berufung auf Herbert, BB 1991, 178.
153. § 55 Abs. 1 Nr. 1 AO.
154. BFH, Beschluss vom 8. August 2001 – I B 40/01; FG München, Beschluss vom 27. August 1999 – 7 V 2380/99.
155. § 58 Nr. 5 AO.
156. § 61 AO.
157. § 61 AO; BFH, Urteil vom 21. Januar 2005 – I R 52/03.
158. § 61 Abs. 1 i. V. m. § 55 Abs. 1 Nr. 4 AO.
159. § 56 AO.
160. *Heger* in *Gosch*, Kommentar zum Körperschaftsteuergesetz, 2005, § 5 Rn. 204; *Schauhoff* in *Schauhoff*, Handbuch der Gemeinnützigkeit, 2. Auflage 2005, § 6 Rn. 111.
161. *Heger* in *Gosch*, Kommentar zum Körperschaftsteuergesetz, 2. Auflage 2009, § 5 Rn. 207 rechnet dies dem Anwendungsbereich des Grundsatzes der Selbstlosigkeit zu.
162. *Fischer* in *Hübschmann/Hepp/Spitaler*, Kommentar zur AO und FGO, Rn. 87 zu § 58 AO.
163. § 57 AO.
164. § 57 Abs. 1 S. 2 AO.
165. BFH, Urteil vom 7. März 2007 – I R 90/04.
166. Erst anlässlich einer Sitzung der Körperschaftsteuerreferenten Anfang 2002 wurde die gleichzeitige Steuerbegünstigung von Holding und Tochtergesellschaft befürwortet, OFD Hannover, Verfügung (koordinierter Ländererlass) vom 12. Juli 2002 – S-0176 – 2 – StO 215 / S-2729 – 326 – StH 233; OFD Frankfurt a. M., Verfügung vom 16. Mai 2002 – S 0176 A – 1 – St II 12, DB 2002, 1531; OFD Nürnberg, Verfügung vom 16. August 2002 – S-0176 – 3/St 31 und von der Fachöffentlichkeit aufgegriffen, *Schick*, Holding: Erleichterung durch neue Verwaltungsauffassung, in Sozialwirtschaft aktuell 12/2002 S. 4.
167. Jetzt AE Nr. 2 zu § 57 AO, s. BMF-Schreiben vom 21. Januar 2003 – IV C 4 – S 0171 – 6/03, DB 2003, 313; Begründung: „Was nicht sein kann, das nicht sein darf", s. *Eversberg*, Der steuerpflichtige wirtschaftliche Geschäftsbetrieb – besondere Problemstellungen, in Stiftung & Sponsoring, 5/2001 Rote Seiten S. 6.
168. Sehr str., so AE Nr. 2 zu § 57 AO; *Heger* in *Gosch*, Kommentar zum Körperschaftsteuergesetz, 2005, § 5 Rn. 200.
169. BFH, Urteil vom 17. Februar 2010 – I R 2/08; hierzu *v. Holt*, Steuerrechtliche Streitpunkte bei der arbeitsteiligen Zusammenarbeit gemeinnütziger Träger der Wohlfahrtspflege, DB 2010, 1791–1794.

170. § 58 Nr. 1 AO.
171. § 63 Abs. 1 AO.
172. § 63 Abs. 3 AO.
173. Zur Aufteilung s. *Heger* in *Gosch*, Kommentar zum Körperschaftsteuergesetz, 2. Auflage 2009, § 5 Rn. 231 ff.
174. § 14 AO.
175. § 65 bis § 68 AO.
176. zu den Einzelheiten s. § 65 bis § 68 AO.
177. § 64 Abs. 6 Nr. 1 AO.
178. FG Schleswig-Holstein, Urteil vom 5.12.2000 – IV 224/99; FG Niedersachsen, Urteil vom 8. Juli 1999 – V 362/97; BFH, Urteil vom 7. November 1996 – V R 34/96.
179. § 58 Nr. 8 AO.
180. Ausnahme: § 68 Nr. 6 AO.
181. § 64 Abs. 3 AO.
182. § 4 Nr. 12 UStG.
183. EuGH, Urteil vom 22. November 2001 – C 184/00 unter Tz. 15 (mangels Gegenleistung nicht „umsatzsteuerbar").
184. § 4 Nr. 12 UStG.
185. § 4 Nr. 18, 25 UStG.
186. § 4 Nr. 14, 16 UStG.
187. § 4 Nr. 23 bis 25 UStG, bei Wohlfahrtsorganisationen auch § 4 Nr. 18 UStG.
188. § 4 Nr. 21, 22 UStG.
189. § 4 Nr. 20, 22 UStG.
190. § 12 Abs. 2 Nr. 8 UStG.
191. § 12 Abs. 2 Nr. 1 UStG.
192. § 12 Abs. 2 Nr. 7 UStG.
193. § 12 Abs. 1 UStG.
194. § 15 UStG.
195. § 19 UStG.
196. § 23a UStG.
197. BFH, Urteil vom 17. Oktober 2007 – II R 63/05.
198. § 5 GrStG.
199. § 3 Abs. 1 Nr. 3b) GrStG.
200. BFH, Urteil vom 21. April 1999 – II R 5/97.
201. BFH, Urteil vom 26. Februar 2003 – II R 64/00.
202. § 3 Nr. 5 KraftStG.
203. § 13 Abs. 1 Nr. 16 f) ErbStG.
204. § 9 Abs. 2 KStG.
205. FG Hamburg, Urteil vom 12. Dezember 2007 – 6 K 131/06.
206. Zum Anspruch hierauf s. BFH, Urteil vom 23. September 1999 – XI R 66/98.
207. BFH, Urteil vom 19. Dezember 1990 – X R 40/86.
208. BFH, Urteil vom 5. Februar 1992 – I R 63/91.
209. BFH, Urteil vom 13. August 1997 – I R 19/96.
210. BFH, Urteil vom 12. August 1999 – XI R 65/98.
211. BFH, Urteil vom 13. Juni 1969 – VI R 12/67 (str.).
212. BFH, Urteil vom 25. Juli 1969 – VI R 269/67.
213. § 10b Abs. 3 S. 4 f. EStG.
214. § 10b Abs. 3 S. 3 EStG.
215. § 6 Abs. 1 Nr. 4 EStG.
216. BFH, Urteil vom 23. Mai 1989 – X R 17/85.
217. § 50 EStDV.

E. Weiterführende Hinweise zu Literatur und Rechtsprechung 209

218. AE Nr. 2 zu § 63 AO.
219. § 10b Abs. 1a EStG.
220. *Hof* in *Seifart/v. Campenhausen*, Handbuch des Stiftungsrechts, 3. Auflage 2009, § 6 Rn. 140.
221. *Schauhoff* in *Schauhoff*, Handbuch der Gemeinnützigkeit, 2. Auflage 2005, § 3 Rn. 65.
222. *Hof* in *Seifart/v. Campenhausen*, Handbuch des Stiftungsrechts, 3. Auflage 2009, § 6 Rn. 138.
223. *Hof* in *Seifart/v. Campenhausen*, Handbuch des Stiftungsrechts, 3. Auflage 2009, § 6 Rn. 143.
224. *Schauhoff* in *Schauhoff*, Handbuch der Gemeinnützigkeit, 2. Auflage 2005, § 3 Rn. 66; *Berndt*, Stiftung und Unternehmen, 8. Auflage 2009, Rn. 291 f.
225. *Schwarz/Backert* in Bamberger/Roth, Kommentar zum BGB, 2. Auflage 2007, § 81 Rn. 7.
226. Der Meinungsstreit ist dargestellt z. B. bei *Berndt*, Stiftung und Unternehmen, 8. Auflage 2009, Rn. 63 f.
227. *Andrick/Suerbaum*, Das Gesetz zur Modernisierung des Stiftungsrechts, NJW 2002, 2905–2910 unter II. 4.
228. *Hof* in *Seifart/v. Campenhausen*, Handbuch des Stiftungsrechts, 3. Auflage 2009, § 8 Rn. 153.
229. *Schwarz/Backert* in Bamberger/Roth, Kommentar zum BGB, 2. Auflage 2007, § 81 Rn. 9.
230. BGH NJW 1977, 1148.
231. § 60 Abs. 1 AO.
232. *Berndt*, Stiftung und Unternehmen, 8. Auflage 2009, Rn. 25.
233. *Bungard*, Das neue Stiftungsprivatrecht, NZG 2002, 697–702 unter II. 3. b).
234. §§ 51–68 AO.
235. §§ 52–54 AO.
236. BFH, Urteil vom 18. Dezember 2002 – I R 15/02, BFH NV 2003, 840.
237. § 60 Abs.1 AO.
238. *Hof* in *Seifart/v. Campenhausen*, Handbuch des Stiftungsrechts, 3. Auflage 2009, § 7 Rn. 35; in IDW, Stellungnahme zur Rechnungslegung von Stiftungen, Tz. 11 als unternehmensbezogene Stiftung bezeichnet.
239. §§ 65 bis 68 AO.
240. S. § 59 AO.
241. Vgl. § 58 Nr. 5 AO.
242. Vgl. *Lehleiter*, Die Familienstiftung als Instrument zur Sicherung der Unternehmenskontinuität bei Familienunternehmen (Europäische Hochschulschriften: Reihe 5, Volks- und Betriebswirtschaft; Bd. 1883), 1996, S. 42.
243. *Lehleiter*, Die Familienstiftung als Instrument zur Sicherung der Unternehmenskontinuität bei Familienunternehmen (Europäische Hochschulschriften: Reihe 5, Volks- und Betriebswirtschaft; Bd. 1883), 1996, S. 46.
244. § 55 Abs. 1 AO.
245. § 58 Nr. 6f. AO.
246. Z. T. als Familienstiftung bezeichnet, s. *Lehleiter*, Die Familienstiftung als Instrument zur Sicherung der Unternehmenskontinuität bei Familienunternehmen (Europäische Hochschulschriften: Reihe 5, Volks- und Betriebswirtschaft; Bd. 1883), 1996, S. 42.
247. § 56 AO.
248. § 57 AO.
249. § 57 S. 2 AO.
250. § 57 Abs. 1 S. 2 AO.
251. Zu den gemeinnützigkeitsrechtlichen Aspekten s. *v. Holt*, Steuerrechtliche

210 E. Weiterführende Hinweise zu Literatur und Rechtsprechung

Streitpunkte bei der arbeitsteiligen Zusammenarbeit gemeinnütziger Träger der Wohlfahrtspflege, DB 2010, 1791–1794.
252. § 58 Nr. 1 AO.
253. § 58 Nr. 2 AO.
254. § 63 AO.
255. Gemäß § 53 AO.
256. AE Nr. 9 zu § 53 AO; nach allgemeinem steuerrechtlichen Grundverständnis ist dagegen nur Plausibilität des zutreffenden Empfängerkreises erforderlich – diese ist z. B. gegeben, wenn die Leistungen nach der Lebenserfahrung oder aufgrund bestimmter Umstände offensichtlich von einem anderen Personenkreis nicht nachgefragt werden.
257. *Schwarz/Backert* in *Bamberger/Roth*, Kommentar zum BGB, 2. Auflage 2007, § 80 Rn. 46.
258. *Berndt*, Stiftung und Unternehmen, 8. Auflage 2009, Rn. 343.
259. *Hof* in *Seifart/v. Campenhausen*, Handbuch des Stiftungsrechts, 3. Auflage 2009, § 6 Rn. 168.
260. *Berndt*, Stiftung und Unternehmen, 8. Auflage 2009, Rn. 346.
261. *Berndt*, Stiftung und Unternehmen, 8. Auflage 2009, Rn. 352.
262. *Pues/Scheerbarth*, Gemeinnützige Stiftungen im Zivil- und Steuerrecht, 3. Auflage 2008, S. 57.
263. *Berndt*, Stiftung und Unternehmen, 8. Auflage 2009, Rn. 352.
264. *Pues/Scheerbarth*, Gemeinnützige Stiftungen im Zivil- und Steuerrecht, 3. Auflage 2008, S. 58; *Rawert* in Staudinger, Großkommentar zum Bürgerlichen Gesetzbuch mit Einführungsgesetz und Nebengesetzen, Erstes Buch, Allgemeiner Teil (1995), Rn. 15 zu Vorbem zu §§ 80 ff.
265. Gemäß §§ 65–68 AO.
266. Zur ähnlichen Diskussion bei gemeinnützigen Vereinen s. *Koch/von Holt,* Verein oder GmbH? Zur Ansiedlung wirtschaftlicher Aktivitäten bei Verbänden, in Nachrichtendienst des Deutschen Vereins für öffentliche und private Fürsorge, Frankfurt 2002, S. 315–325, veröffentlicht auch unter www.socialnet.de/materialien/24.php.
267. dazu detailliert *Koss*, Rechnungslegung von Stiftungen, 2003, S. 8 ff.
268. *Hof* in *Seifart/v. Campenhausen*, Handbuch des Stiftungsrechts, 3. Auflage 2009, § 9 Rn. 137 ff.
269. *Berndt*, Stiftung und Unternehmen, 8. Auflage 2009, Rn. 355.
270. *Schindler*, Vermögensanlage von Stiftungen im Zielkonflikt zwischen Rendite, Risiko und Erhaltung der Leistungskraft, DB 2003, S. 297–302 (301); IDW, Stellungnahme zur Rechnungslegung von Stiftungen, Tz. 57: ähnlich *Koss*, Rechnungslegung von Stiftungen, 2003, S. 8 ff.
271. IDW, Stellungnahme zur Rechnungslegung von Stiftungen, Tz. 57; *Thomsen*, Zwecksentsprechende Ausgestaltung der Rechnungslegung kleiner Stiftungen, Stiftung&Sponsoring, 2002 Heft 2, S. 5–8 (7).
272. IDW, Stellungnahme zur Rechnungslegung von Stiftungen, Tz. 59; *Koss*, Rechnungslegung von Stiftungen, 2003, S. 10.
273. *Thomsen*, Zwecksentsprechende Ausgestaltung der Rechnungslegung kleiner Stiftungen, Stiftung&Sponsoring, 2002 Heft 2, S. 5–8 (7); IDW, Stellungnahme zur Rechnungslegung von Stiftungen, Tz. 55.
274. *Schindler*, Vermögensanlage von Stiftungen im Zielkonflikt zwischen Rendite, Risiko und Erhaltung der Leistungskraft, DB 2003, S. 297–302; grundlegend Hüttemann/Schön, Vermögensverwaltung und Vermögenserhaltung im Stiftungs- und Gemeinnützigkeitsrecht, 2007, S. 5 ff., 14 ff.
275. *Hof* in *Seifart/v. Campenhausen*, Handbuch des Stiftungsrechts, 3. Auflage 2009, § 9 Rn. 71.

E. Weiterführende Hinweise zu Literatur und Rechtsprechung 211

276. Z. B. § 4 Abs. 2 StiftG NW.
277. IDW, Stellungnahme zur Rechnungslegung von Stiftungen, Tz. 54.
278. *Koss*, Rechnungslegung von Stiftungen, 2003, S. 119 ff.
279. § 58 Nr. 6 AO.
280. *Tipke/Kruse*, Kommentar zu AO und FGO, Rn. 7 zu § 58 AO.
281. *Tipke/Kruse*, Kommentar zu AO und FGO, Rn. 10 zu § 58 AO.
282. § 58 Nr. 7 a) AO.
283. AE Nr. 27 zu § 55 AO.
284. So zutreffend BFH BStBl 1989 II S. 670, 672 unter 4.a), dazu *Thiel*, Die zeitnahe Mittelverwendung – Aufgabe und Bürde gemeinnütziger Körperschaften, DB 1992, 1900–1907 unter V. 4.; die kameralistisch denkende Finanzverwaltung lehnt die Abschreibungsrücklage nicht mehr durchweg ab, vgl. *Buchna*, Gemeinnützigkeit im Steuerrecht, 9. Auflage 2008, S. 198, dort aber weiterhin geflissentlich die von Thiel in seinem Aufsatz herangezogene Entscheidung des Bundesfinanzhofs unterschlagend.
285. § 58 Nr. 12 AO.
286. § 58 Nr. 7 b) AO.
287. *Tipke/Kruse*, Kommentar zu AO und FGO, Rn. 3 zu § 63 AO; BFH, Beschluss vom 23. Februar 1999 – XI B 130/98.
288. § 63 Abs. 4 AO.
289. AE Nr. 18 zu § 58 Nrn. 6 und 7 AO.
290. Zur Vorsicht im Umgang mit diesem Begriff mahnt z. B. *Malik*, Wirksame Unternehmensaufsicht, 2. Auflage 1999, S. 45 ff.
291. Kein Zweckbetrieb nach § 65 AO, da Verwaltungsdienstleistungen für andere Organisationen keine nach § 52 AO begünstigte Tätigkeiten darstellen, Ausnahme: BFH, Urteil vom 23. Juli 2009 – V R 93/07.
292. § 64 AO.
293. § 12 Abs. 2 Nr. 8 a) UStG greift nicht ein, da es sich um Leistungen im Rahmen eines steuerpflichtigen wirtschaftlichen Geschäftsbetriebs handelt.
294. § 19 UStG.
295. § 58 Nr. 5 AO.
296. AE Nr. 6 zu § 58 AO.
297. *Tipke/Kruse*, Kommentar zu AO und FGO, Rn. 6 zu § 58 AO.
298. FG München, Urteil vom 12. Januar 1995 – 7 K 1178/93, insoweit nicht aufgehoben von BFH BStBl II 1998, 758.
299. AE Nr. 5 zu § 58 Nr. 5 AO.
300. AE Nr. 7 zu § 58 Nr. 5 AO.
301. *Tipke/Kruse*, Kommentar zu AO und FGO, Rn. 6 zu § 58 AO unter Verweis auf das Gutachten der Unabhängigen Sachverständigenkommission zur Prüfung des Gemeinnützigkeits- und Spendenrechts.
302. *Hof* in *Seifart/v. Campenhausen*, Handbuch des Stiftungsrechts, 3. Auflage 2009, § 9 Rn. 59.
303. *Berndt*, Stiftung und Unternehmen, 8. Auflage 2009, Rn. 415; *Koss*, Rechnungslegung von Stiftungen, 2003, S. 104.
304. *Buchna*, Gemeinnützigkeit im Steuerrecht, 9. Auflage 2009, S. 231; *Koss*, Rechnungslegung von Stiftungen, 2003, S. 104.
305. Hierzu *Koss*, Rechnungslegung von Stiftungen, 2003, S. 46 ff.
306. *Walter/Golpayegani*, Die kaufmännische Rechnungslegung bei rechtsfähigen Stiftungen, DStR 2000, 701–708, Tz. 2.1.1.2; Zusammenstellung bei IDW, Stellungnahme zur Rechnungslegung von Stiftungen, Tz. 16 ff. und *Löwe*, Rechnungslegung von Nonprofit-Organisationen, Berlin 2003, S. 114.
307. IDW, Stellungnahme zur Rechnungslegung von Stiftungen, Tz. 21; *Berndt*, Stiftung und Unternehmen, 7. Auflage 2003, Rn. 411 und insbesondere 422;

E. Weiterführende Hinweise zu Literatur und Rechtsprechung

Walter/Golpayegani, Die kaufmännische Rechnungslegung bei rechtsfähigen Stiftungen, DStR 2000, 701–708, Tz. 2.1.2; *Koss*, Rechnungslegung von Stiftungen, 2003, S. 78.
308. IDW, Stellungnahme zur Rechnungslegung von Stiftungen, Tz. 35.
309. IDW, Stellungnahme zur Rechnungslegung von Stiftungen, Tz. 3.
310. IDW, Stellungnahme zur Rechnungslegung von Stiftungen, Tz. 23; *Walter/Golpayegani*, Die kaufmännische Rechnungslegung bei rechtsfähigen Stiftungen, DStR 2000, 701–708, Tz. 2.1.4; *Löwe*, Rechnungslegung von Nonprofit-Organisationen, Berlin 2003, S. 112.
311. IDW, Stellungnahme zur Rechnungslegung von Stiftungen, Tz. 24; a. A. *Koss*, Rechnungslegung von Stiftungen, 2003, S. 56, 58 mit Nachw. zur h. M. in Fußn 378, 394.
312. IDW, Stellungnahme zur Rechnungslegung von Stiftungen, Tz. 24; *Walter/Golpayegani*, Die kaufmännische Rechnungslegung bei rechtsfähigen Stiftungen, DStR 2000, 701–708, Tz. 2.1.3.
313. IDW, Stellungnahme zur Rechnungslegung von Stiftungen, Tz. 27.
314. § 63 Abs. 3 AO; IDW, Stellungnahme zur Rechnungslegung von Stiftungen, Tz. 26.
315. *Koss*, Rechnungslegung von Stiftungen, 2003, S. 65 ff.
316. *Koss*, Rechnungslegung von Stiftungen, 2003, S. 67, 92.
317. IDW PS 740, Tz. 4–8.
318. § 321 Abs. 1 S. 3 HGB.
319. *Berndt*, Stiftung und Unternehmen, 8. Auflage 2009, Rn. 423.
320. IDW, Stellungnahme zur Rechnungslegung von Stiftungen, Tz. 4; *Berndt*, Stiftung und Unternehmen, 8. Auflage 2009, Rn. 453, 460.
321. *Koss*, Rechnungslegung von Stiftungen, 2003, S. 80; *Berndt*, Stiftung und Unternehmen, 8. Auflage 2009, Rn. 454 ff.
322. *Berndt*, Stiftung und Unternehmen, 8. Auflage 2009, Rn. 446; Bertelsmann Stiftung (Hrsg.), Operative Stiftungsarbeit, Strategien – Instrumente – Perspektiven, Gütersloh 1997, S. 148.
323. § 86 S. 1 i. V. m. § 26 Abs. 1 S. 1 BGB.
324. *Schwarz/Backert* in *Bamberger/Roth*, Kommentar zum BGB, 2. Auflage 2007, § 81 Rn. 13.
325. *Berndt*, Stiftung und Unternehmen, 8. Auflage 2009, Rn. 311.
326. *Berndt*, Stiftung und Unternehmen, 8. Auflage 2009, Rn. 315; Bertelsmann Stiftung (Hrsg.), Operative Stiftungsarbeit, Strategien – Instrumente – Perspektiven, Gütersloh 1997, S. 125.
327. § 86 i. V. m. § 30 BGB.
328. Zur Ineffizienz sehr eindrucksvoll *Malik*, Wirksame Unternehmensaufsicht, 2. Auflage 1999, S. 162 ff.; *Koch/von Holt*, Verein oder GmbH? Zur Ansiedlung wirtschaftlicher Aktivitäten bei Verbänden. in NDV (Nachrichtendienst des Deutschen Vereins für öffentliche und private Fürsorge), Frankfurt 2002, S. 315–325 (321); zur Diskussion s. *Baums* (Hrsg.), Bericht der Regierungskommission Corporate Governance, 2001, Rz. 49.
329. Vgl. *Malik*, Wirksame Unternehmensaufsicht, 2. Auflage 1999, S. 91 f.
330. Z. B. *Hof* in *Seifart/v. Campenhausen*, Handbuch des Stiftungsrechts, 3. Auflage 2009, § 8 Rn. 52.
331. hierzu *Schuhen*, Nonprofit Governance in der Freien Wohlfahrtspflege, Schriften zur öffentlichen Verwaltung und öffentlichen Wirtschaft, Bd. 181, 2002, S. 173.
332. *Pues/Scheerbarth*, Gemeinnützige Stiftungen im Zivil- und Steuerrecht, 3. Auflage 2008, S. 51; die in den Mustertexten vorgesehenen Ausnahmen für den Stifter einer Familienstiftung erhöhen daher nur die an einen wichtigen Grund zu stellenden Anforderungen.

E. Weiterführende Hinweise zu Literatur und Rechtsprechung 213

333. *Schwarz/Backert* in *Bamberger/Roth*, Kommentar zum BGB, 2. Auflage 2007, § 86 Rn. 5.
334. *Pues/Scheerbarth*, Gemeinnützige Stiftungen im Zivil- und Steuerrecht, 3. Auflage 2008, S. 43.
335. *Schwarz/Backert* in *Bamberger/Roth*, Kommentar zum BGB, 2. Auflage 2007, § 86 Rn. 4.
336. Vgl. *Lehleiter*, Die Familienstiftung als Instrument zur Sicherung der Unternehmenskontinuität bei Familienunternehmen (Europäische Hochschulschriften: Reihe 5, Volks- und Betriebswirtschaft; Bd. 1883), 1996, S. 151.
337. Vgl. z. B. *Pues/Scheerbarth*, Gemeinnützige Stiftungen im Zivil- und Steuerrecht, 3. Auflage 2008, S. 49.
338. § 81 Abs. 1 S. 3 Nr. 5 BGB.
339. So auch *Pues/Scheerbarth*, Gemeinnützige Stiftungen im Zivil- und Steuerrecht, 3. Auflage 2008, S. 50.
340. *Rawert* in Staudinger, Großkommentar zum Bürgerlichen Gesetzbuch mit Einführungsgesetz und Nebengesetzen, Erstes Buch, Allgemeiner Teil (1995), Rn. 5 zu § 86 BGB.
341. § 86 S. 1 i. V. m. § 29 BGB.
342. *Rawert* in Staudinger, Großkommentar zum Bürgerlichen Gesetzbuch mit Einführungsgesetz und Nebengesetzen, Erstes Buch, Allgemeiner Teil (1995), Rn. 12 zu § 86 BGB.
343. § 14 Abs. 1 Nr. 1 KSchG.
344. § 55 Abs. 1 Nr. 3 AO.
345. *Berndt*, Stiftung und Unternehmen, 8. Auflage 2009, Rn. 1148.
346. BGH, Urteil vom 14. Dezember 1987 – II ZR 53/87 unter 2. zu einem Vereinsorgan: „Für die Festsetzung von Vergütungen für Verwaltungsratsmitglieder fehlt eine entsprechende Satzungsermächtigung. Daraus folgt im Umkehrschluss, dass dem Verwaltungsrat nach der Satzung des Klägers keine Vergütung zusteht ..." – dies ist eigentlich eindeutig; auch z. B. *Hof* in *Seifart/v. Campenhausen*, Handbuch des Stiftungsrechts, 3. Auflage 2009, § 8 Rn. 154 geht davon aus, dass der Gesetzgeber die unentgeltliche Tätigkeit der Organmitglieder als Normalfall angesehen hat.
347. Entsprechende Zahlungen können einen Verstoß gegen § 55 Abs. 1 Nr. 1 S. 2 und Abs. 3 AO darstellen, vgl. FG München, Beschluss vom 27. August 1999 – 7 V 2380/99; BFH, Beschluss vom 8. August 2001 – I B 40/01; bisher konnte der BFH die Frage dahinstehen lassen, vgl. BFH, Beschluss vom 8. August 2001 – I B 40/01: dort war in der Satzung ausdrücklich festgelegt, dass das Organ ehrenamtlich tätig werden sollte.
348. § 86 S. 1 i. V. m. § 26 Abs. 1 S. 1BGB.
349. § 86 i. V. m. § 26 Abs. 2 BGB.
350. § 86 i. V. m. § 26 Abs. 2 S. 2 BGB.
351. *Schwarz* in *Bamberger/Roth*, Kommentar zum BGB, 2003, § 86 Rn. 3.
352. *Pues/Scheerbarth*, Gemeinnützige Stiftungen im Zivil- und Steuerrecht, 3. Auflage 2008, S. 44.
353. *Lehleiter*, Die Familienstiftung als Instrument zur Sicherung der Unternehmenskontinuität bei Familienunternehmen (Europäische Hochschulschriften: Reihe 5, Volks- und Betriebswirtschaft; Bd. 1883), 1996, S. 151.
354. So auch z. B. *Pues/Scheerbarth*, Gemeinnützige Stiftungen im Zivil- und Steuerrecht, 3. Auflage 2008, S. 50.
355. *Malik*, Wirksame Unternehmensaufsicht, 2. Auflage 1999, S. 91 f.
356. *Schuhen*, Nonprofit Governance in der Freien Wohlfahrtspflege, Schriften zur öffentlichen Verwaltung und öffentlichen Wirtschaft, Bd. 181, 2002, S. 173; *Malik*, Wirksame Unternehmensaufsicht, 2. Auflage 1999, S. 91 f.

E. Weiterführende Hinweise zu Literatur und Rechtsprechung

357. Vgl. BGH NJW 1994, 184, 186.
358. Kritisch hierzu *Pues/Scheerbarth*, Gemeinnützige Stiftungen im Zivil- und Steuerrecht, 3. Auflage 2008, S. 50.
359. Z. B. *Schuhen*, Nonprofit Governance in der Freien Wohlfahrtspflege, Schriften zur öffentlichen Verwaltung und öffentlichen Wirtschaft, Bd. 181, 2002, S. 166 ff.; dies gilt selbst für Aufsichtsräte börsennotierter Unternehmen, wie sich aus *Baums* (Hrsg.), Bericht der Regierungskommission Corporate Governance, 2001, ableiten lässt.
360. *Schuhen*, Nonprofit Governance in der Freien Wohlfahrtspflege, Schriften zur öffentlichen Verwaltung und öffentlichen Wirtschaft, Bd. 181, 2002, S. 171; *Baums* (Hrsg.), Bericht der Regierungskommission Corporate Governance, 2001, Rz. 62; Bertelsmann Stiftung (Hrsg.), Operative Stiftungsarbeit, Strategien – Instrumente – Perspektiven, Gütersloh 1997, S. 119.
361. Hierzu *Koch/v. Holt*, Arbeitsheft Chancen- und Risikomanagement, BFS Köln, 2003; *von Holt*, Erfolgreich steuern in schwierigen Zeiten – Was Sie beim Aufbau eines Risikomanagementsystems in Ihrer Einrichtung zu beachten haben, in Handbuch Sozialmanagement, Abschnitt A 2.5.
362. Hierzu *Baums* (Hrsg.), Bericht der Regierungskommission Corporate Governance, 2001, Rz. 49–69, 309–327.
363. Entsprechende Zahlungen können einen Verstoß gegen § 55 Abs. 1 Nr. 1 S. 2 und Abs. 3 AO darstellen, vgl. FG München, Beschluss vom 27. August 1999 – 7 V 2380/99; BFH, Beschluss vom 8. August 2001 – I B 40/01; bisher konnte der BFH die Frage dahinstehen lassen, vgl. BFH, Beschluss vom 8. August 2001 – I B 40/01: dort war in der Satzung ausdrücklich festgelegt, dass das Organ ehrenamtlich tätig werden sollte.
364. *Rawert* in Staudinger, Großkommentar zum Bürgerlichen Gesetzbuch mit Einführungsgesetz und Nebengesetzen, Erstes Buch, Allgemeiner Teil (1995), Rn. 5 zu § 86 BGB.
365. *Lehleiter*, Die Familienstiftung als Instrument zur Sicherung der Unternehmenskontinuität bei Familienunternehmen (Europäische Hochschulschriften: Reihe 5, Volks- und Betriebswirtschaft; Bd. 1883), 1996, S. 151.
366. Hierzu ausführlich *Lehleiter*, Die Familienstiftung als Instrument zur Sicherung der Unternehmenskontinuität bei Familienunternehmen (Europäische Hochschulschriften: Reihe 5, Volks- und Betriebswirtschaft; Bd. 1883), 1996, S. 150.
367. *Baums* (Hrsg.), Bericht der Regierungskommission Corporate Governance, 2001, Rz. 34 f.; *Malik*, Wirksame Unternehmensaufsicht, 2. Auflage 1999, S. 22.
368. *Baums* (Hrsg.), Bericht der Regierungskommission Corporate Governance, 2001, Rz. 34.
369. *Pues/Scheerbarth*, Gemeinnützige Stiftungen im Zivil- und Steuerrecht, 3. Auflage 2008, S. 44.
370. *Schuhen*, Nonprofit Governance in der Freien Wohlfahrtspflege, Schriften zur öffentlichen Verwaltung und öffentlichen Wirtschaft, Bd. 181, 2002, S. 173; *Malik*, Wirksame Unternehmensaufsicht, 2. Auflage 1999, S. 91 f., 150.
371. *Baums* (Hrsg.), Bericht der Regierungskommission Corporate Governance, 2001, Rz. 284.
372. Arg. e § 81 Abs. 1 BGB.
373. Zur Ineffizienz großer Gremien sehr eindrucksvoll *Malik*, Wirksame Unternehmensaufsicht, 2. Auflage 1999, S. 162 ff.; s. auch *Koch/von Holt*, Verein oder GmbH? Zur Ansiedlung wirtschaftlicher Aktivitäten bei Verbänden. in NDV (Nachrichtendienst des Deutschen Vereins für öffentliche und private Fürsorge), Frankfurt 2002, S. 315–325 (321); zur Diskussion s. *Baums* (Hrsg.), Bericht der Regierungskommission Corporate Governance, 2001, Rz. 49.

E. Weiterführende Hinweise zu Literatur und Rechtsprechung 215

374. S. z. B. Bertelsmann Stiftung (Hrsg.), Operative Stiftungsarbeit, Strategien – Instrumente – Perspektiven, Gütersloh 1997, S. 125; *Schuhen*, Nonprofit Governance in der Freien Wohlfahrtspflege, Schriften zur öffentlichen Verwaltung und öffentlichen Wirtschaft, Bd. 181, 2002, S. 163.
375. Z. B. § 5 Abs. 1 StiftG NW.
376. Vgl. z. B. *Malik*, Wirksame Unternehmensaufsicht, 2. Auflage 1999, S. 35 ff. (64): „Wirtschaft und Gesellschaft durchlaufen derzeit eine der größten und fundamentalsten Transformationsperioden, die es geschichtlich je gab."
377. § 61 AO.
378. § 61 Abs. 3 AO.
379. Nachweise bei *Hof* in Münchener Vertragshandbuch, Band 1, Gesellschaftsrecht, 6. Auflage 2005, VIII.1 (S. 1199).
380. OLG Schleswig-Holstein, Beschluss vom 1. August 1995 – 9 W 50/95.
381. § 82 BGB.
382. BGH, Urteil vom 10. Dezember 2003 – IV ZR 249/02 (Dresdner Frauenkirche).
383. Vgl. *Hof* in *Seifart/v. Campenhausen*, Handbuch des Stiftungsrechts, 3. Auflage 2009, § 6 Rn. 106 ff.
384. Es handelt sich bei der Unterscheidung zwischen einem reinen Treuhandverhältnis und seiner Kombination mit einer Schenkung unter Auflage also nicht um eine Fachdiskussion über die Rechtsnatur des Stiftungsgeschäftes, sondern eine Frage der Auslegung des Treuhandvertrages, s. OLG Oldenburg, Urteil vom 18. November 2003 – 12 U 60/03.
385. OLG Oldenburg, Urteil vom 18. November 2003 – 12 U 60/03; dagegen unzutreffende Annahme eines weitgehenden Ausschlusses des Widerrufs z. B. bei *Hof* in *Seifart/v. Campenhausen*, Handbuch des Stiftungsrechts, 3. Auflage 2009, § 36 Rn. 26, 43.
386. *Hof* in *Seifart/v. Campenhausen*, Handbuch des Stiftungsrechts, 3. Auflage 2009, § 36 Rn. 37.
387. Z. B.: „Stifterverein XY gemeinnützige GmbH".
388. § 81 BGB, nicht selten wird stattdessen die notarielle Beurkundung gewählt.
389. Arbeitshilfe hierzu: *Koch / v. Holt*, Arbeitsheft Chancen- und Risikomanagement, BFS Köln, 2003.
390. Diese können über einen Strategieworkshop eruiert worden sein, vgl. *Koch / v. Holt*, Arbeitsheft Chancen- und Risikomanagement, BFS Köln, 2003.
391. Ausführlich hierzu *Koch*, Konzeptheft Balanced Scorecard, BFS Service GmbH (Köln), 2. Auflage 2006.
392. Siehe am Beispiel des Vereins *von Holt*: Persönliche Haftungsrisiken von Vorstandsmitgliedern und Vereinsgeschäftsführern unter www.socialnet.de/materialien/29.php, Zugriff 16. 8. 2010.
393. *Koch/v. Holt*, Arbeitsheft Chancen- und Risikomanagement, BFS Köln, 2003.
394. Die Versicherung der Organmitglieder verlagert Kosten auf die Stiftung und kann Anlass zu weniger sorgfältigem Handeln sein. Insbesondere eine Versicherung von Mitgliedern des Geschäftsführungsorgans (Vorstand) wird teilweise kritisch gesehen.
395. Die schlagwortartig aufgeführten Grundsätze könnten in der Praxis bedeuten: 1. Alle Entscheidungen werden transparent auf Ziele und konkrete Sachverhalte bezogen. 2. Erwartungen an die Geschäftsführung (= Stiftungsvorstand) werden klar und bestimmt formuliert. Dabei wird eindeutig zwischen unverbindlichen Anregungen, zu berücksichtigenden Empfehlungen und einzuhaltenden Weisungen unterschieden. 3. Getroffene Vereinbarungen werden konsequent umgesetzt. Insbesondere auf Abweichungen von Planungen und Vorgaben unvermissverständlich und zeitnah reagiert. Dabei kommen auch unangenehme Entscheidungen ohne Verzögerung zur Umsetzung.

216 E. Weiterführende Hinweise zu Literatur und Rechtsprechung

396. *Koch*, Konzeptheft Balanced Scorecard, BFS Service GmbH (Köln), 2. Auflage 2006, die Nutzung der Balanced Scorecard wird auch als Teil des Risikomanagements im Sinne des KonTraG angesehen. *Meyer*: Im Blindflug ins neue Jahrtausend? Strategische Führung mit Balanced Scorecard. In *Maelicke* (Hrsg.): Strategische Unternehmensführung in der Sozialwirtschaft, Baden-Baden, 2002, S. 72.
397. *v. Holt/Koch*, Konzeptheft Chancen- und Risikomanagement, BFS-Service Köln, 2. Auflage 2005.
398. *Koch*, Konzeptheft Balanced Scorecard, BFS Service GmbH (Köln), 2. Auflage 2006.
399. Z. B. in den Bereichen Controlling, Wissensmanagement, Kommunikation.
400. *Haux*, Handbuch Beteiligungsmanagement, 2001, Kapitel D 3.
401. Management-Informationssystem, vgl. *Haux*, Handbuch Beteiligungsmanagement, 2001, Kapitel C 5.7.
402. Zur Funktion s. *Malik*, Die neue Corporate Governance, 3. Auflage 2002, S. 121 ff.
403. Z. B. durch konsolidierten Abschluss und Einzelabschlüsse sowie gesonderte Darstellung der Mittel- und Leistungstransfers.
404. Kritische Aspekte zu einer obligatorischen externen Rotation bei Haller/Reitbauer, Obligatorische externe Rotation des Abschlussprüfers – Felix Austria?, DB 2002, 2229–2235.
405. § 86 i. V. m. § 30 BGB.
406. Weitere Aspekte, allerdings ohne Bezug zu Nonprofit-Organisationen bei *Seibt*: Effizienzprüfung der Aufsichtsratstätigkeit, DB 2003, S. 2111.
407. Kritische Aspekte zu einer obligatorischen externen Rotation bei Haller/Reitbauer, Obligatorische externe Rotation des Abschlussprüfers – Felix Austria?, DB 2002, 2229–2235.
408. Bei sozialen Organisationen garantiert die Beauftragung der großen Consulting-Unternehmen keineswegs ein gutes Beratungsergebnis, *Groß*, Beratungsleistungen für soziale Organisationen, Deutscher Verein für öffentliche und private Fürsorge, 1999, S. 160; *Steppan*, Versager im Dreiteiler, S. 237; Zukunftstrends – Spezialisten werden die Nase vorn haben, Beilage Consulting zur Süddeutschen Zeitung vom 9./10. April 2005 und DB ticker managemnet & karriere, Nr. 21, 24. Mai 2005, S. XXII: Der bisher beobachtete Omnipotenzanspruch vieler Beratungsgesellschaften ist Trendforschern zufolge zu hinterfragen. Kunden stellen die „Alles-aus-einer-Hand"-Philosophie vor dem Hintergrund in der Vergangenheit nicht immer messbarer Beratungserfolge verstärkt auf den Prüfstand. Es spricht viel dafür, dass ein Beratermix die langfristig sinnvollere Lösung gegenüber der vielleicht bequemeren Zusammenarbeit mit einer vertrauten Gesellschaft sein könnte.
409. Z. B. *Steppan*, Versager im Dreiteiler, S. 211 ff.; *Marten*, Qualität von Wirtschaftsprüferleistungen, Düsseldorf 1999, S. 274, 277, 280, 282.
410. *Koch*, Konzeptheft Balanced Scorecard, BFS Service GmbH (Köln), 2. Auflage 2006.
411. AE Nr. 16 zu § 52 AO.
412. Z. B. FG Düsseldorf, Urteil vom 9. Februar 2010 – 6 K 1908/07 und vor vielen Jahren der BFH mit Urteil vom 29. August 1984 – I R 215/81, BFH BStBl. II 1985, 106.
413. Hierzu eingehend *Brill*, Der Verlust der Gemeinnützigkeit aufgrund von Verstößen gegen die Rechtsordnung und aufgrund des Verzichts, 2006.
414. BGH, Urteil vom 17. Juli 2009 – 5 StR394/08, NJW 2009, 3173.
415. *Passarge*, DStR 2010, 1675, 1677.
416. *Passarge*, DStR 2010, 1675, 1677 empfiehlt dies kleinen Unternehmen.

E. Weiterführende Hinweise zu Literatur und Rechtsprechung

417. *Lüke* in Münchener Handbuch des Gesellschaftsrechts, Band 5, 3. Auflage 2009, § 92 Rn. 2.
418. *Lunke/Rawert*, Bestellung, Abberufung, Anstellung und Kündigung von Stiftungsvorständen, Non Profit Law Yearbook 2001, S. 91–126 (103).
419. *Hof* in *Seifart/v. Campenhausen*, Handbuch des Stiftungsrechts, 3. Auflage 2009, § 8 Rn. 159.
420. Zur vergleichbaren Situation bei der GmbH s. *Marsch-Banner/Diekmannn* in Münchener Handbuch des Gesellschaftsrechts, Bd. 3, 3. Auflage 2009, § 43 Rn. 6 f.
421. § 55 AO; *Hofmeister*, Wirtschaftliche Betätigungen gemeinnütziger Organisationen, in *Jachmann*, Gemeinnützigkeit, Veröffentlichung der Deutschen Steuerjuristischen Gesellschaft, Band 26, 2003, S. 159–176 (176).
422. *Koch/v. Holt*, Arbeitsheft Chancen- und Risikomanagement, BFS Köln, 2003.
423. *Lüke* in Münchener Handbuch des Gesellschaftsrechts, Band 5, 3. Auflage 2009, § 92 Rn. 39.
424. *Hof* in *Seifart/v. Campenhausen*, Handbuch des Stiftungsrechts, 3. Auflage 2009, § 8 Rn. 154.
425. Eine Haftungsbegrenzung ist stiftungsrechtlich grundsätzlich zulässig, *Lüke* in Münchener Handbuch des Gesellschaftsrechts, Band 5, 3. Auflage 2009, § 94 Rn. 20 f.
426. Eine weitergehende Haftungsbegrenzung bedarf einer sorgfältigen gemeinnützigkeitsrechtlichen Prüfung.
427. Zu denken ist hier insbesondere an ein Verbot, Belohnungen oder Geschenke in Bezug auf die dienstliche Tätigkeit entgegenzunehmen.
428. Die sich aus gemeinnützigkeitsrechtlichen Gründen nicht vorrangig am Gewinn der Gesellschaft orientieren dürfen, vgl. § 55 Abs. 1 AO.
429. Sog. salvatorische Klausel, Teilnichtigkeitsklausel.

F. Anhang: Literatur, Internet und Adressen

Dieser kleine Band kann nur eine erste Orientierung bieten und nicht alle denkbaren Fragen im Zusammenhang mit einer Stiftungsgründung klären. Daher finden Sie hier einige ausgewählte, weiterführende Informationsquellen.

Die ausgewählte und kommentierte **Literatur** bietet andere als die hier gewählten Schwerpunkte oder eine Vertiefung der Thematik.
- Gregory, Alexander u. a. (Hrsg.): Stiftungen nutzen – Stiftungen gründen. Stiftung Mitarbeit (Bonn) 2008, 200 Seiten, ISBN 978-3-928053-99-0, EUR 22,00.
Reihe Arbeitshilfen für Selbsthilfe- und Bürgerinitiativen Nr. 38. Aufsätze und Arbeitshilfen zur Stiftungsgründung inklusive Beispielsatzungen
- Bertelsmann Stiftung (Hrsg.): Ratgeber Stiften,
Band 1: Planen. Gründen. Recht und Steuern, ISBN 978-3-89204-725-4,
Band 2: Strategieentwicklung. Förderprojekte. Öffentlichkeitsarbeit, ISBN 978-3-89204-765-0,
Band 3: Stiftungsorgane. Gremienentwicklung. Mitarbeiter, ISBN 978-3-89204-783-4,
Verlag Bertelsmann Stiftung.
Die sehr einfach gehaltenen Einführungen in das Thema eignen sich für Personen, die eine Stiftungsgründung erwägen und erste Informationen zum Thema suchen.
- Bundesverband Deutscher Stiftungen (Hrsg.): Verzeichnis Deutscher Stiftungen, Bände 1–3 mit CD-ROM. 2008, ISBN 978-3-927645-96-6, EUR 279,00.
Preiswertere Ausgaben mit geringerem Umfang und ohne CD-ROM erhältlich.
- Pues, Lothar und Walther Scheerbarth: Gemeinnützige Stiftungen im Zivil- und Steuerrecht. Beck (München) 2008, 3. Auflage, 295 Seiten, ISBN 978-3-406-56614-1, EUR 48,00.
Das Buch richtet sich an Erbengemeinschaften, deren Berater und Banken. Der Schwerpunkt liegt auf den steuerlichen Vorteilen einer Stiftung.
- Seifart, Werner (Hrsg.): Stiftungsrechts-Handbuch. Beck (München) 2007, 3. überarbeitete Auflage, 1.186 Seiten, ISBN 978-3-406-54681-5, EUR 178,00.

F. Anhang: Literatur, Internet und Adressen

Der umfangreiche Kommentar enthält als Anhang auch die Landesstiftungsgesetze, sowie evangelische und katholische Stiftungsgesetze.
- Wachter, Thomas: Stiftungen. Zivil- und Steuerrecht in der Praxis. Schmidt (Köln) 2001, 392 Seiten, ISBN 3-504-49941-9, EUR 89,80.
Neuauflage für März 2011 geplant, ISBN 978-3-504-49542-8.
Als **Zeitschrift** mit einem Schwerpunkt beim Fundraising, aber auch Beiträgen zu Recht und Management, ist **Stiftung & Sponsoring** mit sechs Ausgaben im Jahr zu nennen. Informationen unter http://www.stiftung-sponsoring.de.

Das **Internet** bietet sich vor allem für sehr aktuelle Informationen und die Kontaktaufnahme an. Sie finden hier interessante Einstiegspunkte für weitere Recherchen.
- http://www.socialnet.de/branchenbuch/2170.php Förderstiftungen
http://www.socialnet.de/branchenbuch/2171.php Bürgerstiftungen
http://www.socialnet.de/branchenbuch/2172.php operative Stiftungen
Im Branchenbuch von socialnet finden Sie eine Übersicht mit rund 800 Förderstiftungen, 220 Bürgerstiftungen und 250 operativen Stiftungen, die über einen eigenen Internetauftritt verfügen und für die Stiftungslandschaft in Deutschland weitgehend repräsentativ sein dürften.
- http://www.maecenata.de Maecenata ist als Forschungsinstitut auf den Dritten Sektor, also Organisationen zwischen Staat und Wirtschaft, spezialisiert. Sie betreiben u.a. eine Literaturdatenbank und eine Stiftungsdatenbank mit 13.000 Eintragungen.
- http://www.socialnet.de/branchenbuch/2228.php Das socialnet Branchenbuch weist den Weg zur Stiftungsaufsicht. Einzelne Behörden bieten ausdrücklich Beratung oder weitere Unterlagen zum Download an.
- http://www.socialnet.de/branchenbuch/2464.php Die Rubrik Stiftungswesen im Branchenbuch bietet verschiedene Möglichkeiten der Vertiefung an.
- http://www.buergerstiftungen.de (Bertelsmann Stiftung) und http://www.buergerstiftung.info (Aktive Bürgerschaft e.V.) bieten jeweils übersichtlich Informationen spezielle für Bürgerstiftungen, die teilweise auch für andere Stifter von Interesse sind.

Wichtige **Adressen**
- Bundesverband Deutscher Stiftungen
Haus Deutscher Stiftungen

F. Anhang: Literatur, Internet und Adressen

Mauerstraße 93
10117 Berlin

Telefon: +49 030 89 79 47 0
Telefax: +49 030 89 79 47 11

E-Mail: post@stiftungen.org
Internet: http://www.stiftungen.org

Seit über 50 Jahren vertritt der Bundesverband Deutscher Stiftungen die Interessen der Stiftungen in Deutschland gegenüber Öffentlichkeit, Politik und Verwaltung. Er setzt sich dafür ein, dass die Stiftungen ihre Aufgaben und Anliegen auch in Zukunft wahrnehmen und verwirklichen können und die Rahmenbedingungen im Stiftungs- und Stiftungssteuerrecht verbessert werden. Der Bundesverband arbeitet für die Anerkennung der einzelnen Stiftungen, der Stiftungen in ihrer Gesamtheit und des Stiftungsgedankens. Durch kontinuierliche Kontaktpflege zu öffentlichen Entscheidungsträgern und Medien sowie durch Stellungnahmen und Anträge wirkt er aktiv auf politische Entscheidungsprozesse ein. Mit seinen vielfältigen Veranstaltungen fördert er den Dialog von Stiftungen untereinander ebenso wie er der interessierten Öffentlichkeit einen Einblick in das Stiftungswesen vermittelt. Er unterhält eine Akademie und betreibt einen Verlag.

- Stifterverband für die Deutsche Wissenschaft e. V.
  Barkhovenallee 1
  D-45239 Essen

Telefon: +49 0201 84 01 0
Telefax: +49 0201 84 01 301

E-Mail: mail@stifterverband.de
Internet: http://www.stifterverband.de

Der Stifterverband betreibt das Deutsche Stiftungszentrum. Mehr als 300 Stiftungen betreut das Stiftungszentrum kontinuierlich mit Rat und Tat – und es werden stetig mehr. Die Stifter haben dem Zentrum ein Gesamtvermögen von 2,3 Milliarden Mark zur Verwaltung anvertraut. Sie fördern in der Regel Wissenschaft und Bildung. Auf politischer Ebene setzt sich das Stiftungszentrum für eine Verbesserung der rechtlichen Rahmenbedingungen für Stifter ein. Der Verband selber wird fördernd tätig und übt eine koordinierende Funktion in der deutschen Wissenschaftslandschaft aus.

- Bertelsmann Stiftung
  Carl-Bertelsmann-Str. 256
  D-33311 Gütersloh

  Telefon: +49 5241 81 0

  E-Mail: info@bertelsmann-stiftung.de
  Internet: http://www.bertelsmann-stiftung.de

  Die Bertelsmann Stiftung entwickelt Ideen und Lösungen für gesellschaftliche Probleme. Sie versteht sich als Förderin für den gesellschaftlichen Wandel. Sie konzentriert sich bei ihrer Arbeit auf die Bereiche, in denen sie durch Projekterfahrung eine besonders hohe Kompetenz aufweist: Bessere Bildung, eine gerechte und effiziente Wirtschaftsordnung, eine lebendige Bürgergesellschaft, ein vorsorgendes Gesundheitswesen und eine wachsende internationale Verständigung. Ein Arbeitsschwerpunkt ist das Thema Stiftungen, insbesondere Bürgerstiftungen. Die Bertelsmann Stiftung berät bei Stiftungsgründungen, fördert den Austausch der Stiftungen untereinander und die Übernahme bewährter Ansätze aus dem Ausland. Sie unterhält einen eigenen Verlag.

G. Stichwortverzeichnis

Abberufung *Siehe* Organe
Abfindung
– *Angemessenheit* 198
Abgabenordnung 41, 69, 70, 71, 72, 73, 74
Ablaufplan *Siehe* Stiftungsgründung
Abschlussprüfer *Siehe* Wirtschaftsprüfer
Abschreibungsrücklagen 70
Admassierungsverbot 115, 119
AIDS-Stiftung 48
Aktiengesellschaft 40
Altrücklagen 70
Amtszeit 30, 34, 35, 84, 86, 127, 139
– Altersgrenze 32
– Amtsniederlegung 140
– Befristung 32
– Beschränkung 23
– Kontinuität vs. Flexibilität 139
Anerkennung
– Steuerbegünstigung 69
– Stiftung 42, 43, 62
– Zweckbetrieb 73
Anfallberechtigung
– Satzung 154
– Vermögen 99
Ansparrücklage 71, 116
Anspruchsgruppen 26, 30, 65
– Auflistung 22
– Beteiligungsrechte 33
– Risiken 34
Anstaltsbetrieb 114
Anstellungsvertrag *Siehe* Dienstvertrag
AO *Siehe* Abgabenordnung
Aufhebung *Siehe* Auflösung der Stiftung
Auflagen
– Auflagenschenkung 53
– Spende, Vermächtnis 6
Auflösung der Stiftung 88, 89, 99
– Anfallberechtigung 152
– Aufhebung 114
– Regelungsbedarf 153

– Satzung 152
– Stiftungsaufsicht 42
Aufsichtsrat 27, 38
– Corporate Governance 18
Auftragsvertrag 198
– ehrenamtliche Geschäftsführung 130
Aufzeichnungspflicht 72
– Kostenstellenrechnung 121
– Nichtzweckbetrieb 121
– Rücklagen 71
– steuerliche 121
Auslagenersatz 98
– Stiftungsrat 141
Ausschließlichkeitsgrundsatz 71, 109
Ausschuss 86, 142
– Funktion 22, 25
– Funktion, Zusammenstezung 25
– Stiftungsrat 134, 139

Balanced Scorecard 66, 178
– Checkliste 190
Basel II 79
Baurücklagen 70
Behindertentestament 8
Beihilfeverbot 69
Beirat 23
– Funktion 22
– Funktion, Zusammensetzung 25
Bertelsmann Stiftung 222
Berufung
– eines Nachfolgers 84
– Einflusswahrung 142
– geborene Mitglieder 32
Beschlussfassung
– Einstimmigkeit als Risiko 154
besonderer Vertreter 26, 41
Bestimmtheitsgrundsatz 104
Beteiligungsquote,
 Aufrechterhaltung 71
Beteiligungsstiftung 49, 52
– Rechnungslegungsvorschriften der Beteiligungsträgerstiftungen 121
Betriebsmittelrücklagen 70

Beurkundung
– notarielle 61
Bilanzierung 176
Board 27
BSC *Siehe* Balanced Scorecard
Bundesverband Deutscher
 Stiftungen 220
Bürgerstiftung 24, 32, 51, 52, 55,
 90, 107, 219, 220, 222
– bürgerschaftliches Engagement
 51
– Finanzierung öffentlich-rechtlicher Pflichtaufgaben 107
– und Bürgergesellschaft 3, 222
Bürgerstiftung Bonn 51

Chancen-Risiko-Analyse 58
Code of Conduct, Checkliste 197
Community Foundations 51
Controlling 63, 66, 180
– Checkliste 176
– operatives 28, 66
– strategisches 28
Corporate Compliance 54, 180
– Checkliste 192
– *Code of Conduct* 197
– Gremienarbeit 66
Corporate Foundation 10
Corporate Governance 180, *Siehe auch* Nonprofit Governance
– Ämterhäufung 19
– Amtszeit 32
– Aufgabenaufteilung 28, 29
– Auswirkungen auf Satzung 79
– Bedeutung der Satzung 45
– Berichtspflicht 19
– Einberufung der Organe 146
– Festlegung von Kompetenzen
 22
– Geschäftsplan 145
– Grundlagen 17
– Informationspolitik 18
– Instrumentalisierung durch Besetzungsvorgaben 138
– Kodex 141
– Kommunikation mit dem Abschlussprüfer 145
– Kompetenzen des Stiftungsrats
 145
– Machtverteilung, Funktionstrennung 30
– nachgelagerte Kontrolle 144
– Organfunktionen 124

– Organisationsstruktur 59
– Prüfungsausschuss 26
– Rechnungsprüfungsausschuss
 145
– Sanduhrmodell 22
– Selbstevaluierung 141
– Selbstkontrahierungsverbot 132
– Stiftungsrat 141
– Strategietagung 30
– Strategieworkshop 141
– strategischen Entscheidungen
 144
– strikte Trennung von Kontrolle
 und Mitwirkung 144
– Trennung zwischen Festlegung
 und Messung der
 Organisationsziele 145
– Unternehmensnachfolge 9
– Vertrauen 18
– vorgelagerte Kontrolle 144
– Wiederwahl 35
– Zahl der Vorstandsmitglieder 26
Cross-Selling 189

Dachstiftung 53
Deutsche AIDS-Stiftung *Siehe*
 AIDS-Stiftung
Deutscher Corporate Governance
 Kodex 18
Dienstvertrag 35, 84, 98, 128, 130,
 198
– *Vorstand* 198
Doppelstiftung 50, 52
DZI 18

Eigenkapitalverzinsung 65
Einladung zur
 Gremienversammlung 30
– Verfahrensregelung 46, 88, 146
Einlagen mit
 Rückforderungsvorbehalt 154
Einzelvertretungsbefugnis 133
Erbengemeinschaft 219
Erbersatzsteuer 11, 68
Erbfolge 50
Erblasser
– Erbeinsetzung 159
– Erbschaft 75
– Nachlassregelung 7
– testamentarische
 Stiftungserrichtung 43
Erbschaftsmarketing 10
Erbschaftsteuer 11, 68, 75

G. Stichwortverzeichnis

Evaluationspflichten
- Stiftungsrat 188
- Unternehmensleitung 186
- Verfahren 178
Evangelische Stiftung Alsterdorf 49
Familienstiftung 11, 33, 50, 52, 68, 94, 97, 155
- angemessene Unterhaltung und Pflege 97
- Ausübung der Beteiligungsrechte 97
- Berufungsrecht 142
- Besetzung 143
- Doppelstiftung 50, 52
- Einfluss der Familie 142
- Einflussnahme über Besetzungsvorgaben 128
- Einflussverlust bei Liquidation 155
- Familienunternehmen 49, 50, 53, 97, 104
- Familienvermögen 50
- Förderung der Abkömmlinge 104
- Machtbalance 138
- steuerbegünstigte 71, 118
- steuerpflichtige 108, 118, 143
- Stiftungszweck 108
- Veräußerungsbeschränkung 108
- Vermeidung von Erbstreitigkeiten 108
- Versorgung von Nachkommen 8
- Zulässigkeit 104
Fideikomissauflösungsstiftung 50
Fideikommisse 50
Finanzierung
- Ausschluss öffentlich-rechtlicher Pflichtaufgaben 107
- Satzungszwecke 106
Förderstiftung 20, 79
- einfache 46
- Förderausschuss 26, 86, 134
- Förderkörperschaft 72
- Förderung anderer steuerbegünstigter Organisationen 110
- Gremienstruktur 26
- Unterstützung 107
freie Rücklage 70
Freistellungsbescheid 72, 75
Führung 28, 63
- operative 29
- strategische 24, 27, 29

Fundraising
- Fundraisingstiftung 10
- Stifterversamlung 24

Gemeinnützigkeit 81
- Anfallberechtigung 154
- Auflösung der Körperschaft 71
- Aufzeichnungen der Körperschaft 72
- Ausgabeverhalten 71
- Ausschließlichkeitsgrundsatz 71
- Bagatellgrenze für Nichtzweckbetriebe 73
- Einlagen 154
- Erbschaft- und Schenkungsteuer 75
- Familienstiftung 71
- Förderkörperschaft 72
- Gewinne 70
- Grunderwerbsteuer 74
- Grundsteuer 74
- Hilfspersonen 72
- Holding 68
- ideelle Sphäre 17, 72
- Kraftfahrzeugsteuer 75
- Liquidation 71, 154
- Mehrwertsteuer 73
- Mittelverwendung für Nichtzweckbetrieb 72
- Nachversteuerung 155
- Nachweis der Hilfsbedürftigkeit 110
- partielle Steuerpflicht 73
- Rücklagen 70
- Satzungsklauseln 108
- Satzungszweck 71, 106
- Sparten 72
- tatsächliche Geschäftsführung 72
- Unmittelbarkeitsgrundsatz 72
- Unterstützung gewerblicher Aktivitäten 71
- Vergütung, überhöhte 71
- Verlustübernahmen 72
- Vermögensbindung 71, 154
- Vermögensverwaltung 71, 72
- Verstöße gegen das Spendenrecht 76
- Verwaltungskosten 71
- Voraussetzungen 69, 109
- Wegfall des Satzungszweck 71
- Zahlungen an Organmitglieder 71

- Zuwendungen 71
- Zweckbetrieb 73
Gemeinschaftsstiftung 38, 51, 52, 90
- Stiftungsrat 142
Genossenschaft 40
Geschäftsbericht 31, 120
- Corporate Governance 19
Geschäftsbetrieb 62
- Bagatellgrenze 73
- wirtschaftlicher 73
Geschäftsführung 25, 30, 32, 41
- Auftragsrecht 41
- Aufzeichnungen 110
- Corporate Governance 19
- Geschäftsführungsbefugnis 198
- Geschäftsordnung 184
- hauptamtlich 26, 27
- Kontrolle 27
- Organ 132
- Prüfung der 42
- Rechnungslegungspflichten 110
- tatsächliche 110
- Vergütung 71
Geschäftsjahr
- gemeinnützige Stiftungen 120
- Satzung 120
Geschäftsordnung 20, 67, 85, 86, 126
- Funktion 45, 140
- Informationsrechte 20
- Inhalt 46
- Satzung 133
- Stiftungsrat 134, 182
- Transparenz 133
- Vorstand 184
Geschäftsplan 60, 87, 144, 145
- Corporate Governance 21
- Struktur 175
Gewerbesteuerbefreiung 72
gewerbliche Aktivitäten
- Unterstützung 71
Gewinne und Gemeinnützigkeit 70
GmbH
- Insolvenz 2
- Rahmenbedingungen 39
- Unterschiede zur Stiftung 38
Gremien 31, 63, *Siehe auch* Amtszeit, Organe, Stiftungsrat, Stiftungsversammlung, Vorstand
- Anzahl der Mitglieder 25
- Aufgabenaufteilung 29, 30
- Berufungsrecht 30

- Besetzung 19, 22, 34
- Corporate Governance 18, 19, 20
- Delegation von Aufgaben 25
- Entsenderechte 32
- Geschäftsordnung 45
- Informationspolitik 22
- Innovationsanreize 23
- Optimierung der Arbeit 66, 67
- Sitzungsvorbereitung 20
- Streitigkeiten 29
- Struktur 23
Gremienstruktur
- effiziente 124
- einfache 46
- operative Aufgaben 124
Grunderwerbsteuer 74, 75
Grundsteuerbefreiung 74
Grundstockvermögen 80, 81, 82, 94, 97, 103, 107
- Rückgriff auf 114
- Satzung 111, 118
- Unternehmensbeteiligung 114
- Vermögensausstattung 113
- Voraussetzungen 114
- Werterhaltung 118
- Zulässigkeit von Vermögensumschichtungen 114
Gründung *Siehe* Stiftungsgründung

Haftung 27, 41
- Ausgliederung des Betriebs zur Haftungsbeschränkung 17
- Ausschluss 181
- Außenverhältnis 127
- Begrenzung 84, 126, 127
- des Stiftungsvorstandes 27
- ehrenamtliche Organmitglieder 127
- Freistellung 181
- Organmitglieder 126, 180
- Verletzung von Sorgfaltspflichten 84, 126
Hilfspersonen 72, 110
- Unmittelbarkeitsgrundsatz 72
Holding 68

Ideelle Sphäre
- Willensbildung 20
Immobilien
- Spende 6
- Übertragung 17
Informationspolitik
- Corporate Governance 18, 19

G. Stichwortverzeichnis

– Haupt- gegenüber
  Ehrenamtlichen 20
– Informationsrechte 30
Innenrevision 181
Innovationsanreize, fehlende 22
In-Sich-Geschäft *Siehe*
  Selbstkontrahierungsverbot
Insolvenz
– Stiftungen 41
– Stiftungen, Vereine, GmbH 2
Interessengegensätze 45
– Abschlussprüfer 187
– Corporate Governance 19
Interessenvielfalt 22
Investitionsrücklagen 70

Jahresabschlussprüfung 83, 122,
  Siehe auch Wirtschaftsprüfer

Kapitalausstattung 62, 70
Kapitalerhaltung 38
– Ansammlung der Stiftungserträge
  115
– Auftrag zur Kapitalerhaltung 63
– Berechnungsmaßstab 115
– Bezugnahme auf übliche
  Preisindices 115
– Rücklage 82, 97, 115, 116, 177
– Satzungsregelung 111
– Verpflichtung zur mündelsicheren
  Anlage 115
Kennzahlen 178
KG *Siehe* Kommanditgesellschaft
Kleinunternehmerregelung 74
Kommanditgesellschaft 52
Komplementär 52
Konkurrenz auf Absatz- und
  Beschaffungsmärkten 20
Kontenplan
– Gliederung 176
Kontrolle 27, 28, 29, 30, 63, 66, 144
– Corporate Governance 18
– des Unternehmens 62
– Kontrollstrukturen 31
– nachgelagerte 144
– Selbstkontrahierungsverbot 132
– strategischen Entscheidungen 144
– strikte Trennung von Kontrolle
  und Mitwirkung 144
– vorgelagerte 144
Kooptation 33, 129, 139, 140, 141
Körperschaftsteuerfreistellungsbescheid 72, 75

Kostenstellen-, Kostenträgerrechnung 177
Kraftfahrzeugsteuer 75
Kündigungsschutz
– *Vorstand* 198
Kuratorium *siehe* Stiftungsrat

Ladungsfrist
– Satzungsregelung 85
Landesstiftungsgesetz 41
Leitbild 63, 64, 65
– Qualitätsziele 64
– Stiftungszweck 12
Liquidation
– Gemeinnützigkeit 154
– Verfahren 41

Machtverteilung
– Corporate Governance 18, 19
– Haupt- und Ehrenamtliche 20
– Machtbalance 30, 138
– optimale 30
Mehrwertsteuer *Siehe* Umsatzsteuer
Minderheitenschutz
– Corporate Governance 19
Mittel-, Vermögensbindung für
  steuerbegünstigte Zwecke 70
Mittelbeschaffung 49, 58, 73, 74
– Satzungszweck 106
Motiv 4, 57
– Corporate Foundation 10
– Externe Unternehmenssteuerung
  9
– Familienstiftung 11
– Fundraising 10
– Mittelbeschaffung 9
– Nachfolgeproblem 9, 49, 53
– Nachlassregelung 7
– Public Relation 10
– Sponsoring 10
– Trennung von
  ideeller/betrieblicher Sphäre 17
– Unternehmenskontrolle 11
– Vermögenssicherung 16
– Verringerung der
  Pflichtteilsansprüche 8
– Verringerung der Steuerlast 9
– Würdigung des Lebenswerks 5

Nachversteuerung 155
Nichtanwendungserlasse 68
Nichtzweckbetrieb 73

Nonprofit Governance
- Checkliste 186
- Grundlagen 17
- Kodex 19
Nonprofit-Organisation 63, 64
- Rahmenbedingungen 19, 22
Notvorstand 42, 130
NPO *Siehe* Nonprofit-Organisation

Organe *Siehe auch* Amtszeit, Gremien, Stiftungsrat, Stiftungsversammlung, Vorstand
- Abberufung 140
- Ämterhäufung 30
- Amtsdauer 129
- Anreizsystem 143
- Anzahl 124
- Aufgabenbeschreibung 31
- Aufgabenverteilung 18, 27, 28
- Außen-, Innenorgan 123
- Beirat 23
- Berufung 140
- Besetzung 31, 34, 124
- Board 27
- der Stiftung 90
- Erstbesetzung 32
- familienfremde Organmitglieder 143
- Festlegung der Kompetenzen 123
- Fluktuation 35
- Funktion 123
- Funktionstrennung 23
- Generationenwechsel 35
- Gestaltungsgrenzen 38
- Haftung 180
- *Haftungsbegrenzung* 198
- Innovationskraft 35
- Kompetenzabgrenzug 124
- Kompetenzen 21, 25, 34
- Kontrolle 125
- Machtbalance 30, 138
- Organfunktionen 124
- organschaftliche Vertretung 132
- Personalunion 139
- Ressortbildung 131, 133
- Stiftungsversammlung 23
- strategische Entscheidungen 125
- Struktur 23
- Trennung der Verantwortung 125
- Vakanz 127

- Vergütung 150
- Versammlungsleitung 30, 83, 125
- Vorstand 23, 26
- Wiederwahl 35
- Zuordnungen der Funktionen 124
Organentscheidungen
- sachfremde Erwägungen 154
Organisationsstruktur 44, 59
Organmitglieder
- Anzahl 30
- geborene 32
- Haftung 126
- Interessenlage 19
- Macht- und Informationsgefälle 20

Pflichtteil, Schmälerung 8
Philantropie als Motiv 5
Planung
- operative 28
- strategische 19, 27, 30, 62, 65
Präambel 15, 16, 64, 80, 106
Projektmanagement 56
Projektorganisation 177
Projektrücklagen 70
Protokollierung
- Corporate Governance 20
- Protokollführung 30
Prüfungsausschuss 26
Public Governance *Siehe* Corporate Governance
Public Relation 10, 52
Publizität 29
- Publizitätsgesetz 122
- Vergütungen 121
- Veröffentlichung des Jahresabschlusses 122
- Veröffentlichungspflicht 31, 39
- Vertrauensbildung 122

Rating nach Basel II 79
Rechnungslegung 82, 83
- Anforderungen 120
- Checkliste zum Rechnungswesen 176
- Grundlagen 120
- Rechnungslegungspflichten 110
Rechnungsprüfungsausschuss 145
Rechtsform 56
- Kritik 2
- Rechtsformvergleich 38
- Rechtsformvergleich, Verein 24

G. Stichwortverzeichnis

- Rechtsformwahl 7, 40, 59
Rechtsquellen 40
Register für Stiftungen 1
Ressortbildung 85, 133
Richtlinienkompetenz
- Stiftungsrat 145
Risikomanagement 180
Rücklagen 70
- Aberkennung der Steuerbegünstigung 117
- Aufzeichnungspflichten 71
- Begriff 70
- Kapitalausstattung 70
- Nebenrechnung 117
- steuerliche Rücklagen 116
- Umschichtungsrücklage 71
- vermögensorientierte Zuwendungen 70
Rückstellung
- Grabpflegeverflichtung 177

Sammelstiftung 53
Sanduhrmodell 21
Satzung 62, 79, 90, 94, 97
- Abgrenzung zur Geschäftsordnung 67
- Anforderungen 31
- Auslegung 16
- Corporate Governance 20
- einfache 161
- Festlegung von Arbeitsabläufen 140
- Festlegung von Kompetenzen 22
- Formalziele 79
- Funktion 44
- Gemeinnützigkeit 108
- Geschäftsjahr 120
- Geschäftsordnung 131
- Gestaltung 79
- Gremienarbeit 67
- Grundstockvermögen 111, 112
- Jahresabschlussprüfung 119
- Kapitalerhaltung 115
- Kapitalerhaltungsrücklage 111, 112
- Ladungsfrist 132
- Mängel 104
- Organe 123
- Präambel 15
- Publizität 122
- Rechnungslegung 119
- Rechtscharakter der unselbständigen Stiftung 171
- Regelung von Veräußerungsbeschränkungen 114
- Regelungen zur Geschäftsführung 41
- Ressort 131
- Rücklagenbildung 116
- Stiftungsgeschäft 43
- Stiftungsrat 133
- Stiftungsversammlung 146
- unselbständige Stiftung 167
- Verfahrensvorschriften 126
- Verwendung der Stiftungsmittel 111
- Vorstand 127, 131
- Vorstandsressorts 131
- Zusammensetzung der Organe 129
- Zustiftung 115
- Zweck 102, 103
Satzungsänderung 44, 88, 149, 151
- Erleichterungen 153
- Genehmigungsvorbehalt 151, 153
- Regelungsbedarf 153
- Stiftungsaufsicht 42
- Typischer Anpassungsbedarf 150
- Zustimmungsquorum 151, 154
Satzungszweck *Siehe* Stiftungszweck
Schaffermahl 24
Scheinstiftung 56
Schenkungsteuer 75
Selbstergänzungsbefugnis *Siehe* Kooptation
Selbstevaluation 141, 180, 186, 188
Selbstkontrahierungsverbot 132
- Corporate Governance 19
Selbstlosigkeit 70, 71, 109
- Gewinne 109
- Rücklagen 109
- Unterhalt des Stifters 109
Selbstrekrutierung *Siehe* Kooptation
Selbstzweckstiftung 12, 49
Sitz der Stiftung 43, 102
Sitzungsgeld 87, 91, 93, 98, 141
- Stiftungsrat 135
Sitzungszyklen
- Corporate Governance 20
Sonderposten
- für spendenfinanzierte Investitionen 177

Sondervermögen 54
Sparten der Stiftung 72
Spekulationsgeschäfte 115
Spende
– Alternative zur Stiftungsgründung 5
– Fehlverwendung durch Quersubventionierung 6
– Immobilien 6
– Nachteile gegenüber Stiftungsgründung 6
– Sachspende 5
– Spendenabzug 41
– Spendenanreiz 75
– Steuervergünstigung 6, 75, 76
– Verbindlichkeit bei noch nicht verwendeter 177
– Zuwendungsbestätigung 75
Spenden-Siegel 18
Sponsoring 10, 73, 220
Steuerbegünstigung 41, 67, 74, 75, 106
– Auswirkungen 72
– *Beihilfeverbot* 69
– Europäische Auswirkungen 69
– Gefährdung bei Verstößen gegen das Spendenrecht 76
– Gewinn 75
– ideelle Sphäre 75
– Selbstlosigkeit 70
– Unmittelbarkeitsgrundsatz 72
– Unterstützungsleistungen 73
– Verlustübernahmen 72
– Vermögensverwaltung 75
– Vier-Sparten-Rechnung 177
– Voraussetzungen 69, 71, 72
– Zweckbetrieb 75
Steuerpflicht
– partielle 73
Steuerrecht
– *Risikofaktor* 67
– verbindliche Auskünfte 68
Steuerungssystem
– Corporate Governance 19
Stifter 95
– Austausch von Organmitgliedern 140
– Berufungsrecht 136
– Einflussnahme 8, 32, 43
– Eingliederung in die Stiftungsorganisation 129
– Erstbesetzung 32
– Organstellung 129

– Rechtsstellung 38
– Sonderregelungen 136
– Stiftermotiv 4
– Stiftungsrat 136
– Vermögenskontrolle 8
Stifterverband für die Deutsche Wissenschaft e.V. 53, 221
Stifterversammlung *Siehe* Stiftungsversammlung
Stifterwille 5
– Bedeutung 37, 38
– Stiftungsaufsicht 42
– Stiftungszweck 12
– Überwachung der Umsetzung 25
– Überwachung durch Stiftungsaufsicht 42
Stiftung
– als Gestaltungsalternative 7
– *Arten* 11, 46
– ausländische 55
– Beteiligungsstiftung 49
– Bürgerstiftung 51
– Familienstiftung 50
– fiduziarische 53
– Förderstiftung 46
– gemeinnützige 11
– Haus Seefahrt 24
– kirchliche 12
– Mittelbeschaffungsstiftung 24
– Name 44, 80
– Namensfindung 101
– öffentlichen Rechts 12, 41
– operative 20, 48, 49
– Organe 83, 123
– örtliche 54
– privatnützige 11
– Rechtsform 80, 101
– Rechtsformwahl 2, 38
– Rückforderungsanspruch 54
– selbständige 54
– Sitz 44, 80, 102
– Stiftungszweck 80
– treuhänderische 53
– *unselbständige* 53, 55, 61, 167, 171, 172
– unselbständige als Alternative 5
– unternehmensverbundene 49
– Zweck 44, 80, 90
Stiftung & Co. KG 52
Stiftung Liebenau 15
Stiftung Warentest 48
Stiftungsaufsicht 29, 38, 44, 220
– Anerkennung der Stiftung 62

G. Stichwortverzeichnis

- Aufgaben 42
- Aufsichtsbehörde 42
- Auswirkung auf Sitzwahl 43
- Genehmigungsvorbehalte 153
- Prognoseentscheidung 113
- Rechtsaufsicht 41
- Risiken 61
- Sitzwahl 102
- Stiftungsgründung 60
- Zweckänderung 12, 45

Stiftungsboom 2

Stiftungsgeschäft 43, 44, 60, 61, 158
- Anordnung der Testamentsvollstreckung 159
- Berufung der Organmitglieder 157
- Erbeinsetzung 159
- Errichtung der Stiftung 157
- notarielle Beurkundung 158
- testamentarisch 159
- unter Lebenden 157
- Vermögensausstattung 157
- Zweck der Stiftung 157

Stiftungsgeschäftsführung *Siehe* Geschäftsführung

Stiftungs-GmbH 56

Stiftungsgründung
- Ablaufplan 56

Stiftungsgründung 39, 56
- Alternativen zur Stiftung 4, 5
- Gründungsaspekte 11
- Kritik an der Rechtsform 2
- Motiv 4, 5
- Projektmanagement 56
- zur Mittelbeschaffung 9

Stiftungsgründung
- Projektmanagement 57

Stiftungsgründung
- Motiv 57

Stiftungsgründung
- Chancen-Risiko-Analyse 58

Stiftungsgründung
- Umfeldanalyse 58

Stiftungsgründung
- Widerstände von Anspruchsgruppen 59

Stiftungsgründung
- *Gründungskonzept* 59

Stiftungsgründung
- Gründungskonzept 60

Stiftungsgründung
- Abstimmung der Satzung 60

Stiftungsgründung
- Prognoseentscheidung 113

Stiftungsgründung
- Ablaufplan 174

Stiftungsgründung *Siehe auch* Stiftungsgeschäft

Stiftungskapital 37, 55, 177, *Siehe auch* Vermögensausstattung

Stiftungskonzept 62

Stiftungskuratorium *siehe* Stiftungsrat

Stiftungsmanagement 62, 66

Stiftungsname 101

Stiftungsorganisation 38

Stiftungsrat 2, 27, 30, 63, 85, 86, 87, 91, 95, *Siehe auch* Gremien, Organe
- Abberufung 140
- Amtsniederlegung 140
- Amtsperiode 134
- Anzahl Mitglieder 25
- Arbeitseffizienz 138
- Arbeitsstrukturen 138
- Aufgaben 28, 87, 143
- Auslagenersatz 87, 135, 141
- Ausschuss 139
- Beratung des Vorstands 145
- Berufung 95, 136, 140
- Berufungsrecht 142
- Beschlussfassung 87, 143
- Besetzung 143
- Corporate Governance 141
- Dienstaufsicht 28
- Einberufung 88, 146
- Erlass von Richtlinien 87, 144
- Fachkompetenz 37, 138
- Fachleute 139
- familienfremde Organmitglieder 143
- Fluktuation 29
- Funktion 25, 144, 145
- funktionelle Ausrichtung 138
- Genehmigung des Jahresabschlusses 87, 144
- Geschäftsordnung 140, 182
- Geschäftsordnung des Vorstandes 45
- Grundlagen 24
- institutionelle Verflechtungen 32
- Interessenkollision 189
- Kommunikation mit dem Abschlussprüfer 145

- Kontroll- und strategische Entscheidungskompetenz 124
- Kontrolle 87, 144
- Kooptation 140
- Machtbalance 138
- Partikularinteresse 139
- Personalunion 139
- qualifizierte Mehrheitserfordernisse 138
- Rechenschaftsbericht 87, 144
- Rechnungsprüfungsausschuss 145
- Rechtsstellung 137
- Richtlinienkompetenz 145
- Risiken nachträglicher Berufung 25
- Risiko einer Instrumentalisierung 138
- Selbstergänzungsbefugnis 139, 140
- Selbstevaluation 188
- Sitzungsgeld 141
- strategische Entscheidungen 138, 145
- Vergütung 87, 139, 141, 142, 143
- Vertretung gegenüber dem Vorstand 87, 144, 145
- Vorsitz 86, 134
- Wiederberufung 86
- Zugehörigkeit kraft Amtes 140
- Zusammensetzung 138

Stiftungsrecht
- Rechtsquellen 41

Stiftungsregister 1, 42
Stiftungssatzung *Siehe* Satzung
Stiftungsverein 56
Stiftungsvermögen 53, 54, 62, *Siehe auch* Vermögensausstattung
- Mindeststiftungsvermögen 113
- Rückgriff auf das Grundstockvermögen 114
- Stiftungsaufsichtsbehörde 42
- Verfügungsgrenzen 38

Stiftungsversammlung 23, 55, 90, 91, 92, *Siehe auch* Gremien, Organe
- Abberufung 92, 147
- Berufung eines Rechnungsprüfungsausschusses 148
- Beschlussfassung 92, 147
- Diskussionsforum 93, 147, 148
- Einberufung 147
- Einladung 92
- einzuberufen 92
- Entlastung von Vorstand und Stiftungsrat 148
- Entscheidungen über das operative Geschäft 148
- Erlass von Förderrichtlinien 148
- Funktion des Gremiums 148
- Funktionen 24
- innere Ordnung 149
- Kompetenz 148
- Mitgliedschaft 92, 147
- Mitwirkungsrechte 142
- Nichtausübung von Mitwirkungsrechten 92
- Rechtsstellung 148
- Satzung 135
- Tagesordnung 92, 147
- Verlust der Mitwirkungsrechte 147

Stiftungsversprechen 44
Stiftungsverzeichnis *Siehe* Stiftungsregister
Stiftungszweck 5, 11, 38, 44, 48, 49, 59, 65, 88, 97, 99, 102, 103, 104
- Ableitung aus den Motiven 11
- Allgemeinwohlgefährdung 11
- alternative Umsetzungsmöglichkeiten 105, 106
- Änderung 12, 152
- Änderung des zentralen Stiftungszwecks 104
- Anpassung 105
- Anpassung der Stiftungstätigkeit 105
- Anpassungsspielraum 105
- Art und Weise der Verwirklichung 105
- Aspekte 12
- Bestimmtheitsgrundsatz 104
- Bindung 12
- Bürgerstiftung 51
- Dauerhaftigkeit 106
- Differenzierung 105
- Festlegung 104, 105
- finanzielle Unterstützung 106
- Förderung durch Unternehmerträge 49
- Formulierungsanforderungen 13, 36
- geänderter 99

G. Stichwortverzeichnis

- Gemeinnützigkeit 70
- Gestaltungsspielräume 105
- hierarchische Gliederung 107
- ideeller 63, 79
- Konkretisierung 14, 105
- Kriterienkatalog 105
- Mittel zum Zweck 105
- öffentlich-rechtliche Pflichtaufgaben 90
- Öffnungsklausel 105
- Risiko frühzeitiger Festlegung 8
- satzungsmäßiger 71
- Trennung von Betriebsrisiken 17
- Wegfall 71
- Ziele des Stifters 105
- Zustimmung zur Änderung 12

Strategie
- Corporate Governance 18
- Grundsatzentscheidungen 93
- Stiftungsversammlung 147
- Strategieplanung 29
- Strategietagung 30
- Strategieworkshop 141
- Substanzerhalt 64
- Zuständigkeit des Stiftungsrats 145

tatsächliche Geschäftsführung
- Gemeinnützigkeit 72

Transparenz
- Corporate Governance 19

Treuhänder 53, 61, 167, 172, 173
- Rechtsnachfolge 173
- Zustimmung zur Satzungsänderung 171

Treuhandvertrag 53, 172
- Stiftungssatzung 167
- Vertragsbündel 171
- Widerruf 173

Umsatzsteuer
- Grundlagen 73, 74, 75

Umschichtungsrücklage 71, 116
Unmittelbarkeitsgrundsatz 72
- Förderung anderer steuerbegünstigter Organisationen 110
- Hilfspersonen 72, 110
- Weiterleitung von Mitteln 110

unselbständige Stiftung 53, 55
- Alternative zur Stiftungsgründung 5

- Schenkung unter Auflage 172
- Treuhandvertrag 167

Unternehmen 52, 53
- als Stiftungsgründer 10
- Interessengegensätze 18
- Unternehmensbeteiligung 8
- Unternehmensnachfolge, Corporate Governance 9
- Unternehmensstiftung 11
- Unternehmensträgerstiftung 49, 60, 62, 79, 107

Unterstützung
- Angehörige 11, 117
- Angemessenheit 118
- einer Familie 50, 94
- Hilfsbedürftiger 102

Veräußerungsbeschränkung 114
Verbrauchsstiftung 55, 106
- Zulässigkeit 116

Verbund
- Gestaltungsvorteile 40
- Organisation 16
- personelle Verflechtung 17
- Trennung von Funktionen 16

Verein
- Insolvenz 2
- Integration der Stiftung 10
- Mittelbeschaffung durch Stiftungsgründung 9
- Rahmenbedingungen 39
- Unterschiede zur Stiftung 38
- Vereinszweck 6

Verfahrensvorschriften 37
- Geschäftsordnung 45
- Satzung 126

Vergütung 84, 98, 142, 150
- Fremdauslagen 131
- Gemeinnützigkeit 71
- Organe 130
- satzungsmäßige Grundlage 130
- Stiftungsrat 141
- Veröffentlichungspflicht 121, 122

Vermächtnis
- Alternative zur Stiftungsgründung 5
- Fehlverwendung durch Quersubventionierung 6
- zeitliche Begrenzung 6

Vermögensanlage
- Kapitalerhaltung 115
- Richtlinien 65

Vermögensausstattung 44, 65, 113
- Auswahlkriterium für Rechtsformwahl 7
- treuhänderische 172
Vermögensbindung für steuerbegünstigte Zwecke 71, 154
- Auflage 71
vermögensorientierte Zuwendungen 70
Vermögensverwaltung 72
- Richtlinien 181
- Rücklage 70
- Umsatzsteuersatz 74
Versicherung 181
Vertrauen der Öffentlichkeit 18
Vertretungsbefugnis 41, 132, 198
- Beschränkung 132
- Regelungen 132
Verwaltung weiterer Stiftungen 117
- Körperschaftsteuerpflicht 117
- Quersubventionierung durch Umlage 6, 54, 55
- Übernahme von Verwaltungsaufgaben 73
- Umsatzsteuer 117
Verwaltungskosten
- Angemessenheit 71
Verwaltungsrat 2
Verwendung
- der Stiftungsmittel 81, 94, 97
- Verwendungsnachweises bei Förderstiftung 107
Vier-Sparten-Rechnung 72
Volkswagen Stiftung 47
Vorstand 27, 29, 30, 41, 44, 84, 85, 90, 98, *Siehe auch* Gremien, Organe
- Abberufung 28, 87, 129, 144
- Amtsdauer 127, 129
- Anstellungsvertrag 35
- *Anstellungsvertrag, Checkliste* 198
- Anzahl der Mitglieder 26
- Aufgaben 28
- Berufung 28, 87, 129, 144, 198
- Corporate Governance 18
- Dienstvertrag 130
- ehrenamtlich 27, 130
- Einflussnahme über Berufungsrechte 128
- Funktion 26

- Geschäftsführungsorgan 132
- Geschäftsordnung 45, 133, 184
- Haftung 27, 132
- hauptamtlicher, Satzungsregelung 27
- Ideelle Zielvorgaben 199
- Kompetenzen 27
- Mehrheitsprinzip 132
- Mindestzahl 23
- Pflichtorgan 23
- Rechtsstellung 132
- Ressortbildung 133
- Selbstergänzung 129
- Selbstkontrahierungsverbot 132
- Verantwortung für die Strategie und das Tagesgeschäft 124
- Vergütung 130
- Vertretung 26
- Vertretungsbeschränkung 132
- Vertretungsregelung 132
- Vorgabe bestimmter Eigenschaften 128
- Zusammensetzung 128
Vorsteuer 74

Wegfall steuerbegünstigter Zweck 89, 152
Weiterleitung von Mitteln 110
Werbung
- für Wirtschaftsunternehmen 73
Werte *Siehe* Leitbild
Werterhaltung
- Ermessensspielraum 118
- Flexibilität 118
- Grundstockvermögen 118
- substanzielle 118
- Verschleppung strategischer Entscheidungen 118
Wertewandel 64
Wettbewerb *Siehe* Konkurrenz
Wirtschaftlichkeit 64, 65, 66
- keine Prüfung durch Stiftungsaufsicht 42
Wirtschaftsbetrieb 45, 48
- Risikotrennung 17
- unternehmenskulturelle Gegensätze 21
- wirtschaftliche Betätigung der Stiftung 48
Wirtschaftsprüfer 28, 31, 42, 120, *Siehe auch* Jahresabschlussprüfung
- Corporate Governance 18, 19

G. Stichwortverzeichnis

- Cross-Selling 189
- Interessenkollision durch Beratungsaufträge 187
- Prüfungsausschuss 26
- Redepflicht 122
- Satzung 121
Wohnrecht des Stifters 8

Zahlungen
- an Organmitglieder 71
Zeitnahe Mittelverwendung 70
Ziele
- ideelle 22
- Stiftungsgründung 4
- strategische 57, 65
- Zieldreieck 63
- Zielgruppe 65
Zusammenlegung von Stiftungen 88, 99
- Regelungsbedarf 153
- Satzung 152
- Stiftungsaufsicht 42
Zustiftung 5, 38, 44, 51, 54, 55, 58, 82
- Alternative zur Stiftungsgründung 5

- Auflagen 115
- Fundraisingstiftung 10
- Satzung 111
- Vorteile, Gestaltung 7
Zustimmungsquorum
- Risiken 154
Zustimmungsvorbehalte 28, 29, 30
- Corporate Governance 19
Zuwendung 71, 110
- Zuwendungsbestätigung 75, 76
Zwangsarbeiterstiftung 116
Zweck *Siehe* Stiftungszweck
Zweckänderung 39, 45, 88, 99
- Regelungsbedarf 153
- Satzung 152
Zweckbetrieb 17, 73, 81, 103, 107, 121
- Veräußerungsbeschränkung in der Satzung 114
Zweckbindung 6
- Gemeinnützigkeit 71
- Spende 5
Zweckverwirklichungsbetrieb *siehe* Zweckbetrieb

Die Beck'schen Musterverträge im Überblick

Arbeitsrecht

1	Kopp	Arbeitsvertrag für Führungskräfte	4. Auflage	2001
2	Jaeger	Der Anstellungsvertrag des GmbH-Geschäftsführers	5. Auflage	2009
9	Bengelsdorf	Aufhebungsvertrag und Abfindungsvereinbarungen	4. Auflage	2004
12	Klemm/Hamisch	Betriebliche Altersversorgung	4. Auflage	2009
16	Gnann/Gerauer	Arbeitsvertrag bei Auslandsentsendung	2. Auflage	2002
17	Röder/Baeck	Interessenausgleich und Sozialplan	4. Auflage	2009
23	Münzel	Chefarzt- und Belegarztvertrag	3. Auflage	2008
24	Abrahamczik	Der Handelsvertretervertrag	3. Auflage	2007
39	Hunold	Befristete Arbeitsverträge nach neuem Recht	2. Auflage	2008
43	Haas/Ohlendorf	Anstellungsvertrag des Vorstands der Aktiengesellschaft	2. Auflage	2010
55	Hromadka/Schmitt-Rolfes	Der unbefristete Arbeitsvertrag	1. Auflage	2006

Familienrecht

7	Brambring	Ehevertrag und Vermögenszuordnung unter Ehegatten	6. Auflage	2008
10	Grziwotz	Partnerschaftsvertrag für die nichteheliche und nicht eingetragene Lebensgemeinschaft	4. Auflage	2002
15	Krenzler	Vereinbarungen bei Trennung und Scheidung	5. Auflage	i. Vorb.
44	Winkler	Vorsorgeverfügungen	4. Auflage	2010

Erbrecht

18	Wegmann	Ehegattentestament und Erbvertrag	4. Auflage	2010
19	Kössinger	Das Testament Alleinstehender	4. Auflage	2010
45	Burandt/Franke	Unternehmertestament	1. Auflage	2003

Neue Medien

37	Schröder	Softwareverträge	3. Auflage	2008
38	Müller/Bohne	Providerverträge	1. Auflage	2005

Gesellschaftsrecht

6	Langenfeld	Gesellschaft bürgerlichen Rechts	7. Auflage	2009
8	Reichert/ Harbarth	Der GmbH-Vertrag	3. Auflage	2001
13	Veltins	Der Gesellschaftsvertrag der Kommanditgesellschaft	2. Auflage	2002
14	Sommer	Die Gesellschaftsverträge der GmbH & Co. KG	3. Auflage	2005
25	Stuber	Die Partnerschaftsgesellschaft	2. Auflage	2001
29	Wahlers	Die Satzung der kleinen Aktiengesellschaft	3. Auflage	2003
33	Weigl	Stille Gesellschaft und Unterbeteiligung	2. Auflage	2004
47	v. Holt/Koch	Stiftungssatzung	2. Auflage	2011
49	Kästle/ Oberbracht	Unternehmenskauf – Share Purchase Agreement	2. Auflage	2010
50	von Holt/Koch	Gemeinnützige GmbH	2. Auflage	2009
61	Timmerbeil/ Pfeiffer	Unternehmenskauf Nebenvereinbarungen	1. Auflage	2010

Miete und Wohnungseigentum

3	Sauren	WEG-Verwalter	4. Auflage	2009
20	Schultz	Gewerberaummiete	3. Auflage	2007
35	Munzig	Teilungserklärung und Gemeinschaftsordnung	2. Auflage	2008
40	Lützenkirchen	Wohnraummiete	1. Auflage	2002

Wirtschaftsrecht

4	Westphalen	Allgemeine Verkaufsbedingungen	6. Auflage	2007
5	Westphalen	Allgemeine Einkaufsbedingungen	5. Auflage	2009
22	Möffert	Der Forschungs- und Entwicklungsvertrag	3. Auflage	2008
26	Poser/Backes	Sponsoringvertrag	4. Auflage	2010
30	Flohr	Franchisevertrag	4. Auflage	2010
31	Wauschkuhn	Der Vertragshändlervertrag	3. Auflage	2009
34	Fammler	Der Markenlizenzvertrag	2. Auflage	2007
42	Flohr	Masterfranchise-Vertrag	1. Auflage	2005
53	Philipp	Factoringvertrag	1. Auflage	2006
54	Ulmer-Eilfort/ Schmoll	Technologietransfer	1. Auflage	2006
56	Kotthoff/Gabel	Outsourcing	1. Auflage	2008
57	Poser	Konzert- und Veranstaltungsverträge	1. Auflage	2007
59	Münchow/ Striegel/Jesch	Management Buy-Out	1. Auflage	2008